考え議論する

新しい道徳科

実践事例集

鈴木 明雄・江川 登　編著

日本文教出版

目次

はじめに ─小中学校合同道徳教育研究会の誕生─ ……………………………………… 4
椎の会に育てて戴いた私 ………………………………………………………………………… 6

第1章　理論編
Ⅰ　新しい道徳科と学習指導要領の理念との関係 …………………………………………… 8
Ⅱ　主体的・対話的で深い学びができる生徒の育成 ………………………………………… 11
Ⅲ　道徳科における質の高い多様な指導方法 ………………………………………………… 14
Ⅳ　道徳科の評価と学習指導過程の終末「自分にプラス1」の価値 ……………………… 21
Ⅴ　道徳科の学習指導過程と教材観 …………………………………………………………… 27
Ⅵ　教材分析の価値と分析表作成の手順 ……………………………………………………… 32
Ⅶ　道徳教育の全体計画「別葉」について …………………………………………………… 36
Ⅷ　道徳教育の全体計画別葉兼年間計画 ……………………………………………………… 38

第2章　授業実践編
Ⅰ①　【自我関与】公正，公平な態度と自我関与を中心に道徳科授業で深める
　　　　　　　　（主題名：私心にとらわれず）……………………………………………… 46
Ⅰ②　【自我関与】「自我関与」を促す教材提示の工夫
　　　　　　　　（主題名：自分のよさを見つめよう）……………………………………… 53
Ⅰ③　【問題解決的：いじめ対応】いじめ問題への生き方を問題解決的な道徳科授業で深める
　　　　　　　　（主題名：いじめは人間として許さない）………………………………… 61
Ⅰ④　【問題解決的：いじめ対応】問題解決的な学習を取り入れたいじめに関する授業
　　　　　　　　（主題名：いじめを許さない）……………………………………………… 67
Ⅰ⑤　【問題解決的】友情に関する問題を問題解決的な道徳科授業で深める
　　　　　　　　（主題名：理想とする友人関係）…………………………………………… 74
Ⅰ⑥　【体験的】親切にすると相手も自分も心地よいと気付き考える道徳科授業
　　　　　　　　（主題名：あたたかい心で親切に）………………………………………… 80
Ⅰ⑦　【体験的】礼儀に関する道徳科授業を体験的な学習を通して深める
　　　　　　　　（主題名：挨拶がくれるもの）……………………………………………… 86
Ⅱ①　【いじめ対応】いじめを許さない心情を多面的・多角的な見方を通して育てる
　　　　　　　　（主題名：いじめに立ち向かうために）…………………………………… 92
Ⅱ②　【オリ・パラ教育】パラリンピックを通して社会連帯，社会参画を考える道徳科授業
　　　　　　　　（主題名：パラリンピックの精神）………………………………………… 98
Ⅱ③　【人権課題】社会的な背景を踏まえた道徳科授業で心情の涵養を図る
　　　　　　　　（主題名：偏見や差別のない社会の実現を目指して）…………………… 106
Ⅱ④　【情報モラル・相互理解】情報社会の中で必要な判断力と行動力を道徳科授業で育てる
　　　　　　　　（主題名：自分の心の狭さに気付くことで相互理解を深める）………… 113
Ⅱ⑤　【自然環境保全：二項対立】新聞記事から，二項対立する課題について話し合う
　　　　　　　　（主題名：自然を愛する心とは）…………………………………………… 119
Ⅱ⑥　【郷土と安全】郷土を愛し，郷土のために尽くす態度を道徳科授業で育てる
　　　　　　　　（主題名：郷土のために自分が寄与しようという意識を高める）……… 126

Ⅱ⑦	【生と死を見つめる】かけがえのない自他の生命を考える
	（主題名：生命尊重） ………………………………………………… 132
Ⅱ⑧	【道徳的諸価値理解】多様な価値に触れ，自己理解を深める
	（主題名：自分のよさの発見） ………………………………………… 139
Ⅱ⑨	【食育】食に対する望ましい生活習慣を道徳科授業で体験を通して育む
	（主題名：心身の健康は「食」から） ………………………………… 145
Ⅲ①	【小中合同を考慮した指導】一人の女性の生き方を追いかけて
	（主題名：生きる喜び） ………………………………………………… 152
Ⅲ②	【小中合同を考慮した指導】寛容の価値から，よりよく生きる喜びの価値へ迫る
	（主題名：よりよく生きる喜び） ……………………………………… 161
Ⅲ③	【小学校異性理解】友達関係から異性理解へ
	（主題名：異性についての正しい理解） ……………………………… 168
Ⅲ④	【中学校異性理解】自作教材を活用した異性理解（中学校）
	（主題名：異性についての正しい理解） ……………………………… 174
Ⅲ⑤	【特別支援教育】特別支援学級における道徳科授業実践〜個別の指導計画の活用〜
	（主題名：役に立てる喜び） …………………………………………… 179
Ⅲ⑥	【特別支援教育】特別支援学級の「考える道徳」
	（主題名：ともだちに　やさしくしよう） …………………………… 185
Ⅲ⑦	【小学校　よりよく生きる喜び】「生命の尊さ」の教材を「よりよく生きる喜び」の授業に活かす
	（主題名：自分らしく生きる） ………………………………………… 193
Ⅲ⑧	【複数の道徳的価値理解】1つのテーマを複数の内容項目を通じて考える道徳科授業
	（主題名：周りの人とよい関係を築くために必要なこと） ………… 199
Ⅳ	【大学道徳教育課程】実践的な指導力を身に付ける大学教職課程の学修 ……………… 205

資料編

- 中央教育審議会　幼稚園，小学校，中学校，高等学校及び特別支援学校の学習指導要領等の改善及び必要な方策等について（答申）〈抄〉平成28年12月21日 ……………………………… 214
- 中央教育審議会　道徳教育に係る評価等の在り方に関する専門家会議
  「特別の教科　道徳」の指導方法・評価等について（報告）〈抄〉平成28年7月22日 ……… 219
- 中央教育審議会　道徳教育に係る評価等の在り方に関する専門家会議（報告　別紙1）
  道徳科における質の高い多様な指導方法について（イメージ）平成28年7月22日 ………… 220
- 小学校学習指導要領　第1章　総則〈抄〉（平成29年3月31日告示） ………………………… 225
- 小学校学習指導要領　第3章　特別の教科　道徳〈抄〉　（　〃　告示） ……………………… 226
- 中学校学習指導要領　第1章　総則〈抄〉　　　　　　　（　〃　告示） ……………………… 227
- 中学校学習指導要領　第3章　特別の教科　道徳〈抄〉　（　〃　告示） ……………………… 228
- 小中学校の内容項目一覧（『小（中）学校学習指導要領解説　特別の教科　道徳編』第3章第2節，平成26年6月） ……………………………………………………………………………………… 230
- 義務教育諸学校教科用図書検定基準〈抄〉（平成29年8月10日文部科学省告示第105号） …… 232
- 諸外国における教科書制度の概要 ……………………………………………………………… 235
- 「特別の教科　道徳」に関する動きと法令等 …………………………………………………… 236

終わりに …………………………………………………………………………………………………… 238

はじめに
－小中学校合同道徳教育研究会の誕生－

(1) 小中学校合同道徳教育研究会「椎の会」はなぜ生まれたか

　本研究会に初めて参加したのは，昭和60年頃約40年近く前である。荒れる中学校時代のピークで，小学校も含めて，生徒指導と学級経営が学校マネジメントの中心課題であった。

　当時は，道徳教育だけでなく各教科等の研究会が多数存在していた。しかし小中学校合同の道徳教育の研究会は本会のみであった。

　東京純心女子大学教授（元全日本中学校道徳教育研究会会長・武蔵野市立第三中学校校長・武蔵野市教育委員長・東京都教育庁指導部課長）の宇井治郎先生を会長に，明治学院大学教授の神保信一先生を顧問に本会が始まった。信一先生の「し」と宇井先生の「い」から，椎の会（しいのかい）と命名された。また椎の木は，当時本会が開催されていた東京都立教育研究所のあった目黒区の指定木でもあった。現在は，江川登校長を会長に，都内の学校を会場に研究・研鑽に励んでいる。

(2) 本会の価値

　本会発足の経過からも，研究内容は道徳教育・生徒指導に関する学校マネジメントで宇井先生が中心であった。そして，神保先生の専門である心理学的なアプローチもあり，道徳にかかわる哲学や宗教，教育相談的な手法や**「気になる子供」**というキーワードで児童・生徒の個々の幸福の実現だけでなく，学級集団としてのグループダイナミックス理論実践的な研究にも手を広げてきた。

　個々の児童・生徒の実態からは目を離さない。しかし，学校現場での教育実践は価値のある授業実践と理論実践が大切と考えてきた。そのため，研究会に持ち込まれる課題は，現代課題に対する道徳科授業論，それに伴う授業実践だけでなく，教科等横断的な汎用的な能力育成等のカリキュラム・マネジメントの問題解決等が多い。しかし喫緊な学級問題や学校経営マネジメント，時には困難な経営問題解決等についても忌憚のない意見交換を実行してきた。

　現在は，新しい道徳科の学習指導過程や道徳科の教科書の研究や教材開発を中心に研究を進めている。本書も，新しい道徳科を中心に取り組んで来た実践事例の報告である。

　また本会の運営は，小・中学校合同の教師同士でメンタリングを大切にしているが，クラムのメンター機能(2001)に当てはめれば，①人は個々にユニークな存在というという人間観の共有，②人として誠実，③相手の立場に立ち，相手から学ぶ姿勢がある，④自分の経験や価値観を押しつけない，⑤人として他者への関心が高く，適切なコミュニケーションができる，⑥秘密を守ることができる，等を特に大切に議論をしている。

そして本会のルールは発足当時から2点のみで,「自分の課題意識を明確にして参加する」「退会は自由」であった。参加して何か得ようという消極的な考えではなく,常に積極的に問題意識をもって,課題を提案し,自己解決していく気概が求められた。研究協議される指導案の検討等も1本約90分と短時間で,何が課題かを明確にした提示ができない場合は次回に回されるという厳しさがある。

　このため相談というより課題解決の案を基にしたプレゼンテーションを緊張して実施している。現在も東京都内の学校を会場に,実践事例を持ち寄り,明日の子供達の未来を拓く道徳教育を中心に定期的な研究を実施している。

(3)　小中学校合同研究会の価値

　小中学校合同のよさの1番は,児童・生徒の発達段階の違いの把握であった。児童・生徒理解,児童・生徒の道徳性の発達段階の違いによる反応の把握,そして教材や道徳の時間(以下,新学習指導要領から**道徳科**)の学習指導過程構想のあり方や道徳科授業の指導と評価,学級・学校経営,いじめ等の喫緊の問題解決などについて,授業実践を中心に議論を重ねている。

　中学生に良い指導も小学生には当てはまらない,小学校では定番の授業内容も中学生の問題意識とは異なる等を具体的に実証できたことは指導内容・方法に大きな成果が生まれたのである。中学校の部活動指導や小学校の行事等を考慮し,月1回土曜日の夕方からの研究であったが,学級や学年経営は空回りしても,自分の教育理論と実践を振り返り,多くの先輩後輩と忌憚のない意見交換は至福の時間であった。この価値のある時間は,月曜日から子供達との学校生活は楽しいものにし,日々生き生きとした教員生活を保障するとなったのである。

　本会では,かつて膨大な子供の実態調査や授業構想を基にした「気になる子供の実態と道徳教育」,小中学校の発達を基にした「小・中学校道徳授業の実践事例集」などの書籍の企画を図った経緯がある。今回,日本文教出版株式会社上田了介部長はじめ,株式会社日本教育研究センター岩田氏らのご協力を得ることができ,念願の道徳科の実践事例集(理論と実践)を刊行できることに心より御礼申し上げる次第である。

　最後に,今は我々を天からいつも見守っておられる宇井治郎先生のご指導に感謝するものであることを,椎の会を代表して挨拶とさせていただきます。

令和元年7月吉日

宇井治郎先生に本書を捧げる dedicated to Prof. Ziro Ui

小中合同道徳教育研究会顧問　鈴木明雄
同　　会長　江川　登

椎の会に育てて戴いた私

　私は昭和54年度（1979年）東京都教育研究生（道徳：長期研修生）として，東京都目黒区の東京都立教育研究所（現東京都教職員研修センター）で研鑽をさせて戴きました。研究部長は，この年に東京都教育委員会主任指導主事（都教育庁）として異動された宇井治郎先生でした。

　当時，宇井先生は，中学校の道徳教育研究会等の先生方を対象に，神保信一先生（当時明治学院大学教授）と共に，道徳教育のより良い在り方等を深く研究されていました。この年，宇井先生は，小学校教諭や中学校教諭が共に学ぶ本研究生の制度を生かし，小・中学校の教諭による合同の研究会を立ち上げました。これが「椎の会」です。

　私は，その第一期生と言えます。私にとって，区市の小学校道徳教育研究会で学んだことは，学校教育や道徳教育，そして教師の在り方・生き方等について深く学ばせて戴くことができました。しかし，当時は，各区市において小中合同で研究に取り組む体制は皆無でした。

　私事ですが，新卒の時，当時，年8回程の新規採用教諭研修会の最後に初任者代表として研究授業をいたしました。私は，「**授業はその1時間が勝負**」との思いが強かったのですが，研修会の先生方に指導の課題を尋ねたところ，「それは次の時間に取り組みます。」等の回答が多くありました。授業をするなら，やはり1時間が勝負と考え，「体育」か「道徳」で実践しようと考えていました。学生時代は運動が得意でもあり，体育でと思っていました。しかし50年前です。体育館がなく雨ならどうするのかという学校もありました。そこで道徳の授業に取り組むことに決めました。授業は散々なものでした。しかし，これが道徳の研究に取り組み始めた一歩となりました。

　私の道徳の授業は1時間を大切にし，価値を子供と互いに学び合わせたいという思いで，グループで話し合ったり，机を廊下に出し椅子だけにしたり，くつ箱（玄関）の前や学校のシンボルである欅の木の下での授業も実施したりしました。これについて他の先生方に奇抜過ぎる等の声があがりました。しかし区市の道徳部の先生方からは支援の声もありました。

　このように授業実践を大切にしていた私にとって，「椎の会」の宇井先生の教育への思いは，教師としての幅広さを知ることになりました。そして実践を通して子供と教師が共に学ぶ大切さについて身をもって実感し，授業改善に取り組む意欲を掻き立てられたのでした。

　研究生の後，スイスの日本人学校に採用されました。その後，道徳の指導主事試験を受けましたが合格せず，校長等の薦めで教頭を勤めました。教頭3年目に教頭から指導主事への任用制度が生まれ，第1期生として道徳担当指導主事に合格させて戴き，指導主事4年目で指導室長にも任用されました。そして小学校校長として勤め，退職後は大学の教授として勤めさせて戴いております。これらのことは，「単に子供の前に居るのだけが教師をではない。常に課題意識をもって学び続ける」ことを強く自覚できた「椎の会」のおかげと考えています。誠にありがとうございました。現在もご指導・ご支援いただいている本会の先生方が，ここに研究成果を書籍として刊行できることを心よりお祝い申し上げます。そして本会の益々の発展と皆様の更なる研究をご期待申し上げます。

松本　多加志

第1章 理論編

I 新しい道徳科と学習指導要領の理念との関係

(1) 道徳科は，主体的・対話的で深い学びの実現を目指す新学習指導要領の先取り

新しい学習指導要領の目指す３つの資質・能力は，次の３点である。

① 生きて働く「知識・理解」。何を理解しているか，知識を生かして何ができるか。
② 未知の状況に対応できる「思考力・判断力・表現力等」。理解していること，できることを主体的にどう使っていくか。
③ 学びを人生や社会に生かそうとする「学びに向かう力・人間性等」。どのように社会・世界と関わり，よりよい人生を送るか。

考え，議論する「特別の教科　道徳(以下，**道徳科**)」の目標は，この新しい学習指導要領の目指す上記の３つの資質・能力の育成を先取りしていると言われる。この理由は，主体的に生きる日本人の育成を目指す我が国の教育理念と一致しているからである。多様な価値観やグローバル化する世界で生きる日本人には，常に問題意識をもち解決をしていく資質・能力が求められているのである。(下図)

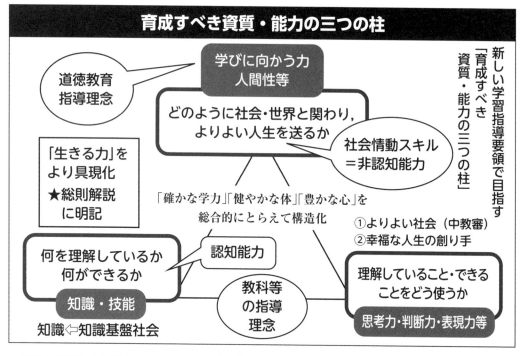

新教育課程で目指すこの３つの資質・能力は，各教科における観点別評価（目標に準拠した評価，いわゆる絶対評価）として，**A・B・Cの三段階評価**を行うことになる。

考え，議論する道徳科の目標は，新学習指導要領の目指す3つの資質・能力の中心として，人間の生き方にかかわる。特に，**「学びに向かう力，人間性等」が「主体的に学習に取り組む態度」「感性，思いやり等」の個人内評価**として，どのように社会・世界と関わりよりよい人生を送るかと整理された点である。（中教審初等中等教育分科会等「児童・生徒の学習評価の在り方について」論点整理案 2018.12.3）

　このため各教科また道徳科でも，**横断的に汎用性のある資質・能力を目指すカリキュラム・マネジメントで学びを構想**し，人間性や道徳性を基盤にした主体的に考え自ら生き方を大切にした指導としたいのである。

　注目したいのは，「関心・意欲・態度」にかかわる「学びに向かう力，人間性等」を，「主体的に学習に取り組む態度」の観点として提示されたが，どのように社会・世界と関わり，よりよい人生を送るかという人間教育まで広げた個人内評価を重視した指導理念である点である。他の2つの観点「知識・技能（知識と技能の2観点を統合）」，「思考力・判断力・表現力等」が認知能力にかかわるのに対して，「学びに向かう力，人間性等」は非認知能力，社会情動スキルにかかわる指導といえる。
（『小学校，中学校，高等学校及び特別支援学校等における児童生徒の学習評価及び指導要録の改善等について』文部科学省，2019年3月29日　以下，「児童生徒の学習評価及び指導要録の改善」）

　まとめると，評価・評定を行う各教科でも道徳科でも，学びを創造していく児童・生徒の資質・能力に，学ぶ意欲だけでなく，人間性や道徳性を基盤にした教育が求められていることが分かる。（下図）

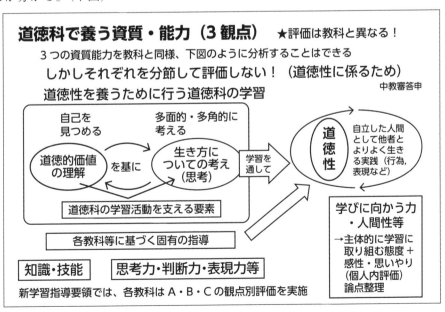

⑵ 道徳科の指導・方法は目指す資質・能力で分析はできるが，分節した評価はしない

　道徳科に関して，この３観点で次のように分析することは可能である。
① 「知識・理解」
　→道徳的諸価値の大切さの理解（価値理解），自他の理解，人間理解等
② 「思考力・判断力・表現力等」
　→自己を見つめ，物事を多面的・多角的に考え，自己（人間：中学校）としての生き方についての考えを深める力等
③ 「学びに向かう力・人間性等」
　→自己の生き方を人間として考え，主体的に，自立して他者と共によりよく生きるための基盤としての道徳性。さらに，自己指導力（全日本中学校長会），**自己教育力等のメタ認知からより自分の力で学びや生き方を変えていく資質・能力。**

　確かに，道徳科の指導構造も新教育課程で目指すこの３つの資質・能力に分析はできる。
　しかし，道徳科では評価は観点を個々に分節した評価はしない。時間的におおくくりで，個人内肯定評価を記述式で実施すると明記されている。これは，道徳科では特に３つの資質・能力は個別に育成されることはなく，スパイラルに児童・生徒の内面的な資質・能力として，重層的・段階的に育つものだからである。

⑶ 道徳科の目標は向上目標（方向目標）のため，評価規準を設定しない

　すべての教科等には**到達目標（達成目標）**があるため，文部科学省は，「児童生徒の学習評価及び指導要録の改善2019.3.29」で，評価規準を明示している。総合的な学習の時間，特別活動，新しい小学校高学年の英語科にも，「何ができるか」という評価が可能である。しかし，道徳性は一人一人の人間としての向上や成長を大切にする**向上目標（方向目標）**であり，児童生徒も教師も共に生涯にわたって追究していくものである。内容項目の道徳的価値も同様である。したがって，評価は道徳科の実際の授業等に見えた発言や記述等の顕著な「道徳性に係る成長の様子」を基に，児童生徒（保護者）を勇気付ける評価所見が求められている。道徳科の評価については，道徳科の特質を十分に理解して，「できた・できない」という到達目標のような評価ではなく，児童生徒の未来のよりよい生き方を願う**形成的な評価**を工夫したい。

　　　　　　　　　　　　　　　　　　　　　　　　　　　　　　　　　　（鈴木明雄）

［参考文献］
・『小学校，中学校，高等学校及び特別支援学校等における児童生徒の学習評価及び指導要録の改善等について』文部科学省，2019年3月29日　※すべての教科，総合的な学習の時間，特別活動等の評価規準に注目。道徳科のみ評価規準の設定なし。
・梶田叡一『形成的な評価のために』明治図書，2016.10 復刻版

Ⅱ 主体的・対話的で深い学びができる生徒の育成

　新しい学習指導要領の目指す教育理念として，**主体的・対話的で深い学びの実現**がある。
　これについて，東京都北区立飛鳥中学校での，主体性の育成を道徳科を軸に学校組織で取り組んだカリキュラム・マネジメントによって成果をあげた実践事例を紹介する。
　飛鳥中学校の指導方針は，生徒の主体性の育成にあった。これは生徒指導上の課題解決や生徒が魅力的に思える授業の学習指導過程の開発・改善のためであった。特に主体性は，問題解決能力と道徳性の育成と連動し深まるという仮説で，道徳科と全教科等横断的なカリキュラム・マネジマントを構築し，実践を繰り返した。正に「学びに向かう力と人間性等」の資質・能力の育成，総合的な人間教育を目指し，考え，議論する話し合い活動を活性化し，深く考えられる道徳科授業や教科授業を開発した。
　研究主題は，道徳科の指導を基盤に，①問題解決型授業を活用した主体的な学習能力と自己評価能力の育成②アクティブ・ラーニングを活用した実践力のある問題解決能力の育成③主体的・対話的で深い学びを実践できる生徒の育成と，毎年視点を変えながら，主体性の育成を追究してきた。
　以下，道徳科の取り組み例である。

(1) **主体性を指導理念とした道徳性と問題解決能力の育成を図るカリキュラム・マネジメント**

① **主体性を生かす「問題解決型４ステップ授業」の開発**

　当初，教科も道徳科も**学習指導過程**に問題があった。この問題は，小中学校合同道徳教育研究会が長年追究してきた問題である。児童・生徒が主体的に意欲をもって学ぶ授業構想の開発である。
　当初，飛鳥中学校の生徒は知識注入型の授業は面白くないと訴え，保護者からは評価が不明瞭等の指摘があった。そこで生徒の主体性を生かす学習指導過程として「飛鳥中学校問題解決型４ステップ授業構想（**問題発見・把握→自力解決→集団検討→自分でまとめ**）」を開発した。

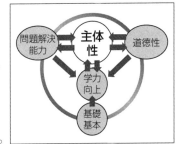

　知的好奇心を大切に，自分で問題を発見し，自分で考え，仲間と語り合い，そして自分の考えを追究し，たくましく生き抜いていく人間を育てたいと考えた。これは資質・能力「学びに向かう力，人間性等」を目指したものといえる。

教科・道徳科では，横断的で汎用性のある問題解決能力の育成を目指し，学校・学年・学級マネジメントや生徒会自治活動，そして部活動等の指導マネジメントにも活用した。

　現在，多くの自治体や学校で，○○学校メソッド，○○学校スタイル，東京都教育委員会推奨の「東京方式」による○○学校方式等の名称で，学習指導過程の開発と意義と成果の研究発表が続いている。またこれらの学校の**学力は極めて高い**という成果の報告がされている。

② 主体的・対話的で深い学びの三つの視点

　次に，校内研究部の教員は，中央教育審議会答申から，**各教科等の特質に応じた「見方・考え方」**を働かせた視点を，①解決　②形成　③創造とした「深い学び」を考えた。

　平成29年度，主体的な学びは，生徒の学びと意欲の根源として自尊感情や自分への確かな自信，他者への貢献の心等とリンクするという仮説立てを考え，生徒の具体的な実践として，学習への取り組み姿勢や習慣を測定。調査対象は①主体的な学び②自尊感情③家庭学習習慣の３本で，クロス集計は１％水準で統計的に有意差があった。

　深い学びの追究は，問題解決型の授業で得られる成果と同じであることが分かったのである。

③ 道徳科における問題解決的で深い学びの実践事例（詳細は，第２章授業実践編で紹介）

○　教材に内在する問題を発見する問題発見型授業

　学習指導過程で，自分の考えを深めるため，○自分への振り返りを強くするよう中心人物（筆者）の人間性を捉える発問の工夫と，○ゲストティーチャーとしてコンプライアンス（法令遵守）に詳しい地域人材（保護司・元PTA会長で地域や生徒に信頼されている人物）のミニ講話を設定した。生徒は教材の中の話が，実際にいじめ対応をされた地域の保護司の方の行動から，正に自分事になった。いじめは犯罪にもつながり，人間として許されないと各自の考えを自分の問題として深化させるねらいがあった。

・主題名　いじめは人間として決して許さない

・内容項目　C公正，公平，社会正義

・教材名　『卒業文集最後の二行』　・出典　文科省「私たちの道徳」対象中学３年生

・主題設定理由(略)

・教材は，三十年余が過ぎた今でもＴ子さんへのいじめの罪業を思い出すたびに忍び泣いてしまう筆者「私」が，小学校時代にいじめを繰り返した自分の非情な行為を今でも深い心の傷として後悔する懺悔の手記。

・中心発問は，「筆者がＴ子をいじめてしまった『問題』はなんだろうか。」として，問題

解決的な授業展開である。ペアとグループの話し合いでは「いじめた主人公といじめられたＴ子の双方の未来の生き方」を考えさせた。

〇　考察及び指導の留意点

　教材の『問題』を発見し，考え，議論していく展開に特徴がある。主人公の心情を追っていく展開では生徒の発言等はあまり拡散しないが，問題解決的な展開では思考の拡散が起きる。しかし答えが一つにできない問題でも，考え，議論し，必死で解決を図る姿勢から判断力や想像力を養うことができる。特に人間としての生き方を問う問題では，道徳的な判断力や意欲につながる。

　例えば，展開の話し合い時間は15分たっぷりかけたことから，分岐点というキーワードが生まれ生徒同士や生徒と担任が語り合いを深めることができた。いじめがない集団はないという共通理解から始まり，ではいじめにどう向き合うのかと議論に深まりが見えた。

　そしていじめられた人間は簡単には払拭できない苦しみを背負うが，きっかけがあれば立ち直ることは可能で，人生の分岐点でどう生きるかが大切という展開であった。

　実はこのようにいじめた筆者「私」だけでなくいじめられた「Ｔ子」を考え，その人生までも想像した授業展開でなければ，「分岐点」をキーワードに人生の転機を祈り期待するような深まりは生まれなかった。また生徒達が忌憚なく意見交換ができたり，多様な発想や意見に共感したりしながら議論できるのは学級の温かい人間関係が不可欠と実感した。

〇　成果と課題

　道徳科で大切なことは議論の決着ではない。考え，議論したことが自分の人間としての生き方に深く関りよりよい生き方へ向かうことが本事例から分かった。

　平成29年3月27日，戦後8回目の次期学習指導要領が告示された。21世紀型能力では，基礎力・思考力を含む**実践力**の育成が求められ，中教審等では子供達が**よりよい社会と幸福な人生の創り手**として世界に貢献できる主体的な日本人となることを期待している。今後はさらに主体的・対話的で深い学びができる人間が強く求められているのである。

［参考文献］

・中央教育審議会答申，2016年

・平成29年度北区立飛鳥中学校研究紀要『主体的・対話的で深い学びを実践できる生徒の育成』，2016年

・鈴木明雄編集『主体的・対話的で深い学びを実現する中学校「道徳科」授業』教育開発研究所，2019年

　　　　　　　　　　　　　　　　　　　　　　　　　　　　　　　（鈴木明雄）

Ⅲ 道徳科における質の高い多様な指導方法

　今，道徳科の授業に求められる指導内容・方法とは何か。

　教育再生実行会議，道徳教育の充実に関する懇談会(以下，**懇談会**)などの議論を経て，平成27年3月27日，道徳の時間を新たに「特別の教科　道徳」(以下，**道徳科**)として教科化が図られ，学習指導要領の改訂が行われた。そして平成28年7月22日，道徳教育に係る評価の在り方に関する専門家会議(以下，**専門家会議**)報告では，具体的な指導と評価の方法が示された。

　ここで注目したいことは，社会的な喫緊課題である繰り返し起きる悲惨ないじめの防止や大災害や学校内外の安全の確保，社会の持続可能な発展などの現代的な課題を道徳科の**教科書検定基準**とした点である。そして揺らぐ規範意識の育成を始め，教育課題だけでなく広く社会問題の対応を道徳教育に期待した改革にするという指摘があったことである。

　そのため，**道徳科の特質**である児童・生徒の内面的な資質・能力である道徳性の育成から道徳行為や実践も指導内容とし，より主体的な生き方や自分の問題として積極的に社会貢献ができる実践力のある人間育成までを求めるものになっている。例えば，問題解決的な道徳授業は，懇談会で，内面の指導をより道徳的な実践として促すキーワードとして議論され報告された。道徳科の指導の転換を図るべく質の高い多様な指導方法の確立を目指しているのである。さらに文部科学省が学習指導要領告示の際に提唱した「考え，議論する道徳」というキャッチコピーは，正に，児童・生徒が主体的に道徳科で考え，仲間と語り合い・学び合い，議論しながら，自ら道徳性を高めより実践力を伴った志の高い生き方を期待するものと考えられる。

(1) 道徳科における質の高い多様な指導方法について

　道徳教育は，道徳科を要として，学校の教育活動全体を通じて行うものという指導理念は変わらない。将来の児童・生徒が出会う様々な問題を解決していく具体的な実践力を期待しているが，道徳実践を評価する教育ではない。人間として，人間らしく生きていく結果としてよりよい行為や実践は期待されるが道徳性の評価はそこにはおかない。

　この点を，道徳科の特質として明確にした指導内容・方法，評価を考えていかなければならないのである。現在，新しい道徳科では，多様な指導方法・内容が実践されている。同時に評価の方法が問われている。

文部科学省は，提示した質の高い多様な指導方法３点を評価の視点も踏まえて学習形態として例示した。共通の型をもつことで指導方法の開発は進展する。一方，型から抜け新しい方法を創造していくことも重要である。このことを考慮した道徳科の授業実践を試みたい。

　次の３つの学習の特徴をよく理解し，児童・生徒の道徳性の諸様相の実態を見極め，新しい自分に出会い，未来志向ができる授業を開発したい。

① 読み物教材の登場人物への自我関与が中心の学習

　教材の登場人物が意味のある人間（some people）であり，児童・生徒がその人間性への共感が高まるならば，自分への振り返りが起きやすいと考えられる。

自我関与＝ある事柄を自分のもの，あるいは自分に関係があるものとして考えること（心理学用語：大辞泉）と捉えるならば，ここでの学習は「児童・生徒が教材の登場人物に自我を投影し，自我を自我関与させ，自分を見つめ，振り返り，道徳的諸価値の理解を深めていく授業」となる。道徳科の特質そのものを追求した授業である。

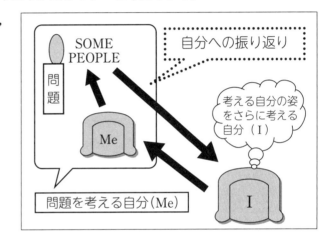

　ではなぜ質の高い指導として，自我関与の学習が今求められるのか。

　これは道徳科が自己を見つめる学習とすれば，自分の心を見つめ，他者の意見を聴き，道徳性は個々の人間としての生き方の羅針盤として理解され深まっていくはずであるが，その指導過程が十分ではないと考えられているのである。

　児童・生徒の自我関与が起きるための必要条件としては，①目的成就や失敗にかかわらず人間的な魅力を伴う登場人物が教材に描かれている　②指導する担任などがその教材に惚れ込み，指導構想が十分に練られている　③計画的・継続的・発展的な指導をよく実践していて「考え，議論する」学習スタイルに学級が慣れている　④自由に互いに忌憚のない意見交換ができる学級の温かい雰囲気（自他に開かれた関係性）が考えられる。

　この意味で，道徳科の授業展開では，自分への振り返りは道徳科の特質である。「自分ならどう考えるか，どう実践するか」と児童・生徒が自分事化としていく学習は，人間としての生き方を志向していく道徳教育では大切である。このためここでの指導のねらいは，

教材の登場人物の判断や心情を自分との関わりで考えて，多面的・多角的に考えることなどを通して，道徳的諸価値の理解を深めることになるのである。なお，この自我関与は，道徳科の教科書検定基準には明記されていない。これは，自我関与ができる教材が道徳科の授業は中学生として欠くことができないものだからと考えられる。

② 道徳科における問題解決的な学習の工夫

　問題解決的な学習とは，「児童・生徒が学習主題として何らかの問題を自覚し，その解決法についても主体的・能動的に取り組み，考えていくことにより学んでいく学習」である。

　主体的な学びは，英語ではアクティブ・ラーニング（AL）で，パッシブ（消極的）でなく，より自分で考え・実践する内面的な意志による学習である。最近，主体的・協働的な学びや深い学びも重ねた合わせたALの定義が見られるが，児童・生徒の主体性を育む概念であることを確認したい。主体性の育成は現行の学習指導要領の中心的な指導理念であるが，新しい学習指導要領でも，21世紀型能力としての実践力やアクティブ・ラーニングとして内容・方法にもかかわるキーワードと考えられる。

　この意味で，道徳科における問題解決的な学習とは，生徒一人一人が生きる上で出会う様々な道徳上の問題や課題を多面的・多角的に考え，主体的に判断し実行し，よりよく生きていくための資質・能力を養う学習とされているのである。

　現在，教科などの指導と同じく，教材に内在している問題を児童・生徒が自ら見つけていく**「問題発見型」**や教材の主たる問題を課題として指導者である教師が提示していく**「課題提示型」**などの方法がある。特に**言語活動として話し合い活動**では，ペア学習，4人組学習，フリースタイル学習，教師を中心として多様な意見交流を重視した一斉学習など多様な指導方法が開発されている。

　大切なことは，指導方法や指導形態に固執することなく，ねらいに即して，目標である道徳性を養うことに資するものでなければならない。また問題解決に適した教材開発・探索・分類に固執することなく，**既存の優れた教材を従来の指導方法から転換してみるという発想が重要**である。

　教材の場面毎に登場人物の気もちの確認に終始し，主体的に考え，議論する機会のない授業で終わらせない工夫が求められる。特に小学校高学年や中学生の発達段階では，問題解決的な学習を通して，人間としてよりよく生きていくための道徳的諸価値についての理解を深めさせたい。問題解決的な学習は，生徒の学習意欲を喚起するとともに，生徒一人一人が生きる上で出会う様々な問題や課題を主体的に解決し，よりよく生きていくための

資質・能力を養うことができるからである。

　日常生活での問題を道徳上の問題として把握し，自己の生き方に関する課題に積極的に向き合い，自分の力で考え，よりよいと判断して，行為しようとする意欲を培う学習を展開したい。また児童・生徒が問題意識をもって学習に臨み，ねらいとする道徳的価値を追求し，多様な感じ方や考え方によって学ぶことができるようにするためには，指導方法の工夫も多様に展開したい。例えば，主題に対する生徒の興味や関心を高める導入の工夫，他者の考えと比べ自分の考えを深める展開の工夫，主題を自分との関わりで捉え自己を見つめ直し発展させていくことへの希望がもてるような終末の工夫などがある。

　そして問題解決的な学習では，**教師と生徒，生徒相互の話合いが温かい人間関係を基に十分に行われる**ことが重要であり，児童・生徒に愛情をもって実態をよく捉えた教師の発問の仕方の工夫が求められる。議論などの話合いでは，学級会活動以上に，互いの多面的・多角的な考えを共有し易い学習形態を工夫することで，一斉学習もペアや少人数グループなどの学習それぞれの特徴を生かすことができる。ただし，この場合議論する場面を設定することが目的化してしまうことがないよう，ねらいに即して，取り入れられる手法が適切か否かをしっかり吟味することが大切である。

　また道徳科において問題解決的な学習を取り入れた場合には，その課題を自分との関わりや人間としての生き方との関わりで見つめたときに，自分にはどのようなよさがあるのか，どのような改善すべきことがあるのかなど，生徒一人一人が道徳上の課題に対するプラス・ワンの答えを導き出すことも必要である。

　そのためにも，授業では自分の気もちや考えを発表するだけでなく，時間を確保してじっくりと自己を見つめ直して書くことなども有効であり，指導方法の工夫は不可欠である。

　以上から，いじめ問題，安全確保など主体的に考え，議論すべき現代的な課題を道徳科で取り上げる際には，問題解決的な学習の活用は極めて有効な場合が多い。

③　道徳的行為に関する体験的な学習

　ここでは，体験的な学習として，主に２つの方法があることを確認したい。

　１点目は，従来の児童・生徒の体験そのものを道徳科で想起させ，今考えていることについて**実体験を基に補充・深化・統合する方法**である。教材の内容が実際に体験したこととむすびついて，より道徳的な価値の理解が深まる効果が期待できる。現行の学習指導要領でも重視されている視点である。

　２点目は，**疑似体験的な表現活動の活用**である。新しい道徳科授業で，役割演技や役割

交換，疑似体験的な体験活動を通して，道徳的価値の理解を一層深めていく方法が期待されている。実際に演じたり体験として行動をしたりして，様々な課題や問題を主体的に解決するために必要な資質・能力を養うのである。困難な問題や主体的な解決能力の育成に積極的に活用する意義があると考えられている。

かつて全国大会の課題別研究発表で，道徳の時間の年間指導計画のすべてを良好な人間関係スキルに変えた計画を提案した自治体に批判が浴びせられたことがあった。現在はこのような混乱はなく，新学習指導要領では，道徳的諸価値の理解を目標に明記し，指導の原理として一定の理解を得られていると考えている。この点を十分理解した上で，新しい教育課程上，疑似体験だけでなくソーシャルスキルなどを積極的に活用していく柔軟な学級マネジメントが求められていることを理解したい。例えば，話し合い活動を円滑に進めるアサーションのような良い人間関係を創ることは学級経営として重要である。このような指導もうまく活用しながら，道徳的価値を自覚させていく指導を柔軟に実行することが求められているのである。

いじめ防止の教材は，生命尊重の重要な観点として，すべての道徳科教科書に掲載されているが，本来は特別活動の学級会活動で問題解決を図っていくべきものである。しかし授業時数不足や特別活動の話し合い活動や討論の指導時間の減少から，道徳科の年間指導計画に，計画的・発展的に組み込むよう期待され，新しい道徳科教科書の計画的な指導で，いじめ防止の内面的な指導を可能とする計画である。そして現在，具体的な疑似体験的な表現活動の活用には多様な方法が生まれている。

例えば，第2章で紹介する実践事例で，多様な挨拶を実際に行ってみて，相手の気もちや自分の気もちを考える学習。「橋の上のおおかみ」のような教材の登場人物の行為を実際に演じてみて，考える学習。登場する人物などの言動を即興的に演技して考える役割演技など疑似体験的な表現活動を取り入れた学習などが考えられる。これらの方法を活用する場合は，単に体験的行為や活動そのものを目的として行うのではなく，授業の中に適切に取り入れ，体験的行為や活動を通じて学んだ内容から道徳的価値の意義などについて考えを深めるようにすることが重要である。特に体験的な学習を取り入れる際には，単に活動を行って終わるのではなく，生徒が体験を通じて学んだことを自分の問題として振り返りその意義について考えることが大切である。注意点は，生活経験の問題の話し合いやスキル的な指導に終始することなく，ねらいとする道徳的価値の理解が十分深まるような授業構想を常に考えたい。

さらに読み物教材である「二人の弟子」（私たちの道徳：文部科学省）のような人間の弱

さ醜さを乗り越える人間の素晴らしさを，生徒同士が登場人物になりきって演じることから，頭で考えていたことと異なる感情や考えが生まれ，見学の他の生徒も共に共感・体得していくような高度な役割演技の実践も生まれている。挫折して寺に戻ってきた修行僧を自分は心では決して許せない。ところが演じて初めて，師匠である上人の心と自分の心の違いを感じ取る。生徒は語り合ったり議論したりしながら，難しい道徳的な価値を真剣な態度で自分事として捉えていた。

　読み物教材では，主人公の心情の変容を場面毎に問うことが多いが，道徳的行為に関する体験的な学習の活用から，自分の問題としてより考えを深めていく効果が期待される。そして真剣に自分ならどういう行動をとるかという問題解決のための役割演技を通して，道徳的価値を実現するための実践的な資質・能力を養うことも期待できるのである。

道徳科における質の高い多様な指導方法について
★道徳教育に係る評価の在り方に関する専門家会議報告
「特別の教科　道徳」の指導方法・評価等について（H28.7.22）

学習	読み物教材の登場人物への自我関与が中心の学習	問題解決的な学習	道徳的行為に関する体験的な学習
ねらい	教材の登場人物の判断や心情を自分との関わりで多面的・多角的に考えることなどを通して，道徳的諸価値の理解を深める。	問題解決的な学習を通して，道徳的な問題を多面的・多角的に考え，児童生徒が生きる上で出会う様々な問題や課題を主体的に解決するために必要な資質・能力を養う。	役割演技などの疑似体験的な表現活動を通して，道徳的価値の理解を深め，様々な課題や問題を主体的に解決するために必要な資質・能力を養う。

(2) 道徳科の質を高める指導と評価

　質の高い多様な指導を展開するに当たっては，道徳科の授業の質の確保・向上の観点から，道徳科の特質を踏まえるとともに，児童・生徒の発達段階を十分に考慮することが重要である。自我関与できる年齢や問題解決的な展開で議論ができる発達段階，また道徳的諸価値の理解の指導方法や実現しようとする自分とできない自分との葛藤や複数の道徳的価値の間で揺れ動く年代の問題などの解決への探求が求められる。（上図）

　評価については，多様な指導方法や授業構想の指導には適切な評価が求められる。評価には指導者が行う授業のねらい，授業構想，教材の効果，道徳科や長いスパンでの児童・生徒のよき変容などの外部評価がある。これは通知表や指導要録への記述となる。

　一方，道徳科の授業を実施した時，児童・生徒が新しい自己に出合ったり発見したりする自己評価がある。この自己評価こそ，新しい指導を改善し補完する役割とともに，人格

の完成を目指して主体的に生きていく人間を創りだしていくものである。すなわち価値のある指導は常に評価と一体であるべきで，常に児童・生徒に寄り添って，未来を拓く肯定評価観に立った道徳科の開発を実行していく気概と創意工夫が強く求められていると考えたい。

　教科書検定基準では，この3点の内，問題解決的な学習と道徳的行為に関する体験的な活動を，道徳科の教科書には具体的に求めている。自我関与の視点は，道徳科の特質であることから明記しないでも必要性が分かると判断されたと考えている。

　以上，新しい視点の道徳科の指導方法の特徴を捉えた多様な授業改善を期待している。

（鈴木明雄）

[参考文献]
- 『中央教育審議会道徳教育に係る評価等の在り方に関する専門家会議（報告）』，2016年7月22日
- 『義務教育諸学校教科用図書検定基準』文部科学省，2017年8月10日
- 西野真由美・鈴木明雄・貝塚茂樹編『「考え，議論する道徳」の指導法と評価』教育出版，2017年3月30日

Ⅳ 道徳科の評価と学習指導過程の終末「自分にプラス1」の価値

(1) 評価は,「特別の教科 道徳」の目標の学習知から工夫

　新学習指導要領では,全教科が,「～を通して(方法知),～を育てる(目標知)。」という形に改訂された。

　そこで,道徳科の授業評価の方法については,目標に明記された学習方法から工夫すると分かり易い。児童・生徒の道徳ノートの自己評価記述や学級での発言等を積み重ね,評価の一助とすることができる。

〇第3章「特別の教科　道徳(道徳科)」の【目標】は,

よりよく生きるための基盤としての道徳性を養うため,

①道徳的諸価値についての理解を基に,

②自己を見つめ,

③物事を広い視野から(中学校)多面的・多角的に考え,

④人間として(中学校:小学校は自己)の生き方についての考えを深める**学習を通して,**

道徳的判断力, 道徳的心情, 道徳的実践意欲と態度(＝道徳性の4諸様相)を育てる。

　　　　　　　　　　　※①～④,(　)は筆者。次の①～④に対応。

　この道徳科「目標」の学習方法から授業評価の観点を工夫することができる。

① 道徳的諸価値について理解する。(中心的:②～④は最終ここへ帰着)

② 自己を見つめ,自己対話や他者と対話したり協働したりする。→道徳的諸価値の理解へ。

③ 物事の見方・考え方の視野を広げ,多面的・多角的に考える。→　　同上

④ 自分は人間としてどうすべきか。人としての生き方から再考する。→　　同上

　さらに注目したいことは,⑤として,新中学校学習指導要領(平成29年度告示)「解説」終末の解説 p.81 に明記されている「**自らの道徳的な成長や明日への課題などを実感でき確かめることができるような工夫が求められる**」から,授業の終末に,自分の大切にする道徳的価値を主体的に「**統合**」していく観点を設定したい。

⑤ 道徳的価値を自分なりに発展させていくことへの思いや課題をまとめる。

　実は,この視点は,小学校学習指導要領(平成20年度告示)「解説」第3節　道徳の時間の目標(「第3章　道徳」の「第1　目標」後段 p.29～30(中学校編 p.31 で同内容)で,

すでに提示されている。

※内容は，（1）計画的，発展的に指導する（2）学校の教育活動全体で行う道徳教育を補充，深化，統合する（3）道徳的価値の自覚及び自己の生き方についての考えを深める（4）道徳的実践力を育成する（平成29年告示版では道徳的実践力は道徳性として内面的資質としている）

この（3）で，道徳的価値の自覚について，発達段階に応じて多様に考えられるとして，3つの事項を押さえることが考えられると提示している。

1つは，道徳的価値の理解。道徳的価値の理解が人間らしさを表すことから，人間理解と他者理解を深めていくようにすること。2つ目は，自分とのかかわりとして道徳的価値が捉えられること。そのことに合わせて自己理解を深めていくようにすること。

そして3つ目は，道徳的価値を自分なりに発展させていくことへの思いや課題が培われることである。その中で自己や社会の未来に夢や希望もてるようにする。～略～そして児童は，現在の生活や将来の生き方の課題を考え，それを自己の生き方として実現していこうとする思いや願いを深めることができるようにする。とある。

新しい学習指導要領解説　道徳編では，中学校の終末の説明部分だけになった。しかし，道徳的諸価値の理解を目指す時，1回の授業だけでなく，自分の生き方として今日の学びをどう捉えるべきか，人としてどう考えるべきか等，自分の考えを深め，発展させていくことは極めて重要と考える。

道徳科授業は終末で終わるが，教科のように「まとめ」とはいかないことがある。ねらいを目指して指導しても，児童・生徒の考えや思いが多面的・多角的に広がっている場合，ねらいとする価値のみでまとめると価値を押しつけてしまうからである。

そこで，1時間の道徳科授業が終わった段階で，自分なりに，今までの道徳的価値，今学んだ道徳的価値，話し合い等で新たに気付いた他者の道徳的価値を自分なりに内面的に統合し納得させる必要が従来から課題としてあった。

そこで，「解説」で明記されている「自分は人としてどうすべきか」という観点で自分事として，また自分の生き方として再度熟考することが重要なのである。そのため，終末の最後に，「過去（今まで）の自分にプラスワン」という発問を設定し，この問題の解決を図ってみることが求められるのである。

※第2章の実践編の事例では，道徳科の学習指導過程ではこの発問を工夫した実践事例が多い。道徳科の授業の評価は，主に本時はねらいを達成できたか。ねらいを達成できる指導過程であるか。の2点がある。この2つの視点を考慮し，上記の5つの観点を活用した

い。当然，1時間の授業ですべての観点で評価するのでなく，焦点化を図ることは大切である。

(2) 自分にプラス1（ワン）で，自己を見つめることで道徳的価値をさらに深めていく

「⑤道徳的価値を自分なりに発展させていくことへの思いや課題をまとめる。」という観点は，実は，**児童・生徒の発達の把握**に関わる。

例えば，思いやりの内容項目では，小学校から中学校まで，多様な自己の見つめ方が生じる。この実態に関わる問題は，小中学校合同の研究会で培われてきた成果の1つである。

道徳科授業で，「自分を見つめてみましょう。このお話（教材）で大切なことは何ですか？」と発問した場合を考えてみる。

小学校低学年…教材の中の主人公の行動より，自分の日常の行動を想起しやすい場合がある。考えやすい具体的な行動を考えさせ，教材と異なる行動でも価値に関わる想起し易い行動でもよい。
小学校中学年…実際の自分の行動と自分の考えを比べながら，自分の行動を考えていく。
小学校高学年…今までの自分の行動を自分としてはどうなのか，さらに考えを深める。
中学校全学年…これまでの自分の行動の傾向性や習慣を考えながら，自分を見つめる。
　　　　　　　上学年になるほど，自分の行動や考えの問題を意識し，在りたい自分の姿と現実の自分を見つめながら，自分を考えるようになっていく。

このように，「自分を見つめる」という指導でも，児童・生徒の発達段階を丁寧に考慮し，児童・生徒一人一人の気もちや体験に寄り添った発問が大切である。

続いて，今求められる道徳科の学習指導過程はどうあるべきか。主体性の育成，考え，議論すること等については述べた。

ここでは，**自分にプラス1（ワン）の前向きな思考を促す道徳教育の在り方**について考える。授業の終末にある「自分にプラス1」の発問の意図は，内容項目を自分なりに統合し，さらに自分をプラスに考えていくためである。このことについて，次の4点から考察する。

1 道徳科授業は道徳的な価値の自覚を「自分にプラス１」とより前向きな思考に広げる展開で自分を振り返り，終末で価値の自覚の深化，さらに自分を肯定的に捉える考えを抱く。

① 道徳科的価値付けのための「自分にプラス１」

　道徳科授業では，ねらいとする内容項目の理解を目標に終末を実施する。しかし，生徒は人間として今日学んだ価値内容をどう統合していくか希薄の場合がある。そこで「何か１つでも過去の自分にプラスする授業」と捉えるようにし，生徒たちが授業の中で，「何か１つでもプラスになるものを見つけられる」ことを願い，プラス１を取り入れている。

② 問題を自分事とする過去の「自分にプラス１」

　生徒が教材の問題意識を自分事として考えるためには，感動したり判断したりしたことを「未来の自分」をプラスに想像し考えることである。今までの自分に，「何かをプラス」することで，「未来をより良いもの」にする意識や実践力が生まれる。そして自分事として深く自覚できれば，道徳の授業の有用性をより感じられるのである。

③ 他者からの評価で相互理解が深まる「自分にプラス１」

　過去の自分にプラス１に書いた内容を，仲間と共有することは極めて重要である。理由は過去の自分にプラス１に書かれた内容は，未来の自分の心を示しているのである。それを互いに評価し合うことで価値観や考えなどの相互理解につながると考える。

④ 「自分にプラス１」の課題設定の工夫

　自分に＋１の課題は，深く見つめてほしいこと，考えてほしいことを端的にまとめて提示することが大切である。ねらいを深く自覚する課題を思い切って出しても面白い。授業内で葛藤や深く考える機会があれば，生徒の深い考えが引き出される。

2 「自分にプラス１」とより前向きな思考は，自己評価を強く肯定的にする。道徳科授業で肯定評価観に立った個人内評価は，最後は生徒の強い自己評価に委ねられる。

① 明確な根拠を伴う評価が大切

　中学生の実態では，ただ根拠もなくほめられても喜ばないものである。自分のよさへの自信も弱いため，教師や仲間から，「なぜプラスだと見てくれるのか」という明確な根拠が必要である。そのため，自分の考えや発言について，「～だから，共感できる」など，理由が伴う事実が重要で，意見交換や道徳ノートの記述にも，きちんとした対応が大切である。

② 自分のよさを理解し前向きになる評価が大切

　個人内評価は，道徳科授業内に加えて，道徳ノート等で考えをまとめたり，教師が個々の考えに後日コメントを加えたりすることでより深まることが多い。そのため，指導の展開で，ねらいとする価値内容について自分の問題として振り返る時間が重要である。更には，「自分にプラス１」で，価値内容の理解を統合し，自分のよさを実感できることも大切である。

③ 「自分にプラス１」の記述は習慣としたい

　道徳の授業の課題に，将来生徒は１時間の授業で何を学んだのか，何を自分の生き方に生かすことができたのかという課題が指摘されている。

　この課題の克服に，計画的な「「自分にプラス１」で自己評価をする習慣は未来の自分像を形づくる。

④ 「自分にプラス１」の自己指導力を育てる

　道徳科の最大の目的は，生徒が自らの道徳性を生涯にわたって，自分で自己指導していくことである。道徳科授業は高校で必修化されている県も増えているが多くは義務教育で終了する。その後は，自分の感性を信じ考え，仲間と議論し，よりよい生き方を目指すために常に「自分にプラス１」を意識させたい。

3　「自分にプラス１」の発想は，生徒の教科等横断的な汎用的な能力を育てる。道徳科で育てる道徳性は本来全教育活動で育む資質・能力で，総合的な指導評価が大切。

① 道徳性を養うすべての教科等の見方・考え方を生かす

　学校の教育活動全体を通じて行う道徳教育の理念は，すべての教科・領域にある。新しい学習指導要領で目指す資質・能力は３点明記された。このため，各教科の指導の特質もこの観点から「見方・考え方」として明記された。道徳科にもこの資質・能力が考えられるが，３観点で分節した評価規準（A・B・C）を置かない。また評価も記述式である。このことを理解し，「自分にプラス１」の発想と個人内評価の意義を理解したい。

※「学習指導要領解説　総則編」による

② 主体的な自己評価を促す工夫が大切

　道徳科授業で学んだ道徳的な価値が，生涯，どのように主体的に生徒一人一人に根付いていくのかを教師は見届けることはできない。ただし，生徒の学びが道徳科の指導とともに各教科等でも学び，よりよい生き方をどう志向していくか想像はできる。この視点は，教科等横断的な汎用能力を育成するカリキュラム・マネジメントであり，常に，「自分に

プラス1」という自己成長していく力を促したい。

4 生徒の自己評価能力の育成は，道徳科授業を要に全教育活動で実施する。問題解決的な道徳科授業実践が生徒の自己評価能力を高める。

① 生徒の自己評価能力は主体的な学びが保証する

　道徳科で学ぶ内容は中学校では22の内容項目として提示している。この内容の理解は生涯学び続ける内容であり，指導者である教師も共に師弟同行で追求していくものである。（指導の原理）この指導理念から，道徳性の育成は生徒自身にゆだねられ，教師は人間の在り方として肯定評価観にたって，励まし勇気付けていく位置にいる。そのため，主体的な学びを工夫することが重要である。

② 主体的な学びの方法として問題解決的な学習

　生徒指導が困難なある中学校が数年でよく変容した例がある。ここでは，道徳科はじめ全教科等で主体性を促す「問題解決的な学習4ステップ授業（問題把握→自力解決→集団検討→自分でまとめ」を開発した。この結果，健全育成は成功し，学力も驚異的に向上した。この4ステップでは，必ず最後に，自分への振り返り「自分にプラス1」の自己評価活動を実行したのである。

③ 主体的な学びの中心は社会情動スキルの育成

　学校教育は，認知能力の育成が重要である。さらに，最近は，学習意欲や学びに向かう力や人間性等の非認知能力の育成が重要とされ，新学習指導要領では3つの資質・能力の中心とされている。社会情動スキルという概念で説明されることもあるが，生徒が主体的に学ぶ意志に裏付けられる。この資質・能力は自らの学びが重要で，「自分にプラス1」である。

④ すべての学びの基盤の道徳科の評価を活用する

　教科担任制度の中学校は教科の評価・評定（A～C評価，1～5評定）に慣れてしまった。確かに「関心・意欲・態度」の評価規準評価もあるが，生徒の学びの本質を支える非認知能力や自己評価力を積極的に評価する点は十分でない。ぜひ，生徒自ら生涯学ぶ生き方につながる道徳科の評価「自分にプラス1」等を活用・開発したい。

（鈴木明雄）

［参考文献］
・中央教育審議会答申初等中等教育分科会等『児童生徒の学習評価の在り方について』論点整理
・文部科学省ホームページ

Ⅴ 道徳科の学習指導過程と教材観

(1) 学習指導要領における道徳科の学習指導過程と教材

　昭和33年9月から道徳の授業は始まった。教材もなく，学習指導過程についての研究も十分ではなかった。現行，新学習指導要領でも，**学習指導過程**については，「導入→展開→終末」と示されているだけである。各教科と異なり，「導入→展開→**まとめ**」でなく，「導入→展開→**終末**」という点だけが示されている。

　教科では，授業の最後は「まとめ」であるが，道徳科では「終末」である。この意味は，1つにまとめることができないことがあるからである。担任等は，道徳科の授業でもねらいを定めることから多くの児童・生徒がねらいを達成する学びを期待する。しかし現在の自分（自己）の生き方としては異なる考えや行動をとりたいと思うことを否定すれば教え込みとなる。1時間，考え，議論したことから多くの仲間の考えを知っても，自分は異なる姿勢となる場合がある。道徳科の授業では，その児童・生徒はまだ十分に価値の主体的な理解に達していない，将来に期待する，という考えには立たない。それは，教師も今まさに自分の生き方を模索しよりよい自分の生き方・あり方を追求していることを考えれば，その児童・生徒の「考え」「意欲や態度」「行動への志向性」等を肯定していく。これが道徳科の授業の特質でもある。

　教材については，今回の学習指導要領では，教材に統一された。各教科等では**「題材」**を考えるが，道徳科では，読み物教材・映像教材等すべて教材とした。

　主題は，道徳科授業の「ねらいと教材」であるが，授業構想も加えて捉えてもよい。今回，道徳の内容項目には，生命の尊さ等の**内容の手掛かりとなる言葉**が付記されたことで，担任等の指導者は**主題名**に，自分の学習指導観を表現することが求められている。例えば，指導する内容は，B公正，公平，社会正義と示し，主題名として「いじめは人として許さない」等と提示する。

(2) 先人の提案する学習指導過程と教材観

　青木孝頼（元文部省教科調査官：道徳）は，「導入→展開→終末」について，展開を前段と後段に分けて，展開後段では，児童が自分への振り返りの学習（**価値の一般化**）を提案された。※青木には，「価値観の4類型化」があるが省略）

　本来，自分への振り返りが起きない授業は道徳科の授業とは言えない。教材の主人公の

価値のある考えや行動に共感し,「自分ならばどうすべきか」と自分事として自分を見つめ考えることは道徳科の特質である。この方法は,小学校低学年等で,動物や植物が擬人化して主人公等になっている場合,展開の後段で,一度「自分ならどうか」と考えさせていくことは大切である。ただし,中学校等ですでに多くの生徒が自分事として考えていると判断される時,あえて「あなたならどう考えますか」と問わないこともある。

　本会は,小・中学校合同の研究会であることから,早い時期にこの問題は理解しているが現在でも時々,「道徳科授業なのに,展開後半がなかった」と批判があるのは残念なことである。

　青木孝頼の提言で一番印象に残るのは,教材に関する**「資料活用類型」**の考えである。

　昭和33年,特設道徳の時間で,一番の問題は教材が極めて少ないことだったと聞く。

　昭和33年9月,年度の途中から,道徳の時間は開始された。始まったばかりで,担任の先生は,地域や郷土の先人,歴史的な人物,あるいは日常の生活問題から教材を創る等の苦労があったと聞いた。特に有名な作家の作品には筆力があった。菊池寛「恩讐の彼方に」の文語版等,今では目にすることができない名作による教材があった。しかし作家の小説や説話は多様な価値が含まれている場合が多い。

　1時間の道徳科授業で扱う道徳的な価値は基本的に1つである。このため,青木は,価値を絞った教材の取り扱いを推奨し,多くの読み物教材を**教材分析**し,ねらいを明確にして活用できることを実証された。多くの授業者は,多様な教材を分析し,ねらいを定めて,良き道徳科授業が構想された。

　反面,作家等の筆力のある臨場感豊かな教材が消えた。やがて授業者は1つにねらいをしぼった自作教材開発を手掛けるようになり,児童・生徒が教材の文章に感動したり,文章にある多様な価値の中から自分の生き方を模索したりしていくような場面が消えたという指摘もある。誰が授業を実施しても,同じような意見しかでない。教師の腕の見せ所もなく,多面的・多角的な話し合いもなく,ねらい通りに終末を迎えるというのである。

　他には,宮田丈夫(元お茶の水女子大学名誉教授)は,**「資料類型」**という読み物教材の分類方法を提案している。これは,現在の学習指導要領の道徳性(道徳的心情,道徳的判断力,道徳的実践意欲,道徳的態度)等に関するねらい毎に,教材を「実践教材」,「葛藤教材」,「知見教材」,「感動教材」等に分類した。授業者が授業のねらいに合った教材を探すうえで大きな役割を果たしたが,一方で教材を固定的に見てしまうとも言われた。

　現在は,前述のように,道徳的な価値1つという自作教材開発が多く,児童・生徒の考えが固定的になり,話し合いすることもなく,解決していく問題もある。もう一度青木の

提言を大切に，内容のある深い多様な教材を開発していきたい。

(3) 道徳は教えられるか

　宇井治郎は，全日本中学校道徳教育研究会会長として，全国都道府県の中学校道徳教育研究会の設置に尽力した。現在，すべての都道府県で活発な研究活動が実施されるようになった。紙面の関係で，宇井の3つの教えを紹介させていただく。

　第1は，「道徳は教えられるか」という永遠の課題である。

　昭和33年の**教材等調査研究会中学校高等学校道徳教育小委員会による「中学校道徳指導書**(現在は，解説道徳編)**第2章指導計画と指導方法・第2節指導の原理**
『道徳教育の内容は，教師も生徒もいっしょになって理想的な人間のあり方を追求しながら，われわれはいかに生きるべきかを，ともに考え，ともに語り合い，その実行に努めるための共通の課題である。

　道徳は外から与えるものでなくて，内から育てなくてはならないものである。人間の欲望や感情を理想に照らしてみずから律していくことは，きわめて困難な課題であり，人間がその生涯をかけて努力しなくてはならないことだから，教師は，この共通目標に向かって，生徒とともに努め，ともに励み，ともに進むという基本的な原理をしっかりふまえていなくてはならない。〜略〜しかしながら，このことは教師の側の指導性を軽視するものではない。知識も豊かであり，経験も積んでいる教師が，指導性をもつことは当然のことである。』

　宇井はこの指導の原理から，**道徳は教えられる**と断言されていた。

　ただし，**師弟同行，教師は生徒と共に，生涯にわたって自分の生き方を追求し続ける存在であることが大前提という理論**であった。人間は弱い。だから学ぶ。だから教える…。宇井の生き方そのものであった。また，この**中学校高等学校道徳教育小委員会**には，宇井の師匠である酒井俊郎(元文教大学教授・東京都教育庁指導部長)，勝部真長等がおられ，現在の道徳科の基礎基本を創って来られたといえる。

　2番目は，**教材分析**の徹底である。宇井は教科書ができるまえの道徳の副読本に力を入れていた。5,6百本に1本教材になれば良いというほど教材開発は厳選された。教材分析表で，指導案検討の前によく教材分析を行った。※詳細は宇井の著書参照

　3番目は，**体験の重視**である。宇井は，ドイツの哲学者シュプランガー博士(Eduard Spranger：1882〜1936)の**『他人の心の動きは，自分の体験に照らしてしか理解できない』**をよく引用された。道徳は，人間関係の中で求められる問題であるから，自分自身の

問題だけでなく，相手の立場や考え方を推し量り，理解できる道徳的な判断力や心情等が問われる。このことを陶冶するうえで体験の果たす役割は極めて大きいのである。と力説された。実存的な考えも認めつつ，本質・価値の理解を大切にしている。

　以上，3点の教えは本会の会員の心にはいつまでも深く根付き，道徳科の指導や自分自身の生き方を今でも支えている。

(4) 道徳科の学習指導過程
　学習指導要領及び解説の言葉を中心に，第2章授業実践編では，次のような学習指導過程を基本にしている。教材や授業構想から，多様な展開になっている場合もある。

1　主題名　　授業者(担任等)の指導観を明確にした言葉とした。
　　内容項目　A・B・C・Dの4つの視点から，**手掛かりになる言葉**を明記。
　　対象学年　小・中学校の学校種と学年。
　　教材名　　資料でなく，すべて教材で統一。出典も明らかにした。
2　主題設定の理由
(1) ねらいとする道徳的価値について
　　内容項目から，ねらいとする道徳的な価値について，授業者が考えた言葉で記述。
　　特に，内容項目が統合されたり，分離されたりした場合はねらいを定めた価値を述べる。
(2) 児童・生徒の実態について
　　ねらいとする道徳的価値に関わる児童・生徒の実態である。
　　学級経営的な視点が必要な場合はそれに触れている。
(3) 教材について
　　読み物教材や映像教材等，多様な教材の在り方について記述。
　　簡単なあらすじも記述し，特に教材の中心的な価値の部分について言及している。
(4) 授業構想について
　　学習指導過程の「導入・展開・終末」等の構想で，特に学習の工夫点やポイントを記述。
(5) 板書計画
　　授業構想の見える化を考え，簡単な板書例を提示。

3　ねらい

　　ここは，授業のねらいである。指導計画について触れている場合もあるが，1時間のねらいを明確に記述。

4　学習指導過程

　　「導入・展開・終末」及び「自分にプラス1（ワン）」の流れを提示。

5　評価

　　1時間の授業の評価を次の2点から提示。

　(1)　ねらいについて

　(2)　ねらいを達成できる授業構想であるか

6　実践の手引き

　　実際の授業について，次の3点から記述。

　(1)　授業づくりの工夫

　(2)　実際の授業の様子

　(3)　評価について

以上，第2章授業実践編を読み解く手掛かりとしていただければ幸いである。

（鈴木明雄）

［参考文献］

・神保信一・宇井治郎編著『新道徳教育の研究』自由書房，1991年

・長田三男・宇井治郎他編著『道徳教育研究』酒井書店，1992年

・日本道徳基礎教育学会編『道徳授業の基礎事典』光文書院，1990年

・日本教材学会編『教材事典　教材研究の理論と実践』東京堂出版，2013年

・『創造的道徳指導　道徳資料の意義と活用』明治図書，1972年

Ⅵ 教材分析の価値と分析表作成の手順

　本会は、指導案や学習指導過程の考察をする時、必ず、教材の分析を実施してきた。次に、教材分析の方法について、その方法を中心に紹介する。

1　一般的な読み物教材の構造

　一般的な読み物教材は、登場人物がある出来事やキーパーソンとの出会いを通して、心情・言動が変化するような構成になっています。一般的な道徳科の読み物教材は、各場面によって、登場人物の心情・言動が変化していくことが特徴です。

　そこで、教師は、読み物教材の内容を確認するだけでなく、各場面で登場人物の心情・言動がどのように変化したのか、なぜ変化したのか等をじっくり読み込む必要があります。

2　読み物教材をじっくり読み込む

　教材をじっくり読みこむということは、あらすじを確認することではありません。教材に出てくる登場人物を「一人の人間」として捉え、その人間を読み込むということです。どれだけ人間を読み込めるかで、道徳授業の善し悪しが決まるのです。

　人間を読み取るとは、私たちは、次のような感情をもっており、それを留意した上で、教材を読み込むということです。

- ・人間は、良いとわかっていても、いざとなるとそれができないことがある。
- ・人間は、悪いとわかっていても、いざとなるとそれを改められないことがある。
- ・人間は、嬉しいことがあれば、気分が心地よくなり、物事に意欲的になる。
- ・人間は、悲しいことがあれば、気もちが落ち込み、物事に消極的になる。
- ・人間は、他の人に好意を示されれば、親愛の情が生まれる。
- ・人間は、自分が無視されたり、侮辱されたりしたら、怒りや悲しみなどの感情が生まれる。

　私たちが、このような感情をもっているように、教材に登場する人物も同じような感情をもっています。しかし、何かをきっかけにして、心情・言動に変化が表れるようになります。道徳授業では、なぜ、そのような心情・言動に変化したのかを考えるのです。

3　読み物教材を読み込むときの留意点

　中学校の道徳教材に「カーテンの向こう（立石善男作）」があります。

内容は，死を待つ重病人がいる病室での内容を描いた話です。窓際には，ヤコブという男が，カーテンの隙間から外の様子を教えてくれます。ヤコブの話が，患者たちの唯一の楽しみとなりました。しかし，主人公の「私」は，ヤコブしか外の景色を見られないことに不満をもっていました。そんな「私」は，ヤコブの死後，ついにカーテンの向こう側を見ることができました。しかし，そこには，冷たいレンガの壁があるだけだったというものです。

　道徳授業では，主人公の心情の変化を考えさせることが一般的ですから，「カーテンの向こうがレンガであることを知った『私』は，どのような気もちでしたか」という発問を行うことが一般的です。しかし，ヤコブの死さえ願っていた「私」が，そのように心を入れ替えることは不自然です。心を入れ替えるだろうということは，あくまでも教師の想像ですから，それを子供たちに考えさせても，何となく腑に落ちないのです。

　そこで，発問は，「なぜ，ヤコブはそこまで嘘を付き通そうとしたのですか。」「そのとき，ヤコブはどんなことを考えていたのですか。」などと，「私」ではなく，ヤコブの立場で考えさせるのです。教師は，教材の記述のないことを考えさせるのではなく，記述してあることから，生徒に考えさせなければなりません。

4　中心テーマを考える

　教材をじっくり読み込んだら，多くの場合，最初に考えるのが発問ではないでしょうか。しかし，発問を考える前にやっておかなければならないことがあります。それが，中心テーマを設定することです。

　中心テーマとは，この時間，「子供たちに，何を考えさせたいか。」「子供たちに，何を学ばせたいか。」という教師自身の願いや思いです。教師は，ねらいの達成に向けて，最初に，中心テーマを考え，次に，発問を考えたり，活動方法を工夫したりすることが大切です。中心テーマがないと，子供の発言に振り回されたり，ねらいからはずれてしまったりします。授業の善し悪しは，発問で決まるのではなく，中心テーマで決まると言ってもよいでしょう。

　たとえば，「いのちの大切さ」をねらいにした道徳授業を計画したとします。中心テーマを考えないと，漠然として授業を計画することとなります。また，教材の内容が重ければ重いほど，どのような発問を行えばよいかわからなくなります。その結果，生徒に教材を読ませて，ワークシートに感想を書かせて，発表させて終わる授業になってしまいます。

　そんなとき，「私たちは，今ここに生きている。そして，人と出会っている。生きると

いうことは，私たちが普段考えている程度のことではない。生きるということは，かけがえのないいのちを燃やして生きることであり，やがてそのいのちが死に至り，灰になるということである。人と出会うということも，単に人と出会うということではない。人と出会うということは，いのちといのちが出会うことである。」という中心テーマを考え，授業に臨むようにするのです。

　中心テーマを考える際は，次の3つのことを心がけることが大切です。

　1つ目は，教師が，一人の人間として教材をどのように受け止めるかです。くわしくは，「教材をじっくり読み込む」で説明してありますので，そちらをご覧ください。

　2つ目は，教材を教師なりに受け止めたら，子供が中心テーマに向かって理解できるように，授業を構造化することです。子供にとって身近な問題として考えられるように，噛み砕いて発問を提示することが大切です。

　3つ目は，授業の核となる中心発問をどのように設定するかです。中心発問は，中心テーマに迫るための肝となるものですから，どのように投げかけるかを十分に吟味することが大切です。生徒の多様の考えを引き出せる発問を用意することが大切です。

　しかし，いざ授業となると予期しないこともでてきます。その際には，常に，中心テーマに立ち返ることが大切です。必ず，解決の糸口が見えてくると思います。

5　教材分析表を作成する。

　教材をじっくり読み込み，中心テーマを考えたら，いよいよ発問を考えることになります。

　しかし，頭の中では，全体の構造がはっきりとせず，ぼんやりとしていることが多いと思います。そこで，すぐに発問を考えるのではなく，教材分析表を作成しながら，発問を考えることが大切です。

　椎の会で，長年，ご指導をいただいた塚野征先生は，「新しい道徳教育の進め方」（学事出版）で，「教材（資料）分析」の意義について，「教材（資料）分析は，第一に『考える材料として』教材（資料）活用の着眼点として考える道筋を構想することである。教材（資料）に描かれた人物の，ささやかな行為やことばにも，人間としてのさまざまな喜びや悲しみ，迷いや悩みが込められている。そうした心のひだを追うことによって，機械的に二者択一や短絡的な思考は避けられた授業展開が可能になる。そこに，自らを発見し・考え・深さと広がりをもった豊かな心を掘り起こしていくことができる。」と述べています。

　教材分析表の作成に当たっては，各場面における「登場人物の心の動き」「発問の構成」

「指導上の留意点」をそれぞれまとめます。このとき，登場人物の言動の変化が現れた場面が中心場面となります。そして，なぜ，そのような変化が現れたのかを考えさせる発問が中心発問となります。この中心発問により，本時のねらいに迫れるようにします。

　そのためには，中心発問をいきなり考えさせるのでなく，どのように登場人物の言動に変化が現れたのかを考えさせるために，中心場面の前後にある場面に着目して，主発問を２～３選び出すようにします。そこで，最後に，中学校道徳教材「足袋の季節（中江良夫）」の教材分析表を以下にまとめてみることにします。

教材分析表

(松原好広)

Ⅶ 道徳教育の全体計画「別葉」について

　道徳教育は，学校教育全体を通じて行われるものである。例えば運動会の取り組みを通じて，「最後まで諦めることなく，全力で競技に取り組もう。」，「勝ち負け以上にクラスが一つになって競技に臨むことが大切であり，それが行事を行う目的の一つではないだろうか。」など，教師は自らの願いを生徒に語りかける。それらと道徳科の授業との関連性を示したものが，道徳教育の全体計画である。ただそこには，教育基本法，学校教育法，学校の教育目標，学校独自の重点を置く内容項目，学校や地域の実態や課題，教職員や保護者の願い，生徒の実態や発達の段階，特別活動，各教科，総合的な学習の時間など記入する内容が多岐に渡ってあるため，その詳細な内容まで表記することは難しい。

　よって，それらを全体計画とは別に示したもの，道徳教育の全体計画「別葉」が必要となる。具体的には，学年毎に教科や総合的な学習，学級活動，生徒会活動，学校行事などの教育活動が，道徳科のどの内容項目と関連づけられているのかが明記されたものである。例えば運動会を通じて，「希望と勇気，克己と強い意志」，「友情，信頼」，「集団生活の充実」などの内容項目に関する考えが深まっていく，そのことが見て取れるものである。

　また，特別の教科道徳では，体験的な活動を授業に取り入れることを推奨している。これは役割演技や，登場人物の行動を再現する動作化以外に，他教科や学校行事などの振り返りをさせる方法が考えられる。

　例えば中学生の時期は，命は大切だとわかっているにもかかわらず，何のためらいもなく相手に「死ね」という言葉を口にすることがある。このように中学生には，道徳的価値は理解できていても自覚していない，知行が一致していないことがよくある。そこで，理科の「生命の成長と細胞」や「職場体験」と，道徳科の「生命の尊さ」や「礼儀」の授業を関連づけて行うようにする。それによって生徒は，過去の学習や自らが体験して感じたことを基に，自分のこととしてより深く考えるようになる。そのために欠かせない存在が別葉である。

　ただ時として，これらの計画は作ることが目的で，ほとんど活用されないことがある。よって，職員室など教職員の目に付く場所に掲示するなどの配慮が必要である。本書に記載されている別葉は，年間計画と兼ねているだけでなく，十八番授業と銘打たれたローテーション授業が明記されている点に特徴がある。そこには学年の教員のみが授業を行うようになっているが，状況によっては校長や教頭，TTなどで教職員以外の方と一緒に授

業を行うように計画することも考えられる。

　中学生という発達段階を考えると、ただ同じ形式の授業を繰り返すだけでは、生徒の道徳に対する興味や関心は深まらない。「生命倫理」「貧困」「エネルギー」「環境」など、答えが簡単に見つからない問題がたくさんある。時にそういった問題を、道徳の授業で取り上げることも必要ではないだろうか。ただあまりにも問題が大きすぎる場合、時として生徒の考えが深まらないことがある。そこで、彼らの今までの学習や体験の振り返りをさせながら、考えを広げていく工夫が求められる。その際に参考になるのが別葉である。これを機会に、別葉の必要性についての考えをより深めて頂けると幸いである。

（松原好広・江川登）

道徳教育の全体計画別葉兼年間計画　第1学年（平成31年度）　豊島区立西池袋中学校

道徳『あすを生きる 1』

月	授	主題名	内容項目	教材名	ねらい	『私たちの道徳』関連ページ	学級活動	特別 生徒会活動
4月	①	よりよい自己の追求	—	心訓（自作）	自分の考えや意見を相手に伝えるとともに、いろいろなものの見方や考え方から謙虚に学び、自らを高めようとする態度を育む。	P72〜73	自信に満ちた中学生になろう A 希望と勇気，強い意志 C よりよい学校生活	対面式 C よりよい学校生活 委員認証式 A 自主・自律，自由と責任
4月	②	自分の生活を見つめよう	A 節度，節制	自分で生活をコントロールする（私たちの道徳）	今の自分を見つめ、節度ある生活を送ろうとする態度を養う。	P5, 12〜13	みんなで活動する学校の組織 C よりよい学校生活，集団生活の向上 中学生の学習のしかた A 節度，節制	
4月	③	礼の精神	B 礼儀	「愛情貯金」をはじめませんか	礼は、心と形がともなっていなければならないことを知り、適切な言動を心がけようとする実践意欲を培う。	P48〜53	校外学習（6組） C 公徳心　D 感動，畏敬の念	
5月	①	家族のきずな	C 家族愛	家族と支え合う中で	家族の深い愛情に守られて今日があることに気づき、感謝の心で家族の愛に応えようとする心情を育む。	P180〜193	部活動への加入 C よりよい学校生活，集団生活の向上 自分のよさを知ろう A 個性の伸長 学校生活の安全 A 節度，節制	募金活動 B 思いやり 運動会練習 A 自主・自律，自由と責任 C よりよい学校生活
5月	②	優しい心	B 思いやり 感謝	おばあちゃんの指定席	人は互いに支え合って生きていることに気づき、思いやりの心をもって人と接しようとする心情を育む。	P54〜59		
5月	③	みんな同じがよいのか	A 向上心 個性の伸長	トマトとメロン	自己を見つめ、自己の向上を図るとともに、個性を伸ばして充実した生き方を追求しようとする態度を育む。	P38〜45		
6月	①	言葉のもつ不思議な力	B 思いやり 感謝	人のフリみて	感謝の心は他者の厚情にふれたときの自然な感情であることに気づき、その気もちを素直に表そうとする態度を育成する。	P82〜95	危険の予測と回避 A 節度，節制 わたしの夢と希望 A 希望と勇気，強い意志 定期考査の受け方 A 希望と勇気，強い意志 社会の一員として C 郷土愛	
6月	②	困難を乗り越える力	A 強い意志	サッカーの漫画を描きたい	目標に向かって、希望と勇気をもって着実にやり抜こうとする実践意欲を育てる。	P16〜21		
6月	③	真の友情	B 友情 信頼	近くにいた友	互いに信頼し高め合う友情の大切さを理解し、いっそう友情を大切にしようとする態度を育てる。	P60〜65		
6月	④	きまりの意義	C 遵法精神	ふれあい直売所	きまりの意義を理解し守ることで、自他の権利を重んじ、よりよい社会をつくろうとする態度を育成する。	P134〜147		
7月	①	弱さの克服	D 生きる喜び	いつわりのバイオリン	だれもがもっている人間らしいよさを認め、弱さに負けず、自分に恥じない生き方を見いだそうとする心情を育む。	P120〜131 238〜239	心身の発達と変化 B 友情，信頼 健康な生活習慣 A 節度，節制	
7月	②	よりよい集団づくり	C 集団生活の充実	小さな一歩	集団の一員としての役割と責任を自覚し、協力し合って集団生活の向上に努めるとする態度を育成する。	P166〜171		

十八番授業

月	授		教員	教材名	内容項目	学級活動	生徒会活動
8・9月	①	A 教諭	1年1組	あなたはすごい力で生まれてきた	D 生命の尊さ	心の通い合う学級 B 友情，信頼 いじめのない学級にしよう B 相互理解，寛容 生徒会とわたしたち C よりよい学校生活	中央委員会・専門委員会 A 自主・自律，自由と責任 委員認証式 A 自主・自律，自由と責任
8・9月	②	B 教諭	1年2組	あふれる愛	D 生命の尊さ		
8・9月	③	C 教諭	1年3組	ゆうへ―生きていてくれてありがとう―	D 生命の尊さ		
8・9月	④	D 教諭	1年4組	部活の帰り	B 友情，信頼		
10月	①	E 教諭	1年5組	使っても大丈夫？	C 遵法精神，公徳心	学習態度の見直し A 節度，節制 いろいろな学行事 A 自主・自律，自由と責任 学校行事を盛り上げる C よりよい学校生活	生徒総会 A 自主・自律，自由と責任 C よりよい学校生活
10月	②	F 教諭	副担任	富士山から変えていく	C 社会参画，公共の精神		
10月	③	G 教諭	副担任	木の声を聞く	D 自然愛護		
10月	④	H 教諭	副担任	オーロラ―光のカーテン―	D 感動，畏敬の念		

月	授	主題名	内容項目	教材名	ねらい	関連ページ	学級活動	生徒会活動
11月	①	伝統を守る	C 我が国の伝統と文化の尊重	奈良筆に生きる	日本人としての自覚をもって我が国の優れた文化を継承し、その創造に貢献しようとする態度を育てる。	P206〜211	なぜ学ぶのか A 真理の探究，創造 読書は自分の友達 D 感動，畏敬の念 効果的な予習・復習 A 節度，節制 これからのわたし A 希望と勇気，強い意志	あいさつ運動 B 礼儀
11月	②	お互いを認め合う	B 相互理解 寛容	自分だけ「余り」になってしまう	人それぞれに異なる立場やものの見方、考え方があることを尊重し、他に学ぶ謙虚な態度を育成する。	P72〜81		
11月	③	弱さを乗り越え生きる	D よりよく生きる喜び	挫折から希望へ	人間には弱さとともにそれを克服する強さや気高さがあることを理解し、よりよい生き方をしようとする実践意欲を育てる。	P120〜131		
11月	④	郷土を愛する心	C 郷土の伝統文化	篠崎街道	自分たちが生活している郷土を築き上げた伝統と文化に思いを寄せ、地域の一員として自覚をもち郷土を愛する心情を育てる。	P200〜205		
12月	①	誠実な行動と責任	A 自主 自律	裏庭での出来事	自分の行為が及ぼす結果を深く考え、誠実に責任をもつことのできる行動がとれるよう判断力を養う。	P22〜31	さまざまな学習への道 A 自主・自律，自由と責任 わたしの悩み B 友情，信頼 不安や悩みの解決 D よりよく生きる喜び	
12月	②	勤労の尊さ	C 勤労	私は清掃のプロになる	勤労の意義を理解し、将来の生き方について考えを深め、勤労を通して社会に貢献する態度を育成する。	P172〜177		
12月	③	かけがえのない家族	C 家族愛	語りかける目	家族を失う苦しみや悲しみにふれ、そのかけがえのなさを感じ、家族を大切に思う心情を育む。	P180〜193		
1月	①	理想に向かって	A 真理の探究	緑のじゅうたん	現実を謙虚に受け止め、努力と工夫を重ね、理想に向かって人生を切り拓こうとたくましく生きようとする実践意欲を育てる。	P32〜37	いろいろな職業 A 真理の探究，創造 希望の職業につくには A 自主・自律，自由と責任 進路計画はなぜ必要なのか A 希望と勇気，強い意志	
1月	②	いじめを許さぬ強さ	C 社会正義	さかなのなみだ	同調圧力などに屈することなく、自己と向き合い互いに協力して正義や公正を実現するために努力しようとする態度を養う。	P160〜165 238〜239		
1月	③	世界平和のために	C 国際貢献	花火に込めた平和への願い	国際的視野に立って他国を尊重し、よりよい社会形成や人類の発展に貢献する実践意欲と態度を育てる。	P212〜225		
2月	①	支え合う家族	C 家族愛	ふたりの子供たちへ	家族への敬愛の大切さ、家族の一員として積極的に家族を支え協力していこうとする実践意欲を培う。	P180〜193	ライフプラン A 個性の伸長 学級とわたしたちの成長 C よりよい学校生活，集団生活の向上 一年間を振り返ろう A 個性の伸長	生徒会交流会 C 集団生活の充実
2月	②	公正，公平な社会	C 公正 公平	公平と不公平	話し合いを通して公平とは何かを考え、大切さを理解し差別や偏見のない社会を築こうとする態度を養う。	P160〜165		
2月	③	思いやり	B 思いやり 感謝	旗	相手の立場や気持ちを考え、あたたかい思いやりの心で接する態度を育成する。	P54〜59		
3月	①	みんなをまとめる力	C 集団生活の充実	むかで競走	学級や学校の一員として自らの役割と責任を自覚し、協力し合って学校生活を充実させようとする態度を育てる。	P194〜199	先輩の選んだ道 A 希望と勇気，強い意志 進級への心構え C よりよい学校生活，集団生活の向上	
3月	②	よりよい社会のために	C 公共の精神	あったほうがいい？	身近なゴミ問題を考え話し合うことを通して、社会に尽くす公共の精神について深く考え、よりよい社会の実現に努めようとする態度を育てる。	P148〜159		

活動	教科				総合的な学習	健康・安全・食育	地域・家庭との連携・オリンピックパラリンピック
学校行事	教科	教材・単元	道徳のねらい	内容項目			
入学式 A 希望と勇気, 強い意志 C よりよい学校生活 離任式 B 感謝 開校記念日 C よりよい学校生活 地域訪問 C 郷土を愛する態度	技術	環境に配慮した生活	自然環境を大切にすることの意義を理解する。	D 自然愛護	◇学習課題の設定・選択 ◇独自の学習課題の設定 A 自主・自律, 自由と責任	健康診断 A 節度, 節制	
	家庭	私たちと家族・家庭と地域	父母, 祖父母を敬愛し, 家族の一員としての自覚をもって充実した家庭生活を築く。	C 家族愛, 家庭生活の充実			
	音楽	My Voice！	自己を見つめ, 自己の向上を図るとともに, 個性を伸ばしつつ充実した生き方を追求する。	A 個性の伸長			
運動会練習 A 希望と勇気, 克己と強い意思 B 友情, 信頼 C よりよい学校生活	保体	ダンス	表現や踊りでの交流を通して仲間とのコミュニケーションを豊かにする。	C よりよい学校生活 B 友情, 信頼	◇学習課題の調査・見学・体験・情報収集の仕方 ◇学習課題の解決の仕方 A 自主・自律, 自由と責任	健康診断 A 節度, 節制	
	家庭	住生活の自立	望ましい生活習慣を身につけ, よりよい住生活を送る。	A 節度, 節制			
	社会	世界各地の人々の生活と環境	世界各地の衣食住について学ぶ中で国際的な視野に立って互いの文化を尊重する態度を養う。	C 国際理解, 国際貢献			
運動会 A 希望と勇気, 克己と強い意思 B 友情, 信頼 C よりよい学校生活 定期考査 A 希望と勇気, 強い意志 歯科指導（1年・6組） A 節度, 節制	理科	身近な生物を観察しよう	生きとし生けるものの生命の尊さを学び, 尊重する心を育む。	D 生命の尊さ D 自然愛護		身体・体力測定 A 節度, 節制	
	国語	花曇りの向こう	友情について悩みや葛藤を経験し, 人間関係を深めていく。	B 友情, 信頼		歯磨き指導（1年生） A 節度, 節制	
	社会	歴史のとらえ方	我が国の伝統と文化を, 歴史の流れの中で理解し, 次世代に伝える。	C 我が国の伝統と文化の尊重	【遠足に向けて】 ・地域の伝統や文化を知ろう C 郷土愛		
	国語	情報の集め方を知ろう	自分の考えや意見を相手に伝え, いろいろなものの見方や考え方があることを知る。	B 相互理解, 寛容			
歯科指導（1年・6組） A 節度, 節制 終業式 A 個性の伸長 夏季休業	英語	Chapter 1 Project 自分のことを伝えよう	好きな事や大事にしているものについて英語で発表し, 自らの個性を伸ばす。	A 個性の伸長	◇学習課題の発表 発表用の資料の準備 A-1 自主・自律, 自由と責任	貧血, 骨密度測定 A 節度, 節制	
	保体	水泳	記録の向上や協議の楽しさ, 喜びを味わい, 健康や安全に気を配る。	A 強い意志 D 生命の尊さ			
始業式 A 希望と勇気, 強い意志 定期考査 A 希望と勇気, 強い意志 小学生体験授業 C よりよい学校生活 遠足 B 友情, 信頼 C 郷土の伝統と文化の尊重	国語	星の花が降るころに	友情の尊さを理解して互いに励まし合い高め合う心を育む。	B 友情, 信頼	・行動班作り, 行程決め, ルールの確認 A 自主・自律, 自由と責任 B 友情, 信頼 C 遵法精神, 公徳心		
	家庭	衣生活の自立	望ましい生活習慣を身につけ, よりよい衣生活を送る。	A 節度, 節制			
	保体	心身の機能の発達と心の健康	心の健康を保持増進する資質や能力を育てる。	D 生命の尊さ B 友情, 信頼			
	社会	世界の諸地域	世界の諸地域に生活することを学び, 国際理解の知識を深める。	C 国際理解, 国際貢献			
文化発表会 D 感動, 畏敬の念	美術	文字のデザイン	発想豊かに文字をデザインすることで創造性を育成する。	A 真理の探究, 創造	◇学習課題の発表 発表用の資料の準備 レポート作り・新聞作り・掲示物作りなど A 自主・自律, 自由と責任	健康診断 A 節度, 節制	発展途上国への支援 C 国際理解, 国際貢献
	英語	Junior High School in the U.S.	アメリカの中学校生活を例に挙げ, 異文化に対する興味関心を高める。	C 国際理解, 国際貢献			
	美術	鉛筆デッサン 物の形を捉えよう	ものの形を捉え, 鉛筆の濃淡で立体感や質感を表現する。	A 真理の探究, 創造			
	国語	いろは歌 月に思う 蓬莱の玉の枝	伝統を継承することで日本人としての自覚をもって国を愛する心を育成する。	C 我が国の伝統と文化の尊重			
安全指導・避難訓練 A 節度・節制							
進路説明会(第2回) A 個性の伸長 定期考査 A 希望と勇気, 強い意志 連合音楽会 D 感動, 畏敬の念 C よりよい学校生活 道徳授業地区公開講座 C よりよい学校生活	保体	陸上競技（長距離走）	自分に負けず, 粘り強く最後までやり抜く。	A 強い意志	【スキー移動教室に向けて】 A 自主・自律, 自由と責任 D 自然愛護	歯科講話（1年生） A 節度, 節制 和食の日献立 C 我が国の伝統と文化の尊重	道徳授業地区公開講座 C よりよい学校生活 地域の運動会 C 社会参画, 公共の精神
	美術	木彫	木彫の技法を学ぶことで伝統文化を愛する心を育む。	C 我が国の伝統と文化の尊重			
	国語	話題や方向性を捉えて話し合おう	集団の中で自主的に考え, 協力し合って集団生活の充実に努める。	A 自主自立 C よりよい学校生活			
	社会	世界のさまざまな地域の調査	世界の地域を自ら調査することで, 進んで世界の事を知ろうとする態度を養う。	A 自主自立			
三者面談 C 家族愛, 家庭生活の充実 セイフティー教室 A 節度, 節制 終業式 A 個性の伸長 冬季休業	数学	基本の図形	図形の対称性や作図方法から数学的な美しさへの畏敬の念を育む。	D 畏敬の念			落ち葉清掃 C 郷土愛 C 社会参画, 公共の精神
	音楽	アジアの諸民族の音楽	他国を尊重し, 国際的視野に立って, 世界の平和と人類の発展に寄与する。	C 国際理解			
	保体	球技	仲間と分担した役割を果たし, 話し合いに参加する態度を養う。	C 公正, 公平 B 思いやり, 感謝			
始業式 A 希望と勇気, 強い意志	社会	中世の日本	中世の人々の考え方・文化を通じて現代における遵法精神を身に付ける。	C 遵法精神 C 公徳心	【職場訪問に向けて】 ・職場訪問 職場訪問先の調査・連絡 職業訪問でのマナー B 礼儀	薬物乱用防止教室 A 節度, 節制	
	保体	武道	伝統的な行動の仕方, 考え方を理解する。	B 礼儀 C 我が国の伝統と文化の尊重			
	理科	火山～火を噴く大地～	大地の仕組みを知り, 自然環境を大切にする意義を理解し, 自然を愛する心を育てる。	D 自然愛護			
定期考査 A 希望と勇気, 強い意志 スキー教室 B 友情, 信頼 D 自然愛護, 畏敬の念	社会	日本の姿	日本の自然・産業などを学び, わが国土に対する郷土愛を育む。	C 郷土愛	・職業訪問の実施 A 個性の伸長 B 勤労 C 勤労 ・職業訪問のまとめ A 自主・自律, 自由と責任 B 礼儀	オリンピック給食 C 国際理解	オリンピック給食 C 国際理解
	音楽	心通う合唱 指揮をしてみよう	学級や学校の一員として自覚をもつ。	C よりよい学校生活			
	理科	地震～揺れる大地～	大地の仕組みを知り, 自然環境を大切にする意義を理解し, 自然を愛する心を育てる。	D 自然愛護			
職場訪問 B 礼儀 C 勤労 卒業式 B 感謝 修了式 A 個性の伸長 春季休業	国語	印象深い思いを伝えよう	自分の考えや意見を相手に伝えることを通して, 自らを高めていく。	B 相互理解, 寛容	一年間を振り返って, 2年生に向けて A 自主・自律, 自由と責任 C よりよい学校生活		パラリンピック選手による講演会 A 向上心, 個性の伸長 A 克己と強い意志
	数学	資料の活用	事象を数理的に捉え, 整理することで真理を探究する態度を養う。	A 真理の探究 B 相互理解, 寛容			

39

道徳教育の全体計画別葉兼年間計画　第2学年(平成31年度)　　豊島区立西池袋中学校

月	授	主題名	内容項目	教材名	ねらい	『私たちの道徳』関連ページ	学級活動	特別 生徒会活動
4月	①	よりよい自己の追求	—	不思議	偶然がもたらす出会いの神秘に思いを馳せ、よりよい生き方を目指そうとする実践意欲を培う。	P6	2年生の役割を考えよう Cよりよい学校生活、集団生活の向上	対面式 Cよりよい学校生活
	②	真の友情	B友情 信頼	ライバル	生涯にわたる尊敬と信頼に支えられた真の友情について深く理解し、互いに認め高め合う友情を育もうとする態度を育てる。	P60～65	2年生としての生活の在り方 A希望・勇気、強い意志 学級の目標や組織をつくろう Cよりよい学校生活、集団生活の向上	委員認証式 A自主・自律、自由と責任
	③	自分の弱さの克服	Dよりよく生きる喜び	自分の弱さと戦え	自分の弱さを自覚し、それを克服しようとする強さをもち、人間として気高く生きようとする態度を育む。	P120～125		
5月	①	人間のすばらしさ	Dよりよく生きる喜び	ネパールのピール	人間のもつ強さや気高さを信じ、人間として誇りある生き方を見出そうとする心情を育てる。	P120～125 238～239	みんなでつくる学級の歩み B友情、信頼 事件・事故から自分を守る D生命の尊さ 生活習慣と健康 A節度、節制	募金活動 B思いやり 運動会練習 A自主・自律、自由と責任 Cよりよい学校生活
	②	自然への畏敬	D感動 畏敬の念	樹齢七千年の杉	自然に感動する心をもち、人間の力を超えたものに対する畏怖の念を深め、自然を愛する心情を育てる。	P114～119		
	③	個性を尊重する社会	C公正 公平 社会正義	リスペクトアザーズ	正義と公正さを重んじ、誰に対しても公平に接し、差別や偏見のない社会の実現に努める態度を育てる。	P160～165		
6月	①	規則の役割	C遵法精神 公徳心	美しい鳥取砂丘	互いに住みやすい社会を目指す精神の大切さを理解し、調和と規律を保つための法やきまりを進んで守ろうとする態度を育てる。	P134～139	いじめのない学級 B思いやり 上級生・下級生との人間関係 B友情、信頼 学習の重点や計画を考えよう A自主・自律、自由と責任 学習と部活動の両立 A個性の伸長	
	②	ともに生きる社会	C社会参画 公共の精神	門掃き	社会連帯の自覚を深め、互いにいたわり助け合う、よりよい社会をつくろうとする実践意欲を培う。	P148～153		
	③	他に学ぶ姿勢	B相互理解 寛容	コトコの涙	他の人がもつ自分にないよさを認め、広い心で謙虚に学ぼうとする心情を育てる。	P72～81		
	④	家族の深い愛	C家族愛	きいちゃん	自分も家族にとってかけがえのない存在であることに気づき、家族の一員として心情を果たそうとする心情を育てる。	P180～185		
7月	①	働くということの意味	C勤労	そうじの神様が教えてくれたこと	勤労は個人の生活の維持や幸福追求、社会的分業によって社会貢献していることを自覚し、勤労に対する実践意欲を高める。	P172～177	趣味や特技と生活 A個性の伸長 さまざまな人との交流 C郷土愛	
	②	インターネット上の責任ある言動	A自主 自律	ネット将棋	誠実に行動することの大切さを理解し、自主的に行動しその結果に責任をもとうとする態度を育てる。	P226～229		

月		教員		教材名	内容項目		学級活動	生徒会活動
8・9月	①	十八番授業	I教諭 2年1組	五月の風—カナー	A 自主、自律、自由と責任		学級生活を充実させよう Cよりよい学校生活、集団生活の向上 各教科を振り返ってみよう A希望・勇気、強い意志 家庭学習の改善と充実 A節度、節制 職業体験をしよう C勤労 何のために働くのか A個性の伸長	生徒会役員選挙 A自主・自律、自由と責任 委員認証式 A自主・自律、自由と責任 小学生体験授業 Cよりよい学校生活
			J教諭 2年2組	五月の風—ミカー	B 友情、信頼			
			K教諭 2年3組	避難所にて	A 節度、節制			
			L教諭 2年4組	戦争を取材する	A 真理の探求、創造			
10月	④		M教諭 2年5組	包む	C 我が国の伝統と文化の尊重		生徒会活動と学級 Cよりよい学校生活、集団生活の向上	生徒総会 A自主・自律、自由と責任 Cよりよい学校生活
			N教諭 副担任	海と空—樫野の人々—	C 国際理解、国際貢献			
			O教諭 副担任	最後のパートナー	D 生命の尊さ			
			P教諭 副担任	命を見つめて—猿渡瞳さんの六百四十六日—	D 生命の尊さ			
11月	①	社会のためにできること	C社会参画 公共の精神	行動する建築家坂茂	社会参画の意識を高め、公共の精神をもってよりよい社会の実現のために貢献しようとする態度を育む。	P172～177	わが校の学校行事 Cよりよい学校生活 心に残る学校行事 C公徳心 自分を生かす職業 A真理の探究、創造 不安や悩みの理解 A個性の伸長 不安や悩みを解決するには A節度、節制	あいさつ運動 B礼儀
	②	家族への敬意	C家族愛	炊きたてご飯のお弁当	家族の大切さを知り、敬愛の念を深め、家族の一員として積極的に協力していく態度を育成する。	P180～185		
	③	自分たちでつくる校風	C集団生活の充実	ハイタッチがくれたもの	集団で協力し合う大切さに気づき、狭い仲間意識を超えよりよい校風をつくろうとする意識を育てる。	P166～171		
	④	国際協力を考える	C国際貢献	ダショー・ニシオカ	地球人の一人としての自覚を深め、世界の平和と人類の幸福を希求する心情を育む。	P214～219		
12月	①	良心に恥じない生き方	Dよりよく生きる喜び	足袋の季節	ありのままの人間がもつ心の弱さを克服し、自分に恥じない生き方を目指そうとする態度を育成する。	P120～125	自分の性格や個性・能力の理解 A個性の伸長 いろいろな勉学の道 何のために学ぶのか A真理の探究、創造	
	②	心を形に	B礼儀	挨拶は言葉のスキンシップ	礼儀の精神への理解を深め、時と場に応じた適切な言動を選択できる判断力を高める。	P48～53		
	③	思いやる心	B思いやり 感謝	夜のくだもの屋	人間は多くの人々の善意や思いやりによって支えられ、守られていることに気づき、感謝する態度を育てる。	P54～59		
1月	①	目標に向かう意志	A克己と強い意志	「自分」を諦めない	自らの可能性を信じ、目標や理想に向かってあきらめずに最後までやり遂げようとする実践意欲を培う。	P16～21	校外学習の計画 B友情、信頼 C我が国の伝統と文化の尊重	
	②	日本人としての誇り	C我が国の伝統 文化の尊重	さよなら、ホストファミリー	国際社会に生きる日本人としての自覚をもち、我が国を愛する心情を育てる。	P206～211		
	③	いじめへの公正な態度	C公正 公平 社会正義	ヨシト	偏見を正し正義を貫こうと決意する主人公の姿に共感することを通して、正義を重んじ、偏見や差別をなくそうとする態度を育てる。	P160～165 238～239		
2月	①	正しい異性理解	B友情 信頼	恋する涙	異性の特性や違いを正しく受け止め、一つの人格としてその尊厳を重んじようとする態度を育てる。	P66～71	進路情報の収集と活用 A自主・自律、自由と責任 進路計画の検討と修正 A個性の伸長	生徒会交流会 C集団生活の充実
	②	愛校心	C集団生活の充実	校門を掘る子	学校の主役は自分たちであるという自覚を深め、そのよさを自らつくりだそうとする道徳的実践意欲を育てる。	P194～199		
	③	自然環境を守る	D自然愛護	よみがえれ、えりもの森	人間は自然界のつながりの中で多くの恩恵をうけており、そのことに感謝するとともに、自然を守り行動しようとする態度を育む。	P114～119		
3月	①	他を思いやる心	B思いやり 感謝	先生にビールやっておくれ	人の温かさを知り、他の人に対して感謝と思いやりの心をもって接する態度を育成する。	P54～59	1年間のまとめ Cよりよい学校生活、集団生活の向上 進級の心構え	
	②	地域の祭りの大切さ	C郷土の伝統と文化の尊重	和樹の夏祭り	郷土の伝統と文化を大切にし、地域社会の一員としての自覚をもって、進んで郷土の発展に努めようとする実践意欲や態度を育てる。	P200～205	A個性の伸長	

活動	教科				総合的な学習	健康・安全・食育	地域・家庭との連携・オリンピックパラリンピック
学校行事	教科	教材・単元	道徳的ねらい	内容項目			
始業式・入学式 A 希望・勇気，強い意志 C よりよい学校生活 離任式　B 感謝 開校記念日 C よりよい学校生活 地域訪問 C 郷土を愛する態度	社会	世界から見た日本の姿	世界と比較しながら日本の姿をとらえさせ，わが国への関心を高める。	C 郷土愛 C 公徳心	◇学習課題に沿った学習計画の立案 A 自主・自律，自由と責任	健康診断 A 節度，節制	
	理科	物質のなりたちと化学変化	原子について学び，化学反応を理解することを通して自主的に学ぶ態度を養う。	A 真理の探究，創造 A 自主自律			
	英語	Lesson1A Practice at a Sumo Stable	日本の伝統のスポーツのよさや美しさに気づき，伝統文化を尊重する気持ちをもつ。	C わが国の伝統と文化の尊重			
運動会練習 A 希望と勇気，克己と強い意思 B 友情，信頼 C よりよい学校生活	国語	枕草子	優れた伝統と文化を大切にし，日本人としての自覚を持ち，国や自然を愛する心をもつ。	C わが国の伝統と文化の尊重	◇尾瀬移動教室学習に向けて A 自主・自律，自由と責任	健康診断 A 節度，節制	
	家庭	身近な消費生活と環境	望ましい生活感覚を身につけ，よりよい消費生活をおくる。	A 節度，節制			
	保体	ダンス	表現や踊りでの交流を通して，仲間とのコミュニケーションを豊かにする。	C よりよい学校生活，B 友情，信頼			
運動会練習 A 希望と勇気，克己と強い意思 B 友情，信頼 C よりよい学校生活 定期考査 A 希望・勇気，強い意志	社会	近世の日本	近世の日本と世界とのつながりを学び，国際理解を深めようとする。	C 遵法精神 C 国際理解	◇情報の収集スキル，図書・インターネットの活用 A 自主・自律，自由と責任 レポート作り・新聞作り・掲示物作りなど A 自主・自律，自由と責任	身体・体力測定 A 節度，節制	
	美術	きり絵	日本の伝統の美術のよさや美しさに気づき，伝統文化を尊重する気持ちを持つ。	C わが国の伝統と文化の尊重			
	理科	生物のからだと細胞	生物のからだのつくりについて学ぶことを通し，生命の尊さや有限性を理解し，進んで自然愛護に努めようとする。	D 生命の尊さ D 自然愛護			
	技術	私たちの生活と生物育成	生命の尊さについて，その連続性を理解し，かけがえのない生命を尊重しようとする。	D 生命の尊さ			
尾瀬移動教室（2年） B 友情，信頼 D 自然愛護，畏敬の念 終業式 C 個性の伸長 夏季休業	国語	メディアと上手に付き合うために	それぞれの個性や立場を尊重し，いろいろな物の見方や考え方があることを理解する。	B 相互理解，寛容 A 自主，自律	【将来の進路に目を向けよう】・様々な職業・自分を取り巻く社会 A 個性の伸長	貧血，骨密度測定 A 節度，節制	
	音楽	Let's Create!	自己の向上を図るとともに個性を伸ばして充実した生き方を追及する。	A 個性の伸長			
始業式 A 希望・勇気，強い意志 定期考査 A 希望・勇気，強い意志 小学生体験授業 C よりよい学校生活 職場体験 A 個性の伸長 C 勤労 C 礼儀	保体	水泳	記録の向上や競争の楽しさや喜びをあじわい，健康や安全に気を配る。	C 強い意志 D 生命の尊さ	【職場体験学習に向けて】・職場体験・職場体験先の調査，連絡・職業体験でのマナー B 礼儀 ・職業体験の実施 A 個性の伸長 C 勤労 B 礼儀		
	社会	日本の諸地域	日本の諸地域についての学習を通して地域ごとの伝統文化を尊重しようとする。	C 郷土を愛する態度 C わが国の伝統と文化の尊重			
	数学	1次方程式と1次関数	事象を数理的に考察し表現することで，真理を探究する態度を養う。	A 真理の探究，創造			
	家庭	健康と食生活	望ましい生活習慣を身につけて，節制し節度ある生活を送ろうとする。	A 節度，節制			
安全指導・避難訓練 A 節度・節制 文化発表会 D 感動，畏敬の念	保体	球技	仲間と分担した役割を果たし，話し合いに参加する態度を養う。	C 公正，公平 B 思いやり，感謝	・職場体験学習の発表 A 自主・自律，自由と責任	健康診断 A 節度，節制	発展途上国への支援 C 国際理解，国際貢献
	美術	屏風アート（鑑賞・制作）	日本文化のよさを味わう。	C わが国の伝統と文化の尊重			
	音楽	歌い継ごう　日本の歌	日本の歌曲について知り，文化を継承しようとする心をもつ。	C 郷土愛 C わが国の伝統と文化の尊重			
	国語	漢詩の風景	その国の文化や伝統，生き方，考え方について理解を深める。	C 国際理解			
進路説明会 A 個性の伸長 定期考査 A 希望・勇気，強い意志 道徳授業地区公開講座 B 友情，信頼	理科	電流の正体	目に見えない電流について学び，真実を大切にすることに努めようとする。	A 真理の探究，創造	【校外学習に向けて】・情報の収集スキル，図書・インターネットの活用 A 自主・自律，自由と責任	健康教育（2年生） A 節度，節制	道徳授業地区公開講座 C よりよい学校生活地域の運動会 C 郷土愛 C 社会参画，公共の精神
	美術	木彫	伝統文化の美しさやよさを味わい，文化を尊重しようとする。	C わが国の伝統と文化の尊重			
	国語	話し合って考えを広げよう	自分の考え方や意見を，相手に伝え，寛容の心をもって謙虚に学ぶ。	B 相互理解，寛容			
	英語	Chapter3 Project 将来の夢	自分の将来を見つめ，自分の個性を発見し，伸ばしていく。	A 個性の伸長			
三者面談 C 家族愛，家庭生活の充実 セイフティー教室 A 節度，節制 終業式 C 個性の伸長 冬季休業	数学	三角形	三角形の性質の数学的な美しさを学び，美しさへの畏敬の念を深める。	D 畏敬の念	・日本の伝統文化と歴史 C 我が国の伝統と文化の尊重		落ち葉清掃 C 郷土愛 C 社会参画，公共の精神
	社会	身近な地域の調査	身近な地域の調査を通して身近な地域の発展に貢献しようとする。	C 郷土愛 A 自主・自律			
	音楽	長唄「勧進帳」から	優れた伝統を尊重し，日本人として自覚をもつ。	C わが国の伝統と文化の尊重			
始業式 A 希望・勇気，強い意志	国語	走れメロス	主人公の悩みや葛藤を考えることで友情の尊さや信頼について考えを深める。	B 友情，信頼 A 強い意志	【上級学校に目を向けよう】・上級学校の仕組み A 個性の伸長	薬物乱用防止教室 A 節度，節制	
	音楽	日本の郷土芸能／受け継ごう！郷土の芸能	郷土の伝統を大切にし，社会に尽くした先人や高齢者に尊敬の念を深める。	C 郷土を愛する態度			
遠足 B 友情，信頼　C 我が国の伝統と文化の尊重 定期考査 A 希望・勇気，強い意志 上級学校訪問 A 個性の伸長	理科	大気の動きと日本の天気	天気のしくみや日本の天気の特徴を知ることで，自然との共生に必要なことを考える。	D 畏敬の念 D 生命の尊さ	・上級学校訪問の準備訪問の際の態度・マナー質問内容・取材方法記録の工夫など B 礼儀 ・上級学校の訪問，見学 B 礼儀	オリンピック給食 C 国際理解	オリンピック給食 C 国際理解
	保体	武道	伝統的な行動の仕方，考え方を理解する。	B 礼儀 C わが国の伝統と文化の尊重			
	音楽	心通う合唱　指揮をしてみよう	学級や学校の一員として自覚を持つ。	C よりよい学校生活，集団生活の向上			
卒業式　B 感謝 修了式　A 個性の伸長 春季休業	保体	傷害の防止	周囲の状況に応じて安全に考え行動し，対応する力を育成する。	D 生命の尊さ C 遵法精神	・進路選択で生かすべき体験の教訓 A 個性の伸長		パラリンピック選手による講演会 A 向上心，個性の伸長 A 克己と強い意志
	英語	Book2 Project 観光パンフレットを作ろう	生まれ育った地域に愛着を持つ。	C 郷土愛			

41

道徳教育の全体計画別葉兼年間計画　第3学年（平成31年度）　豊島区立西池袋中学校

月	授	主題名	内容項目	教材名	ねらい	「私たちの道徳」関連ページ	学級活動	生徒会活動
4月	①	よりよい自己の追求	ー	道はいつもひらかれている	人間としてよりよく生きるため、理想の自己を目指し、前向きに歩み続ける実践意欲を培う。	P5～7	最上級生の自覚と役割 Cよりよい学校生活 学校生活を充実させよう A礼儀 実り多い1年にするために A希望と勇気、克己と強い意志 校外学習（6組） C公徳心　D感動、畏敬の念	対面式 Cよりよい学校生活 委員認証式 A自主、自律、自由と責任 募金活動 B思いやり
4月	②	夢の実現	A真理の探究	iPS細胞で難病を治したい	真理を愛し真実を求める生き方に共感し、自分の人生を歩んでいこうという心情を育てる。	P32～37		
4月	③	目標に向かう意志	A克己と強い意志	銀メダルから得たもの	より高い目標を設定し、その実現のために努力や希望・勇気の必要性を理解し、困難や失敗を乗り越えようとする実践意欲を高める。	P16～21		
5月	①	家族への感謝	C家族愛	一冊のノート	父母の苦悩や不安、家族への思いに気付く姿を通して、家族の敬愛を深め、家族の一員としての役割果たそうとする態度を育む。	P180～193 238～239	一人一人ががんばり、最高の学年にしよう Cよりよい学校生活、集団生活の向上 進路プランの作成 A真理の探究、創造 進路の希望と学習 A希望と勇気、克己と強い意志	運動会練習 A自主、自律、自由と責任 Cよりよい学校生活
5月	②	おもてなしの心	B礼儀	出迎え三歩、見送り七歩	礼儀の意義を理解し、人間尊重の精神をもって時と場にふさわしい言動がとれる判断力を高める。	P48～53		
5月	③	信頼に支えられた友情	B友情 信頼	違うんだよ、健司	人間関係としての友情を考え、お互いに励まし合うことの大切さに気づき、よい友人関係を築こうとする実践意欲を育む。	P60～65		
6月	①	自分を抑える力	A節度節制	ある朝の出来事	節度を守り節制に心掛けた調和のある生活の豊かさを知り、自己の生活を正そうとする態度を育成する。	P10～15	情報化社会への対応 A自主、自律、自由と責任 生徒会活動の充実 Cよりよい学校生活 望ましい校風をつくろう Cよりよい学校生活	
6月	②	生命の尊さ	D生命の尊さ	臓器ドナー	決して軽々しく扱われるべきではない生命の尊さを深く自覚し、自他の生命を尊重する態度を育成する。	P98～113		
6月	③	自然への畏敬	D自然愛護、畏敬の念	風景開眼	自然の摂理を理解し、生きとし生けるすべてのものへの感謝と畏敬の念をもとうとする心情を育む。	P148～159		
6月	④	前向きな生き方	A向上心、個性の伸長	新しい夏の始まり	自己を見つめ、これまでの自分を冷静かつ客観的に振り返るとともに、経験を生かした自分らしい生き方を追求しようとする態度を育む。	P38～45		
7月	①	人間の気高さ	Dよりよく生きる喜び	風に立つライオン	自己の弱さ醜さと向き合い、それを克服することで誇りある生き方に近づこうとする態度を育成する。	P120～131	思春期の心とからだ B友情、信頼 悩みや不安の解消 A節度、節制	生徒会交流会 C集団生活の充実
7月	②	試練が育てる友情	B友情 信頼	ライバル	真の友情や友の尊さを理解し、信頼と敬愛の念に支えられた友人関係を築こうとする道徳的態度を育てる。	P60～65		

月	授		教員	教材名		内容項目			
8・9月	①	十八番授業	Q教諭　3年1組	町内会デビュー		A 自主、自律、自由と責任	よりよい学級生活を創る Cよりよい学校生活・集団生活の充実 いい友人関係をつくろう B友情、信頼 学習方法を改善しよう A節度、節制 助け合い学習を進めよう B友情、信頼	中央委員会・専門委員会	生徒会役員選挙 A自主、自律、自由と責任 委員認証式 A自主、自律、自由と責任 小学生体験授業 Cよりよい学校生活
8・9月			R教諭　3年2組	私も高校生		A 自主、自律、自由と責任			
8・9月			S教諭　3年3組	自分・相手・周りの人		C 社会参画、公共の精神			
8・9月	④		T教諭　3年4組	あるレジ打ちの女性		C 勤労			
10月	①		U教諭　副担任	「稲むらの火」余話		C 郷土の伝統と文化の尊重	働くことと学ぶこと A真理の探究、創造 生きがいと仕事 A真理の探究、創造 いじめを許さない B相互理解、寛容 思い出に残る行事にしよう D感動、畏敬の念	あいさつ運動 B礼儀	生徒総会 A自主、自律、自由と責任 Cよりよい学校生活
10月			V教諭　副担任	命のトランジットビザ		C 国際理解、国際貢献			
10月			W教諭　副担任	エリカ―奇跡のいのち―		D 生命の尊さ			
10月	④		X教諭　副担任	希望		D 生命の尊さ			

月	授	主題名	内容項目	教材名	ねらい	関連ページ	学級活動	生徒会活動
11月	①	感謝の心に応える	B思いやり 感謝	塩むすび	家族などの支えや多くの人の人々の善意により、日々の生活や自分があることに感謝し、進んで周囲に応えようとする態度を育てる。	P54～59	進路情報の収集と活用 A自主、自律、自由と責任 進路希望の確認 A希望と勇気、克己と強い意志 自分のよさを知る A個性の伸長	
11月	②	家族への敬愛	C家族愛	天使の舞い降りた朝	親の無私の愛情に心を顧みながら、家族とよりよい関係を築こうとする態度を育成する。	P180～193		
11月	③	正しい異性理解	B友情 信頼	ゴリラのまねをした彼女を好きになった	異性についての正しい理解を深め、それぞれのよさを認めながら互いに高め合おうとする態度を育む。	P66～71		
11月	④	規律ある社会	C遵法精神	ワンス・アポン・ア・タイム・イン・ジャパン	法の意義を正しく理解し、自ら権利を行使し義務を果たすことで規律ある社会の実現に努めようとする実践意欲を育成する。	P134～147		
12月	①	伝統の継承	C我が国の伝統と文化の尊重	昔と今を結ぶ糸	わが国の伝統文化の重みを知り、それを継承していくことの重要性に気づき、発展させていこうとする心情を育む。	P206～211	個性の伸長と生活の充実 A個性の伸長 進路の選択と決定 A希望と勇気、克己と強い意志 高校訪問・体験入学 A真理の探究、創造	
12月	②	ともに生きる社会の実現	C社会参画 公共の精神	No Charity, but a Chance！	自分たちが生活する社会に自ら進んで参画し、よりよい社会を実現していこうとする実践意欲を育てる。	P148～159		
12月	③	公正、公平な心	C公正 公平 社会正義	命の大切さ	真実と正義を見極める心を養い、常に公正、公平な立場で社会の差別や偏見をなくそうとする態度を育む。	P160～165		
1月	①	互いの思いの伝え方	B相互理解 寛容	思いを伝えることの難しさ	相手の立場や考え方を尊重し、謙虚な広い心で他に学ぼうとする態度を育成する。	P72～81	あせりと不安の解消 Dよりよく生きる喜び 面接の練習をしよう B礼儀 学び続ける価値 A真理の探究、創造	
1月	②	心のふれ合い	B思いやり 感謝	ある元旦のこと	人は互いに助け合って生きていることを自覚し、感謝と思いやりの心で他と接しようとする実践意欲を培う。	P54～59		
1月	③	いじめを許さぬ心	C公正公平 社会正義	卒業文集最後の二行	いじめの愚かさを知り、差別、偏見を憎み、不正な言動を断固として許さない態度を育成する。	P160～165 230～239		
2月	①	よりよく生きる	Dよりよく生きる喜び	世界を動かした美	人間のもつ美しさ気高さを信じ、誇りある崇高な生き方を実現しようとする心情を育む。	P120～131	喫煙・飲酒・薬物乱用を考える A節度、節制 正しい食生活 A節度、節制	生徒会交流会 C集団生活の充実
2月	②	自然とともに生きる	D自然愛護、感謝畏敬の念	「川端」のある暮らし	人間は自然の中で生かされていることを自覚し、自然を大切にし自然愛護に努める態度を育む。	P148～159		
2月	③	愛校心	C集団生活の充実	お別れ会	学校に所属する一員としての自覚を深め、皆と協力しよりよい校風を築こうとする心情を育む。	P194～199		
3月	①	きまりを守る	C遵法精神 公徳心	二通の手紙	きまりを遵守し、確実に義務を果たすことで、よりよい社会をつくろうとする実践意欲を培う。	P134～147	在校生へのメッセージ B感謝 3年間の思い出 B感謝	
3月	②	自分を磨く	A向上心 個性の伸長	小さな手鏡	自己理解を深め、自分のよさや個性をのばし、充実した生き方を追求しようとする道徳的態度を育成する。	P38～45 240		

活動		教科			総合的な学習	健康・安全・食育	地域・家庭との連携・オリンピックパラリンピック
学校行事	教科	教材・単元	道徳的ねらい	内容項目			
始業式・入学式 A 希望と勇気，克己と強い意志 C よりよい学校生活 離任式 B 感謝 開校記念日 C よりよい学校生活 地域訪問 C 郷土を愛する態度	社会	二度の世界大戦と日本	戦争の学習を通じて，国際理解を深める。	C 国際理解 C 我が国の伝統と文化	◇学習課題に沿った学習計画の立案 A 自主，自律，自由と責任	健康診断 A 節度，節制	
	家庭	幼児とのふれあい	思いやりの心を持って人と接する	B 思いやり			
	技術	情報モラルと知的財産	情報モラルの学習を通して，法やきまりを理解する。	C 遵法精神			
運動会練習 A 希望と勇気，克己と強い意思 B 友情，信頼 C よりよい学校生活	数学	文字式の活用	筋道を立てて考え，表現する能力を高めることで道徳的判断力の育成を図る。	A 真理の探究，創造		健康診断 A 節度，節制	
	保体	ダンス	表現や踊りでの交流を通して，仲間とのコミュニケーションを豊かにする。	C よりよい学校生活， B 友情，信頼			
	英語	Chapter 1 Project 日本の伝統文化を紹介しよう	日本文化の良さに気づき，文化を継承しようとする心を持つ。	C 我が国の伝統と文化の尊重			
運動会 A 希望と勇気，克己と強い意思 B 友情，信頼 C よりよい学校生活 定期考査 A 希望と勇気，克己と強い意思 進路説明会（第1回） A 個性の伸長	美術	和菓子のデザイン	日本文化の良さに気付き，新しい文化を創造しようとする。	C 我が国の伝統と文化の尊重	【歴史や文化に学ぶ】 ・日本の伝統文化 ・日本の古都，京都・奈良 C 我が国の伝統と文化の尊重	命の授業 D 生命の尊さ	
	音楽	風の中の青春	集団の中での自分の役割や席に言いを自覚して集団生活の充実に努める。	C よりよい学校生活，集団生活の向上		身体・体力測定 A 節度，節制	
	理科	生物の成長と細胞生物の生殖と細胞	生命の連続性や有限性を理解する，かけがえのない生命を尊重しようとする。	D 生命の尊さ			
	国語	俳句の可能性	日本の伝統的言語文化である俳句について理解を深め，親しむ。	C 我が国の伝統と文化の尊重			
終業式　A 個性の伸長 夏季休業	英語	Chapter 2 Project インタビューをしよう	インタビューを通して相手を尊重する心をもつ。	B 礼儀 B 相互理解，寛容	【情報の適切な活用】・コンピュータやインターネットなどの適切な活用 A 自主，自律，自由と責任	貧血，骨密度測定 A 節度，節制	
	社会	私たちが生きる現代社会の特色，現代社会の文化と私たち	現代社会の特色をつかみ，わが国の伝統と文化を尊重しようとする。	C遵法精神　C公徳心 C我が国の伝統と文化の尊重			
始業式 A 希望と勇気，克己と強い意志 修学旅行 B 礼儀　C 公徳心 C よりよい学校生活，集団生活の充実 小学生体験授業 C よりよい学校生活 定期考査 A 希望と勇気，克己と強い意志	美術	自画像のコラージュ	自分の内面を見つめ，自分のよさや個性と向き合うことで，よい個性を伸長する。	A 個性の伸長	【進路に関する課題】 ・進路に関する疑問点・不明点の調査・情報収集 A 自主・自律，自由と責任		
	保体	水泳	記録の向上や競技の楽しさや喜びを味わい，健康や安全に気を配る。	A 克己と強い意志， D 生命の尊さ			
	社会	個人の尊重と日本国憲法	憲法をもとに，規範意識を高め，お互いを尊重しようとする。	C 遵法精神　C 公徳心 C 公正，公平，社会正義			
	家庭	これからのわたしと家族	家族の一員として，自覚をもって家庭生活を築く。	A 自主・自律　C 家族愛，家庭生活の充実			
文化発表会 D 感動，畏敬の念	国語	新聞の社説を比較して読もう	視点を定めて社説を読み，自主的に考え判断する力を育てる。	A 自主・自律			発展途上国への支援 C 国際理解，国際貢献
安全指導・避難訓練 A 節度・節制	美術	篆刻	篆刻の文化を学ぶことで，他国や自国の文化を尊重しようとする態度を養う。	C 国際理解			
	理科	酸・アルカリとイオン	身の回りのpHを調べたり中和のしくみを学ぶことを通して真理の探究に努める。	A 真理の探究，創造			
	国語	古今和歌集　仮名序　君きつと　古典を心の中に	伝統的な言語文化としての和歌の世界に親しむ。	C 我が国の伝統と文化の尊重			
進路説明会（第2回） A 個性の伸長 進路面談 A 個性の伸長 道徳授業地区公開講座 C よりよい学校生活 定期考査 A 希望と勇気，克己と強い意志	音楽	Let's Create！	自己の向上を図るとともに，個性を伸ばして充実した生き方を追及する。	A 個性の伸長	・進路選択に関わる自分の考えを深める A 個性の伸長		道徳授業地区公開講座 C よりよい学校生活 地域の運動会 C 郷土愛 C 社会参画，公共の精神
	美術	スクラッチで表現しよう	ハッチングの技法のよさや美しさを生かして制作する	A 個性の伸長 A 創造			
	理科	太陽系と宇宙の広がり	私たちが生活する太陽系について学ぶことで，地球環境を大切にする心を育む。	D 自然愛護			
三者面談 C 家族愛，家庭生活の充実 セイフティー教室 A 節度，節制 救命講習　D 生命の尊さ 終業式 A 個性の伸長 冬季休業	音楽	平調「越天楽」「羽衣」から	優れた伝統を尊重し，日本人としての自覚をもつ。	C 我が国の伝統と文化の尊重	◇新しい学習課題の発見進路に関する課題の学習から A 希望・勇気，強い意志		落ち葉清掃 C 郷土愛 C 社会参画，公共の精神
	英語	Chapter 4 Project 自分の意見を言おう	自分の意見を発信することで，強い意思を持つ。	A 強い意志			
	国語	故郷	希望や勇気を持ち，困難を乗り越え理想を実現しようとする態度を育てる。	A 希望と勇気，克己と強い意志			
始業式 A 希望と勇気，克己と強い意志	数学	標本調査	事象を数理的に捉え，整理することで，真理を探究する態度を養う。	A 真理の探究，創造 B 相互理解，寛容	・進路の選択・決定 A 自主，自律，自由と責任	薬物乱用防止教室 A 節度，節制	
	音楽	世界の諸民族の音楽	世界の音楽を学ぶことで，他国を尊重する心を育み国際理解につなげる。	C 国際理解			
	保体	健康な生活と病気の予防	要因に対する適切な対策を理解し実践する力を育む。	A 節度，節制 D 生命の尊さ			
定期考査 A 希望と勇気，克己と強い意志 都立高校入試 A 希望と勇気，克己と強い意思	社会	持続可能な社会を目指して	次世代の子供たちのために，持続可能な社会を目指そうとする。	C 公徳心 A 自主・自律	・情報化社会の課題 情報モラル 個人情報の保護 C 公徳心	オリンピック給食 C 国際理解	オリンピック給食 C 国際理解
	国語	私を束ねないで	自己を見つめ個性を伸ばして，充実した生き方を追及する態度を育てる。	A 個性の伸長			
	音楽	心通う合唱 指揮をしてみよう	学級や学校の一員としての自覚を持つ。	C よりよい学校生活，集団生活の向上			
卒業式 B 感謝 春季休業	美術	鑑賞	美しいものに感動する豊かな心をもつ。	感動 畏敬の念 B 思いやり，感謝	・卒業に向けて D 生命の尊さ	健康教育（3年）	パラリンピック選手による講演会 A 向上心，個性の伸長 A 克己と強い意志
	理科	自然環境の保全と科学技術	持続可能な社会を目指し，環境の保全や科学技術の発展に努めようとする態度を養う。	D 自然愛護 C 公徳心			

第 2 章　授業実践編

公正，公平な態度と自我関与を中心に道徳科授業で深める

I①

東京都荒川区立小学校

1 主題名　私心にとらわれず

内容項目　C 公正，公平，社会正義　　　対象学年　小学校第4学年

教材名　『二まいの絵』出典 東京都道徳教育教材集

「特別の教科 道徳」移行措置対応

2 主題設定の理由

(1) ねらいとする道徳的価値について

　集団や社会において公正，公平にすることは，私心に捉われず誰にも分け隔てなく接し，偏ったものの見方や考え方を避けるよう努めることである。しかし，人間は自分と異なる感じ方や考え方，多数ではない立場や意見などに対し偏った見方をしたり，自分の仲間を優先させてしまおうとしたりする弱さをもっている。

　本教材では，「公正，公平」についての価値理解，価値を理解していても行動ができないことがあるという人間理解，友達は一人一人様々な考え方，感じ方をしているという他者理解を多面的・多角的に捉えることができるよう自我関与を中心にして学習の工夫をした。

　その上で，道徳的判断力を育てていくことをねらいとしている。育てたい道徳的判断力とは，よりよい人間関係を築くために，偏った見方や接し方をしないように判断できる力と，人間として様々な状況下で，私心に捉われずにどのように対処することが望ましいか判断する力であると考えている。どうしてその判断をするのか理由を考えると共に，不公平な態度が周囲に与える影響も考えさせ，公正，公平でないことが人間関係や集団生活に支障をきたすことにも気付かせ，公正，公平についての考えを深めさせたい。

(2) 児童の実態について

　小学校中学年の児童は，誰に対しても分け隔てをしないで接することの大切さは理解している。しかし，様々な場面において適切な判断をすることが必ずしも一番ではなく，自分の仲間を優先することに終始してしまうことがある。望ましくないと分かっていても，集団の考えに流されてしまう傾向にある。自分の好みで相手に対して不公平な態度で接し

てしまうことも多くみられる時期である。
(3) 教材について
　運動会のキャラクターの絵の，クラスの代表を選ぶという状況設定の中で，主人公「ぼく」は，上手に描けていると思う清の絵を選ぶか迷いながら，自分の仲間だということを優先して幼なじみの真一の絵に投票するという内容である。「運動会のキャラクターとしてよいと思ったものを選ぶ」という本来の目的ではなく，「ぼく」は仲間の真一の絵を選ぶという判断をする。投票後にもう一人の幼なじみである広志も真一に投票したと思って同意を求めたが他の絵に投票したと知り，自分の選択について考える場面で終わる。児童に身近な出来事を題材にしており，絵の選択という葛藤場面があることから「自我関与」しやすい内容になっている。
(4) 授業構想の工夫
　自我関与が中心の学習とするため，次の２点の工夫を行う。
① 対話の工夫として，
　ア　教材との対話(読み物教材の世界に引き込む)登場人物になりきって道徳的価値について自分なりに考える。
　イ　他者との対話(対話的な学び)話し合い⇒他者理解を通し，多面的・多角的に考える。
　ウ　自己との対話(主体的な学び)新たな見方・考え方を創出する。この３つを取り入れた。
② 発問の工夫として，展開前段に「**なぜ**」を問い，展開後段に「**ねらいとする道徳的価値を自分自身との関係で捉えるための発問**」を取り入れた。
　「**ねらいとする道徳的価値を自分自身との関係で捉えるための発問**」は，「なぜ」の問いと合わせて，「自我関与」が中心の学習への相乗効果をもたらす手法である。
　また，中学年という発達段階から，理解した道徳的価値を自分の生活にどう生かしたいのか，という具体的なことばを補足することで「自我関与」への誘いをもたらす。

(5) 板書計画

[引用文献]
・西野・鈴木・貝塚編『「考え，議論する道徳」の指導法と評価』，教育出版，2019年

3 ねらい

　自分の仲間を優先して不公平な態度をとってしまったぼくの気もちを自己の課題として考えること**を通して**，公正，公平に接することができる**道徳的判断力を育てる**。

4 学習指導過程

	学習活動	主な発問と予想される児童の反応	指導上の留意点
導入 5分	1　ねらいとする価値への導入を図る。	事前に取ったアンケート「仲よしだという理由で友達に合わせたことはあるか」の結果を知らせる ・遊びを合わせた 41% ・話を合わせた 14%	・アンケートを知らせることで，ねらいとする価値を意識付ける布石とする。
展開 前段 30分	2　『2まいの絵』を読んで話し合う。 ★自分の考えを基に，班で話し合う。	【発問1】どうしよう…と考え込んでしまったぼくは，どちらに投票しようと迷っているのでしょう。どんな理由で(真一・清)に投票しようとしているのでしょう。 教材との対話　他者との対話 真一・1年生から仲のよい友達だったから。 　　・入れなかったことが後で分かったら嫌だから。	・登場人物の関係確認に場面絵を活用する。 ・小グループで話し合う活動を入れることで，自分と友達の見方・感じ方の違いに気付き，多面的・多角的に考えられるようにする。

	ペアワーク ↓ 4人で集団議論	清 ・丁寧に描かれていて上手いから。 　・クラスの代表としてふさわしいと思うから。 【発問2】黒板のキャラクターの絵を，じっと見つめるぼくはどんなことを考えていたのでしょう。 自己との対話 ・後悔している。清に悪いことをした。 ・自分の気もちに正直にしていればよかった。 ・広志は偉いな。広志はぼくのことをどう思うかな。 【発問3】なぜ，ぼくは投票するときも投票した後もまよったり悩んだりしているのでしょう。 ・いけないことをしているという気もちがあるから。 ・自分の気もちを乗り越えようとしているから。	・公正，公平と友情の価値の間で葛藤する主人公の気もちに共感させる。 ・迷いを心情円盤を活用して表現させる。 ・清を選べばよかったことを後悔していることや，広志の行動について，その理由を問うことで，様々な判断があることに気付かせたい。
展開 後段 5分	3　自分を振り返る	【発問4】今日の学習を通してどのようなことを学びましたか。これからどう生かしたいですか。 ・自分の心に素直になって考えて行動したい。 ・周囲に流されず，正しいと思った行動を取ろうと思った。 ・正しいことをやり抜くには勇気がいると思った。	
終末 5分	4　教師の説話を聞く	・誰にも分け隔てなく公正，公平な態度で接することで，集団や社会が成立することを伝える。	

5　評　価

(1)　ねらいについて

　自分の仲間・仲のよい友達を優先するという考えや行動をとってしまったことを自己の課題として**気付く発言や記述があったか**。また人間には弱さがあるが，前向きに自分を考えていく強さや気高さがあること**に気付き，公正，公平な自分でありたいと考えられたか**。

(2) ねらいを達成できる授業構想であるか(検証・評価)

　児童が課題を自分事として捉え，公正，公平についての道徳的判断力を生み出す**授業展開であったか**。自我関与を中心とした展開が公正，公平についての**考えを深めたか**。

6　実践の手引き

(1) 授業づくりの工夫(自我関与を中心とした道徳科授業展開の改善)

　本教材は，中学年児童にとって日常的に起こりうる場面設定であり，その時点で登場人物になりきって道徳的価値について考えやすい。このことにより「自我関与を中心とした授業展開」に活用しやすいといえる。しかし，そのことはあくまできっかけであり，ここではさらに授業展開と発問を修正・開発してきた。

　一般的な展開は，主人公「ぼく」の心情の変化を追っていく。発問は，主人公の「自分の仲間を優先してしまう」「友情を壊したくない」という気もち，そして，そこに迷う気もちを追いながら，児童は自分を振り返る。さらに，並行して同じ行動を取るであろうと考えていた広志が取った行動，自分とは違う結果を示した行動に考えを深めていく。このことに，発問の工夫や小グループでの話し合いを取り入れ，人間理解，他者理解を深めていく。児童が自分を見つめ考えることで，自我関与を深め，公正，公平な態度で接することができる道徳的判断力を育てていく。

　中学年児童の実態を把握して道徳科授業になるよう改善を繰り返してきた。以下の３点について段階を追って示していく。

　第一は，【発問１】で，真一・清の両者について，それぞれに投票しようと迷う思いを小グループで話し合わせていることである。これは道徳的価値の理解を自分事として捉えることにつながる。このことは，公正・公平の大切さ，誰に対しても分け隔てをしないで接することの大切さは理解しているが，様々な場面でそれが果たせずにいる自分自身や周囲の友達の実態を知り，正にこれから考える道徳的価値を自我関与を中心に理解することにつながる。しかし，ここでは善悪の判断で終わらないように気を付ける必要がある。人間の弱さを見つめあうという観点をもつことが極めて重要である。そこで，第２は，【発問２】で，黒板をじっと見つめる主人公の思いを考えさせる場面では，既に自我関与が進んだ授業展開の中で，自分の弱さ・友達への罪悪感，公正，公平の意味と大切さなど様々な角度からじっくりと考えを引き出す。第３は【発問３】で，「なぜ」を使う。なぜ，『ぼく』は投票するときもした後もこんなにも悩んでいるのでしょう。」という問いは，中学年の児童には難しいが，登場人物としての「ぼく」を越えて自分を見つめ，自分の生き方を考

える契機となった。

(2) 実際の授業の様子（展開の改善による児童の変容）

【発問1】は，小グループでの話し合いが，功を奏した。「仲のよい友達であることは投票の理由にしてはいけない」という意見が出る一方，「自分にもそういう経験がある」と話す場面も見られた。このことが，人間の弱さを実感させ，それを乗り越えて生きることの大切さを考えるきっかけとなった。【発問3】は，児童は「なぜ」をキーワードに考え抜いた。これまでの発問に比べて挙手は少なかったものの，「いけないことと分かっていても，仲のよい友達を大切に思う気もちと正しく判断することに迷ったから」「公平な態度が取れなかった自分に後悔しているから」など，深い意見交換，発言が見られた。

(3) 評価について

道徳ノートは，【発問1】【発問2】について書いた。ねらいについて十分に達成できる発言や道徳ノートの記述があった。自分の仲間・仲のよい友達を優先するという考えや行動をとってしまったことを自己の課題として捉えるとともに，人間の弱さにも気付き，主人公の迷いや苦しみを自分事として捉える発言や記述が見られた。自我関与を中心とすることで，予想以上に考えや思いが深まることを実感した。人間の性や本音を語ることができる中学年児童は頼もしい。【発問4】で，今日の学習を通して学んだことの中に，「自分にも経験があることだったので，すごく一生懸命に考えられた」「正しいと思うことをやり通したい」などがあった。新たな考えを見付ける様子が見取れ，評価所見にも活用できる発言，記述があった。

（出井玲子）

7　本実践事例の価値とアドバイス

東京都荒川区立第五峡田小学校　出井玲子

　自我関与が中心の学習とするための工夫が概ね機能している。まず，①対話の工夫について

ア　教材との対話(読み物教材の世界に引き込む)は，葛藤場面を中心に行った読み方や強調ポイントの工夫，事前に取ったアンケートを活用したことも効果的であった。

イ　他者との対話(対話的な学び)として，【発問1】に話し合いの手法を取り入れたことは，他者理解を通し，物事を多面的・多角的に考えることにつながっている。特に友達が自分と同じ考えをもっていたり，一つの考えに至らず矛盾する気もちに葛藤したりすることを対話を通して知ることは，児童にとって大きな学びであり，自分事として捉えるに価値あるものであった。【発問1】について，注意すべき点としては，「真一，清のどちらに投票すべきであったか」という討論にならないようにすることである。あくまでどうしよう…と考え込む「ぼく」を通して，対話によって互いに考えを深めあうことを目的にする。また，【発問1】の深まりは【発問2】の深まりへとつながる。例えば，【発問2】では，「清にも真一にも悪いことをしたと思ったと思う」という発言があった。「友達への罪悪感」は，清のみならず，真価を認めず，ただ，仲のよい友達というだけで投票してしまった真一にも向いていたとする考えに学習の深まりを感じずにはいられなかった。それは，【発問1】からの一貫した自我関与の工夫が**ウ　自己との対話**(主体的な学び)を深め，新たな見方・考え方が創出したものと考える。

　②**発問の工夫**として取り入れた「**なぜ**」の問いの設定は，ぼくの心情を問うのではなく，悩み苦しむ思いを問うことで，人として生きる姿に自己を投影させて考えるとともに，その立場になって多面的・多角的に考えることができる。ここではさらに，不公平な態度が周囲に与える影響も考えさせ，公正，公平でないことが人間関係や集団生活に支障をきたすことにも気付かせる必要があることから，**補助発問**として「ぼくと同じ理由で広志やクラスの皆も真一を選んでいたらどうなっていたか。」などを取り入れる方法も考えられる。

　最後に本事例の目指す，「悩みや苦しみを共感するに留まらず，それを乗り越える考えや力を道徳的判断力として身に付ける」ために【発問4】が存在することを改めて認識することが大切である。自我関与を中心にした学習ほど，「自分を振り返る」ことが重要である。

　そして，本事例の示すところは，児童の自我関与が起きるための必要条件を満たす学級での実践であったということである。○計画的・継続的・発展的な指導をよく実践し，「考え，議論する」学習スタイルに学級が慣れている○互いに忌憚のない意見交換ができる学級の温かい雰囲気(自他に開かれた関係性)がつくられていることにより，有効な成果と今後の課題が示された。

I② 「自我関与」を促す教材提示の工夫

東京都渋谷区立小学校

1 主題名　自分のよさを見つめよう

内容項目　A 個性の伸長　　　対象学年　小学校低学年

教材名　『ぞうさんのおはな』（自作資料）　出典　東京都道徳教育教材集

「特別の教科　道徳」移行措置対応

2 主題設定の理由

(1) ねらいとする道徳的価値について

　この内容項目は，個性の伸長を図るために，積極的に自分の長所を伸ばし，短所を改めることに関する項目である。自分の特徴の中でも，よい面に気付き，自分を肯定的に見つめることを大切にしたい。その上で，自分らしい生活や生き方についての考えを深めることをねらっている。将来にわたって，自己実現を果たしていかれるように，とりわけ重視したいねらいである。

(2) 児童の実態について

　低学年の児童は，発達段階的にまだ十分に自分自身を客観視することが難しい。保護者や教師から褒められて嬉しかったことが，自分のよさや長所につながると気付いたり，叱られて注意されたことが，自分の短所につながると気付いたりすることがある。このように，他者との関わりによって，自分への気付きを得ることが多いと思われる。

　学校生活において，児童が友達と協力しながら活動し学び合う中で，互いの「よいところ」や「頑張ったところ」を見付けて，褒め合ったり認め合ったりする場面が多く見られる。教師はこれらのよい言動を価値付けたり，学級で紹介したりすることを通して，一人一人のよさに気付かせ，個性の伸長についての認識を深めさせるよう促していきたい。

(3) 教材について

　本教材は，童謡「ぞうさん」（まど・みちお作）の歌の世界にヒントを得て作った自作教材である。他者との関わりの場面として，3つの場面に分けることができる。

ア　ぞうさんは，友達と仲良く遊んでいたが，自分の鼻が友達の鼻の形と違うことに気付き落ち込む場面

イ　ぞうさんがお母さんから，お母さんも鼻が長いことや様々なことができる鼻であることを聞いて，安心した場面
ウ　「きみのお鼻は役に立つね。」と友達から認められて，ぞうさんが喜ぶ場面

　低学年の児童にとって，身近にいる人たちとの関わりが大きい。「自分の特徴を知り，そのよさに気付く」とき，家族や教師などの身近な大人に守られ認められている安心感が根底にあることが，必要不可欠であると思われる。したがって，本教材では，他の友達とは違っていても，「母さん」に守られている安心感を得て，自分の特徴を肯定的に受け止め，さらにそれをよさとして生かそうと力強く生きるぞうさんの姿を描いた。

⑷　授業構想について

　低学年の児童が，教材の登場人物に**自我関与**して考えられるようにするために，まずは，教材の話の世界に浸らせることが必要である。そして，**考え議論する道徳**にするために，友達の考えを聞いて自分の考えを深めたり，整理したりすることも大切であると考えた。

　自我関与を促す教材文の提示の工夫として，ＢＧＭを流しながら紙芝居や黒板シアターにして語り聞かせることは，大変有効である。そして，考え議論するために，**構造的な板書の工夫**も大切である。特に低学年では，指導者として板書を読んで理解するのではなく，「見て分かる」ことを意識している。登場人物の関係を把握したり，心情の変化を分かりやすく整理したりすることで，児童が自分の考えを理解し深めていくことを目指している。

⑸　板書計画

3　ねらい

　友達に褒めてもらったぞうさんの気もちを考えることを通して，自分の特徴を知り，そのよさに気付く。

4　学習指導過程

	学習活動	主な発問と予想される児童の反応	指導上の留意点
導入 5分	1　教材及び価値への興味・関心を導く。	【発問1】好きな動物は何ですか。どんなよいところがありますか。 ・ハムスター。小さくてかわいいから。 ・チーター。足が速いから。	・好きな動物の理由を考えることで，長所に目を向ける学習へと意識付ける。
展開 前段 30分	2　『ぞうさんのおはな』を読んで話し合う。	【発問2】自分の鼻の形が友達の鼻の形と違うことに気付いたぞうさんは，どんな気もちでしたか。 ・どうして，ぼくだけこんなに長いんだろう。 ・こんな鼻の形をして，はずかしいな。いやだな。 【発問3】いろいろなことができる鼻だと知ったぞうさんは，何を思いましたか。 ・お母さんも，同じだな。 ・いろいろなことができる鼻でよかったな。 【発問4】シャワーをふきあげているとき，ぞうさんはどんな気もちになったと思いますか。 ・喜んでもらえてよかった。役に立ってよかった。 ・この鼻でよかったな。 ・ほかにもできることを見付けてみよう。	・ＢＧＭを流し，教材を語り聞かせることで，お話の世界に浸らせる。 ・自分事として考え，多様な感じ方や考え方を共有する。 ・友達に褒められ，自分の鼻のよさに気付いたぞうさんの気もちを考えることで，自分のよさを生かす意味について考える。
展開 後段 5分	3　自分を見つめる。	【発問5】「自分のよいところ」とは，どんなところだと思いますか。お家の人や友達が考えた「あなたのいいところカード」を見て，どう思いましたか。 ・褒めてもらえて，うれしい。 ・私にも，よいところがあって，よかった。	・保護者や友達から見た「自分のよさ」を知り，さらに自分のよさに気付かせたい。
終末 5分	4　「自分にプラス1」を考える。	【発問6】「自分のよいところ」とはどんなところだと思いますか。「よいところカード」に書きましょう。 ・友達にやさしいところ。 ・サッカーを頑張っているところ。	・特別なことではなく，日常生活で見られる自分のよさに気付かせたい。

5 評価
(1) ねらいについて
・ぞうさんに共感し，自我関与することを通して，自分のよさに気付くことができたか。
・自分のよさは，身近な人からも認められていることに気付くことができたか。さらに，自己を肯定的に見つめ，自分のよさを大切にしていこうと考えることができたか。

(2) ねらいを達成できる授業構想であるか
・自我関与を促す教材文の提示の工夫として，ＢＧＭを流しながら紙芝居形式で語り聞かせたことは有効であったか。
・考え議論する道徳のために，挿絵を活用した構造的な板書は，児童が自分の考えを理解し，深めていくことに有効であったか。

6 実践の手引き
(1) 授業づくりの工夫 （友達や保護者からのメッセージで，新しい「自分にプラス１」）
　本教材では，「自分のよいところ」に気付けるよう，導入の段階から「長所」「よさ」を意識付け，考える時間を多くもつようにした。とはいえ，なかなか「自分のよいところ」に目を向けられない児童もいると思われた。そこで，事前に，友達と保護者からの「〇〇さんのよいところカード」を用意した。本時の授業前に，学級活動の時間で，互いのよいところを見付ける活動をしたことにより，互いのよさを認め合う学級の雰囲気作りに役立った。本時の授業では，展開後段で，友達や保護者からの「よいところカード」を受け取ると，メッセージをうれしそうに，何度も繰り返し読む姿が見られた。他者から褒められ，認められたことは，自分で「自分のよいところ」に気付く以上に，喜びと自己肯定感を得ることになった。このように，他者から，多面的・多角的に認められることで，自己のよさを知ることができた。新しい自分を発見することが，未来に向けてより良く成長しようと願う，**「自分にプラス１」**となる。

(2) 実際の授業の様子 （自我関与して考えた，多面的な価値の発表）
　本教材は，ＢＧＭを流しながら，紙芝居形式で提示した。児童は読み聞かせに聞き入り，お話の世界に浸る姿が見られた。教材を読み聞かせた後に，教材の感想を問うと，「ぞうさんのお鼻は，ぞうさんのよいところ」だと答える声が多く聞こえた。そこで，「みんなにもよいところがある」ことを軽くおさえた上で，「今日は『自分にもよいところがある』ということをみんなで考えていこう」と本時の主題を設定した。　発問３・４の段階では，ぞうさんの気もちに自我関与して考えた児童が多く，活発な発言がみられた。中でも「ぞ

うさんの鼻のよいところ」として,「いろいろなことができる」ことに着目した考えが多かった。そのよさについては,以下のようにいろいろな捉え方をしていた。

・「役に立ってよかった。」「喜んでもらえてうれしい。」という,**自分を生かす喜びになること**。

・「役に立った。」「喜んでもらえた。」という,自分のよさを生かすことは,自分のためだけでなく,**他者とのよりよい関わりをもたらす喜びになること**。

・「この鼻でよかった。」という**自己肯定感の高まりになること**。

　低学年であることを踏まえ,あえて違いを確認して整理することはしなかったが,児童はこのように,「ぞうさんのおはなのよいところ」について,多面的に考えて,表現することができた。

(3) 評価について

　評価方法は,大きく分けて発言と記述が中心になる。

　低学年では,考えを記述するのに時間を要するため,1時間に1項目の記述にすることが多い。そのため,評価を充実させるためには,授業中に全員が発言や意思表示できるような工夫が必要である。発言が難しい児童に配慮して,挙手や表情カード,ハンドサインなど,言葉以外の方法で,意思表示をする工夫を凝らし,機会をもつようにすることも大切である。

　本時のねらいは,「友達に褒めてもらったぞうさんの気もちを考えることを通して,自分の特徴を知り,そのよさに気付く」ことである。したがって,大きく捉えて以下の2つの点を評価することになる。

ア　友達に褒めてもらったぞうさんの気もちを考えること　〈自我関与して考える〉

　発言による評価をした。「この鼻でよかった」という考えをもった児童が多かった。さらに詳しく考えを発表していくと,「役に立ったから,よかった」「喜んでくれたから,よかった」「最初はいやだったけど,よくなった」など,自我関与して考えることで,より詳しく考えを明らかにすることができた。

イ　自分の特徴を知り,そのよさに気付くこと　〈「自分にプラス1」〉

　終末の場面で,記述による評価をした。「よいところカード」に,自分のよさを書かせた。本時では,「自分で気付いた」ことより,「他者から認められた自分のよさ」を喜んで受け止めている内容が多く見られた。「○さんが,いつもやさしいね,とかいてくれたから,もっとやさしくしたいです。」(児童のカードより)とあるとおり,他者との関わりの中で,よりよい成長を目指す記述が多かった。記述では,このような児童の「自分にプラス1」の気もちをそのまま受け止めることが大切だと考えている。

(上田郁子)

7　本実践事例の価値と活用へのアドバイス

北陸大学　東風安生

　平成28年7月に道徳教育に係る評価等の在り方に関する専門家会議が報告として出した「『特別の教科　道徳』の指導方法・評価等について」では，「4．質の高い多様な指導方法」として，「問題解決的な学習」や「道徳的行為に関する体験的な学習」と共に，「読み物教材の登場人物への自我関与が中心の学習」が示されている。教材の登場人物の判断や心情を，自分との関わりにおいて多面的・多角的に考えることを通し，道徳的諸価値の理解を深めることについて効果的な指導方法であるとしている。また，登場人物に自分を投影して，その判断や心情を考えることにより，道徳的価値の理解を深めることができるとしている。

　本実践事例では，動物の子供というフィクションのお話を通して考える教材を用いている。低学年の児童に対して，ワニやカバの子供たちと異なり鼻が長い点を気にしているゾウの気もちや，ゾウの母親から聞いたことを考える。そのことで，ゾウの子供は自分自身を多面的・多角的に考えることができた。こうして，児童は個性の伸長という道徳的価値についての理解を深めるられる。指導方法として，まど・みちおの童謡を教材化したことだけでなく，教材を紙芝居で提示したり，提示する際にBGMを流したりという工夫が加えられている。さらに，自分自身について見つめる段階で，相互評価や自己評価の手法としてカードに記述して考えを深める方法をとっている。カードによって，他者から自分自身の意外な面を評価され，自己肯定感を高める効果もねらっている。多様な指導方法が見られる授業である。

　小学校の児童においては，自分で自分のことを振り返るというリフレクション作業は難しい面が見られる。そこで，小学校で道徳科を実践する場合には，登場人物になりきって人物の立場を借り，道徳的価値についての考え方を深めていく方法をとることがある。登場人物の立場を借りた「仮面性の効果」をねらった方法と言われる。多くの仲間がいる学級において自分自身のことを全員の前で話すことに抵抗を覚える児童も多い。また学級の仲間のことでマイナスな出来事を紹介することが出てくる場合がある。こうした際に，教材の中の登場人物の気もちやその場面での仲間の気もちを考えることで，誰もが発言しやすい状況を設定できる。発表する側も聞く側も，教材の中の登場人物の話として学習を進める。この学習において，児童はその登場人物の立場を借りて，その内面は自分自身が思考し，自分自身の思いとしてまとめたことを，その登場人物の立場を借りて発表しているのである。

　低学年の児童はじっくり話し合いを続けると，時として「ぼくだったらやっぱり・・・」とか「ぼくもやったからわかるんだけど…」など，登場人物と自分自身との境界線が薄くなることがある。自我関与を促す指導の工夫が，考え方を深めることができた成果の表れである。

8　自作教材
ぞうさんの おはな

　森のひろばで, ぞうさんが わにさんと かばさんと いっしょに なかよく あそんでいました。わにさんが, 言いました。「ぼくの口, 大きくて いいでしょう。」

　すると, かばさんも 言いました。「ぼくの口だって 大きいよ。」

　すると, ぞうさんは 言いました。「いいなあ, ぼくの 口は そんなに 大きくないよ…。」

　わにさんと かばさんは「でも, ぞうさんには, すてきな ながい おはなが あるじゃない。」と言いましたが, ぞうさんは「ぼくは なにか ちがうのかなあ。」と, かんがえて しまいました。

　ぞうさんは とぼとぼと いえにかえりました。
　ぞうさんの ようすを見て, お母さんは, 長い おはなで やさしく だきよせ, 「ぼうや, どうしたの？」と たずねました。ぞうさんは, うつむいたまま お母さんに 言いました。

「ねえ, 母さん, どうして ぼくは おはなが ながいの。わにさんや かばさんとおなじ, 大きな口が よかったよ。」

　お母さんは, もう一ど おはなで ぎゅっと だきよせ, こたえました。

「ぼうや, 母さんの おはなを 見てごらん。母さんの おはなも 長いのよ。このおはなで, 木のみを とったり, 水あそびを したり, いろいろなことが できるでしょう。いいことも あるのよ。」

　ぞうさんは, お母さんを 見て, にっこりしました。

　つぎの日も，ぞうさんは わにさんと かばさんと あそびました。ぞうさんの とくいな おはなの シャワーで 水あそびを しました。しばらく あそんでいると木に 大きな みが なっているのを 見つけました。

「あの 木のみ，おいしそうだね。」「たべたいな。」
　わにさんと かばさんが 言いました。すると ぞうさんは，長いはなで 木のみをとり，わにさんと かばさんに 一つずつ とって あげました。
「ぞうさん，ありがとう。」「きみのおはなは，いろんなことが できるんだね。」
ぞうさんは，大きく 大きく おはなの シャワーをふきあげました。

　　　　　（上田 郁子 作・江野沢 柚美 絵）

いじめ問題への生き方を問題解決的な道徳科授業で深める

I③

東京都北区立飛鳥中学校　浅賀　仁

1　主題名　いじめは人間として許さない

　　内容項目　C 公正,公平,社会正義　　　　対象学年　中学校第3学年
　　教材名　『卒業文集最後の二行』出典「私たちの道徳　中学校」文部科学省
　　　　　　『心に残るとっておきの話第二集』潮文社（一戸冬彦作）

2　主題設定の理由

(1)　ねらいとする道徳的価値について

　いじめが原因で自らの命を絶つ痛ましい事件が後を絶たない。なぜなくならないのか。いじめの根っこには人間の醜い本性，業（カルマ）があるとも言える。

　この本性に潜むねたみやそねみ等を人間は完全に払拭することはできない。だから加害者の主観による自分とは相容れない相手は，いつでも周りにいることになる。従ってきっかけさえあれば，どこでもいつでも，いじめが起きる要因がある。みだりに感情や衝動のままに行動することを慎む人間，いじめや差別・偏見を，**人間として決して許さない**という心を抱く生徒を育てていきたい。

(2)　生徒の実態について

　中学3年生は善悪を判断する能力はすでに発達段階上，ある程度は身に付いている。また理想を求める思いも強い。しかし集団の中に入ると，往々にして内心では不適切だと思っても一歩踏み込んで理不尽な行為をたしなめることを躊躇する傾向がある。個人の行動は所属する集団の雰囲気に左右されやすい。しかし，いじめや差別，偏見などの不正を断じて許さないためには，自分や集団がどう在るべきかを考えさせることは極めて重要である。

(3)　教材について

　30年余が過ぎた今でも，T子さんへの罪業を思い出すたびに忍び泣いてしまう筆者「私」である。小学校時代にいじめを繰り返した自分の非情な行為を30年以上経った今でも深い心の傷として後悔する懺悔（ざんげ）の手記である。

　T子さんは早くに母を亡くし，生活も苦しく身なりも汚いためか，筆者をはじめ周りの

児童たちにいじめ抜かれた。筆者はＴ子さんの卒業文集最後の二行に書かれた切なさや悔しさを知り衝撃を受ける。現在も，過去の自分の行為に涙し，苦しみ続けている。この筆者の思いを通して，いじめや差別，偏見を人間として絶対に許さない態度を育てたい。

(4) 授業構想の工夫

　問題解決的な道徳科学習とするため，「飛鳥中４ステップカード（問題解決型授業）」問題把握→自力解決→集団検討→まとめ（自分で）を活用する。そして「主体的・対話的」な学習として「自分で考え，議論する活動」を取り入れた。さらに，**自分の考えを深めさせる**ために，次の２点の指導を工夫した。これは，本授業の評価観点でもある。

・集団で話し合ったことで変わった自分の考えをさらに深めるため，自分への振り返りを強くするよう**中心人物（筆者）の人間性を捉える**発問を設定した。※自我関与・メタ認知
・**ゲストティーチャーにコンプライアンス（法令遵守）に詳しい地域人材**（北区スーパーバイザー）の講話を設定。保護司・元ＰＴＡ会長で生徒によく知られている地域や生徒に信頼されている人物に，いじめは犯罪で許されないことを語って貰うことにした。

(5) 板書計画

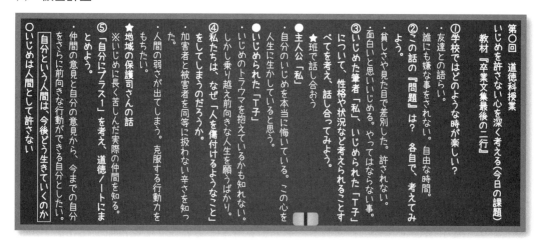

3　ねらい

　公正，公平の観点で考え，議論すること**を通して，**人間の弱さを乗り越え，いじめのない学校生活を考え創ろうとする**態度を育てる。**

[引用文献]

・押谷由夫監修『「特別の教科　道徳」考え方と進め方(中学校編)DVD教材』丸善出版
・西野・鈴木・貝塚編『「考え，議論する道徳」の指導法と評価』教育出版，2017年
・平成29年度北区立飛鳥中研究紀要『主体的・対話的で深い学びを実践できる生徒の育成～問題解決的な教科及び道徳科の学習を通して～』

4 学習指導過程

	学習活動	主な発問と予想される生徒の反応	指導上の留意点
導入 5分	1 学校生活の楽しさについて考える。	【発問1】どのような時に楽しいと感じますか。 ・友達と話している時。 ・誰にも嫌なことをされない時間。	・楽しさを想起させ、いじめの悲惨さを意識付ける布石とする。
展開 前段 35分	2 『卒業文集最後の二行』を読み、内容の問題点を考える。 ★自分の考えを基に、班で話し合う。 ペアワーク ↓ 4人で集団議論 ※15分	【発問2】この話の『問題』について、各自で、考えてみよう。 問題把握 自力解決 ・貧しさや見た目で差別した。許されない。 ・いじめると面白いと思いいじめる。やってはならないことをやってしまうことがある。 【発問3】いじめた筆者「私」、いじめられた「T子」について、性格や状況など考えられることすべてを考え、話し合ってみよう。 集団検討 ・「私」は自分のいじめを本当に悔いている。この心を人生に生かしていると思う。 ・「T子」はいじめのトラウマを抱えているかも知れない。しかし乗り越え、前向きな人生を望むばかりである。 ★教材のいじめから実社会のいじめ問題へ 講話内容「いじめ解消に10年もかかった生徒の話」	・問題解決型4ステップ授業のため、自分で問題を発見し、自分事として考えていくことが大切。 ・ダメなことはダメでなく納得した理解を促したい。人間の弱さを認識し、問題に正対して乗り越えていく強い心に気付かせる。 ・生徒も保護者にも信頼されている保護司の講話から、自分の考えをさらに深めていく。
展開 後段 5分	3 保護司の講話で考えを深化する。 4 自分を振り返る。	【発問4】私たちは、なぜ「人を傷付けるようなこと」をしてしまうのだろうか。 まとめ(自分) ・被害者の辛い思いを初めて知った。 ・人間の弱さが出てしまう。克服する行動力をもつ。	
終末 5分	5 「自分にプラス1」を考える。	【発問5】今日の学習から、自分をさらにプラスに捉える前向きな発見を「自分にプラス1」として、道徳ノートにまとめよう。 ・仲間の意見と自分の意見から、今までの自分をさらに前向きな行動ができる自分としたい。	・過去の自分について考え、今日の授業で新しく発見した自分のよさや可能性を前向きにまとめていく。

5 評価

(1) ねらいについて

いじめは差別的非人間的であり，加害者が相手の痛みに無頓着，傲慢であること**に気付く発言や記述があったか**。また人間には弱さや醜さがあるが，前向きに自分を考えていく強さや気高さがあること**に気付き，公正公平な自分でありたいと考えられたか**。

(2) ねらいを達成できる授業構想であるか（検証・評価）

生徒が「いじめは人間として決して許さない」という**実践的な意欲を生み出すことができる授業展開であったか**。ゲストティーチャーのコンプライアンス講話は**考えを深める上で，有効であったか**。

6 実践の手引き

(1) 授業づくりの工夫（問題解決的な道徳科授業展開の改善）

本教材では，問題解決的な授業展開を3段階で修正・開発してきた。一般的な展開は，主人公「私」の心情の変化を追っていく。発問は，主人公の心ない態度や反省の気もち，そして30年たっても忘れられない懺悔の気もちを追いながら，生徒は自分を振り返る。このような指導は否定されるより，道徳的な心情を育てるには大切である。しかし，生徒達は互いの考えを知り，自分の考えをメタ認知し，さらに未来のよりよい自分を創造していくことに喜びを抱く。このような生徒の実態に見合う道徳科授業になるよう，次のような改善を繰り返してきた。

第1段階では，【発問2】として，「この話の『問題』を発見しよう。各自で，考えてみよう。」とした。問題把握・自力解決の段階であるが，生徒の発言は拡散するため，教師はねらいをしぼっていくための工夫をする必要があった。そこで，第2段階では，【発問2】「主人公「私」がT子をいじめてしまった『問題』は何か。」と限定的に発問した。そして【発問3】で，「筆者「私」が後ろめたさを感じながらもT子をいじめ続けたことはしかたなかったのか。話し合ってみよう。」と焦点を絞った。確かに，生徒達は，いじめは許せないと理解していながら，行動は伴わない問題を多面的に考え，議論した。しかし，研究協議会等ではこの発問では生徒の自由な問題意識を限定するのではないかという疑問も出された。そこで第3段階が本展開である。発問2と3をセットで考えさせることにした。【発問2】は，「この話の『問題』について，各自で，考えてみよう。」と自力解決を大きく捉えさせ，続けて【発問3】で，「いじめた筆者「私」，いじめられた「T子」について，性格や状況など考えられることすべてを考え，話し合ってみよう。」と集団検討させた。ここで注目したいのは，いじめた者といじめられた者双方を考えることで，多面的な

思考はさらに広がった。

(2) 実際の授業の様子（展開の改善による生徒の変容）

　第3段階の授業展開の改善では，「筆者は自分のいじめを本当に悔いていて人生に生かしているはずだ」の生徒発言は予想できた。驚いたのは，「Ｔ子」はいじめのトラウマを抱えているかも知れない，しかし人生に自分なりの**分岐点**があれば，いじめを乗り越え，新たな前向きな人生を生きていると思う等の発言があったことである。いじめられた者は簡単に前向きにはなれない深い傷を負うという意見に対する深い交換であった。

　さらに，生徒に絶大な信頼を得ている保護司（本校の不登校支援室を大学生等と運営，不登校生徒ゼロという成果がある）の「小学校からのいじめを乗り越えるのに10年以上かかった先輩がいた。今は元気に社会人。」という約4分の説話を聞いて，教材のいじめ問題から，自分の問題として実社会のいじめ問題へ問題意識が変わった。辛いいじめも人生の分岐点を見つけ乗り越えられる人もいるが，いじめを正義化することはできない。何気ない一言も苦しいいじめにつながることがある。いじめは人間として決して許さないという問題意識の高揚，そして道徳的な実践意欲や態度が多く見えたのである。

(3) 評価について

　ねらいについては十分に達成できる発言や道徳ノートの記述があった。新しい問題解決的な授業展開がより生徒の多面的な思考を促し，多角的な実践意欲につながっていた。本授業における生徒の評価は，発言だけでなく記述内容をかなり生かせるものであった。例えば「いじめはどこでも起きると再確認した。だからこそ自分でできることは何でもやる。解決が難しい場合は仲間に声かけをしていく。」「いじめはいけないことは理解していた。でも今日は皆の話から，いじめる人間としての恥ずかしさ，いじめられても自分で分岐点を探し解決すると強く思った。（生徒の議論では分岐点がキーワードになっていた）」等，自分事として考えたり，新たな考えを見つけたりする様子が見取れた。評価所見にも，人間として生き方との関わりや多面的・多角的な見方・考え方等の視点で活用できる。

　終末の自分にプラス1は，【発問5】で，「今日の学習から，自分をさらにプラスに捉える前向きな発見を「自分にプラス1」として，道徳ノートにまとめよう。」としている。本授業のねらいは「人間の弱さを乗り越え，いじめのない学校生活を考え創ろうとする態度を育てる」。主題名はいじめを許さない心（内容項目Ｃ公正，公平，社会正義）。この発問で，生徒はねらいとする道徳的な価値理解で終わっていない。ある生徒の記述には，「人の人生には大きな分岐点がある。いじめだけではない。仲間の意見から勇気を貰った。さらに何かができる自分を目指したい。」と道徳ノートに書かれていて，より前向きな生き方を志向する様子を見取ることができた。

7 本実践事例の価値とアドバイス

麗澤大学　鈴木明雄

　本実践は，問題解決的な道徳科授業を3段階にわたった修正・改善をしてきた点に価値がある。東京都北区立飛鳥中学校では，生徒の主体性の育成を図るために，**問題解決型4ステップ授業構想「問題把握→自力解決→集団検討→まとめ（自分で）」**を開発し，道徳性の育成との2本立てのカリキュラム・マネジメントを手がけている。この取り組みは**全教科・領域にわたる教科等横断的な汎用能力**を高めるものである。そして「考え，議論する道徳」の根幹をなすものに問題解決的な道徳科授業がある。自分で意味ある問いを発見し解決していくことは，自分でよく考え仲間と議論し，多面的・多角的に考察していくものだからである。

　本実践事例は，道徳的な価値の問題把握と問題を考え，議論していく思考の流れを重視している点が特徴である。主人公の心情を追っていく展開では，生徒の発言等はあまり拡散しない。問題解決的な展開では思考の拡散は起きる。しかしこのことは答えが一つにできない問題でも，考え，議論し，必死で解決を図る判断力や創造力を必ず養う。

　特に人間としての生き方を問う問題では，道徳的な判断力や意欲につながる。例えば，展開の話し合いで，「分岐点」というキーワードで，生徒同士，生徒と担任が語り合っていた。いじめがない集団や社会はないという共通理解から始まり，ではいじめにどう向き合うのかと議論に深まりが見えた。そしていじめられた人間は簡単には解除できない苦しみを背負う。しかし立ち直ることは可能で，それぞれの人生の分岐点でどう生きるかという展開である。

　実は，このようにいじめた筆者「私」だけでなく，いじめられた「T子」を考え，その人生までも想像した授業展開でなければ，このような「分岐点」という人生の転機を祈り，期待するような深まりは生まれなかったと思われる。また生徒たちが忌憚なく意見交換を行い，多様な発想や意見に共感しながら議論ができたベースには，この学級の温かい人間関係がある。考え，議論する授業は，時に，相手を論破するような展開になることがある。大切なことは，議論の決着ではない。考え，議論したことが，自分の人間としての生き方にかかわり，よりよい生き方へ向かうことである。この点でも，本学級の温かな雰囲気は生徒の豊かな心を生み出していた。そして，本校では過去の「自分にプラス1」といつも締めくくる。あるアンケートで小中学校の道徳科授業はどうでしたかと聞くと，意味ある時間と8割が答えた。しかし何を学びましたかという質問には十分に答えられないという実態があり，道徳の内容が十分に理解・統合されていないのである。そのため，授業の終末で，自分を大きな視点で振り返り，前向きに捉えさせていくことは今後重要な工夫と考えられるのである。

問題解決的な学習を取り入れたいじめに関する授業

東京都江東区立深川第三中学校　柿沼治彦

1　主題名　いじめを許さない

内容項目　C 公正，公平，社会正義　　　　対象学年　中学校第3学年

教材名　『バラのアーチの下で』出典「東京都道徳教育教材集」東京都教育委員会

2　主題設定の理由

(1)　ねらいとする道徳的価値について

　今やいじめは大きな社会問題になっている。今回の道徳の教科化も，後を絶たないいじめに関する事件が大きく関わっている。いじめがいけないことは，多くの生徒が理解している。それでもいじめがなくならないのは，自分のこととしてしっかり考えていないからではないだろうか。それがいじめを傍観し，いじめられる側にも問題があるという考えを生むように感じる。

　確かに誰もが自分が可愛いいため，いじめに巻き込まれたくないという考えが先行してしまう。よって，生徒に仮に直接いじめに関与していなくても，傍観していること自体がいじめを肯定していることに，気付かせる必要がある。また，自分がいじめを受けたらどう思うかなど問いかけて，自分のこととして考えさせることが大切であり，それが少しでもいじめをなくそうという意識を育んでいく。これらの理由から，教材を通じて「公正，公平」に関する理解を深め，いじめをなくそうとする態度を育てたいと考え，本主題を設定した。

(2)　生徒の実態について

　多くの生徒が，いじめがいけないことを理解している。ただ実際には人をからかったり，人が嫌がることをやったりする場面をよく目にする。それは生徒が例え暴力を振るわなくても，相手が精神的な苦痛を感じればいじめであることや，誰に対しても「公正，公平」に接することがよい集団を作っていくことを，十分に理解していないからだと思われる。よって本授業を通じて，いじめは理不尽なことであり決して許されるものではないことや，いじめを受けた人はいつまでも消えない傷を心に残すことを，「公正，公平」の大切さに気付かせることによって理解させたい。

(3) 教材について

　主人公の中学2年生の絵美は，バスケットボール部に所属している。2年生の部員は絵美，香織，沙希らの5人。絵美は小学校が同じで，家も近い香織と仲がいい。絵美はバスケットが上手で1年生の頃から試合に出ていたが，逆に香織は上手ではなかった。新チームになり，あと一つ勝てば都大会出場が決まる試合を，香織のミスで落としてしまう。沙希は香織を罵る。その後，試合で香織にパスが回らなくなる。そして，仲のよかった絵美までが香織と目を合わそうとしなくなる。それでも香織は自分が下手だから悪いと思い，練習を続ける。そんなある日，今度は絵美にパスが回らなくなる。そして，偶然影で沙希が自分の悪口を言っているのを聞いてしまう。絵美は涙があふれてくる。気付くと自然に足が以前毎日香織と待ち合わせていたバラのアーチがある公園へと向かっていた。公園には香織の姿があった。その日以降，2人は再びバラのアーチのある公園で待ち合わせをして，部活動に行くようになる。

(4) 授業構想について

　教師が発問を用意するのではなく，教材の内容の問題点は何か，どうすればその問題を解決することができるのかを，生徒自身が考えるようにする。それによって，なぜいじめはいけないのか，どうすればいじめがなくなるのかを，生徒自らがより真剣に考えるようになる。

(5) 板書計画

3　ねらい

　公正，公平な生き方が大切であることを理解し，誰に対しても公正，公平に接しようとする態度を育てる。

[引用文献]

・東京都教育委員会『東京都道徳教育教材集』

4 学習指導過程

	学習活動	主な発問と予想される生徒の反応	指導上の留意点
導入 5分	1 登場人物の概要を理解する。		・教材に関する導入を行う。
展開 前段 20分	2 『バラのアーチの下で』を読み，内容の問題点と，その解決方法を考える。	【発問1】この話の問題点について，各自で考えてみよう。 ・沙希の香織や絵里に対する態度。 ・自分の気もちを伝えない香織の態度。 ・香織にパスを回さなくなったこと。 ・絵美が香織と，目も合わそうとしなくなったこと。 ・絵美にパスが回らなくなったこと。 【発問2】これらの問題を解決するために，必要なことは何か考えてみよう。 ・好き嫌いで人と接しない。 ・誰に対しても公平に接する。人をねたまない。 ・相手のことを理解する。 ・相手を下に見ない。人を差別しない。	・香織は全く悪くないことを理解させる。 ・香織と絵美では，パスが回らなくなった理由が違うことを理解させる。 ・なぜ人はいじめをするのか，どうすればいじめがなくなるのかを考えさせる。
展開 後段 20分	3 教材から離れて，自分への振り返りをする。 ★自分の考えを基にして，4人グループで話し合う。	【発問3】自分への振り返りをしよう。誰に対しても「公正，公平」に接するために，必要なことは何か考えてみよう。 ・間違っていることを間違っていると，言える勇気をもつ。 ・いじめの傍観者にならない。 ・自分がされて嫌なことは人にしない。	・もし自分が香織だったら，どう思うか問いかけることによって，自分のこととして考えさせるようにする。
終末 5分	4 「自分にプラス1」を考える。	【発問4】授業の振り返りをしよう。授業で印象に残ったことを，「自分にプラス1」として，ワークシートに記入しよう。	・なぜ印象に残ったのか，その理由も書かせるようにする。

5 評価
(1) ねらいについて
　いじめは決して許されるものではないという認識の下，いじめられる側にも問題があったり，いじめに加わらなければ，仮に傍観していてもそれは悪いことではないと思ったりする考えは，間違っていることを理解し，生徒が自分のこととして，いじめをなくすためにできることはないか深く考えることができたかどうかを見取るようにする。

(2) ねらいを達成できる授業構想であるか
　ねらいを達成するために必要なことは，教材を読み込んでねらいが伝わる発問構成を考えることである。そして実際に達成できたかどうかは，ワークシートにある発問3や自分にプラス1の生徒の意見を分析することによって見取ることができる。

6 実践の手引き
(1) 授業づくりの工夫
　本教材は「友情，信頼」の内容項目と，価値がリンクしているところがある。例えば教材の後半にいじめを受けた絵美が，公園に向かう場面がある。そこに焦点を合わせて，「なぜ絵美は公園に向かったのか」発問すると，「香織に謝るため」という意見が返ってきて，授業が「友情，信頼」に流れがちになる。そうならないためには，香織にパスが回らなくなったのと絵美にパスが回らなくなったのとでは，生徒に何が違うのか考えさせる必要がある。上手でない香織にパスを回さないのは，試合に勝つための1つの作戦である。香織自身そのことを理解しているから，パスが回らなくても歯を食いしばって練習を続けた。しかし絵美の場合は，バスケットが上手な絵美に対する沙希のねたみが原因である。そのことを生徒が理解すれば，「友情，信頼」に流れないで，授業を行うことができる。このようにいくつもの価値がリンクしている教材は，発問を十分に吟味する必要がある。

　もし，自分の気もちを部員に伝えようとしない香織に，問題があるという意見が出た場合は，なぜ香織はパスが回らなくなっても，歯を食いしばって練習を続けたのか問いかけて，生徒に香織は全く悪くないことを理解させるようにする。香織と目を合わすことさえしなくなった絵美の態度も，何がいけないのか考えさせなければならない。これらによって，いじめられる側にも問題がある，いじめに直接関わっていなければ悪くないという考えが間違っていることを，生徒に理解させることができる。

　本授業のように教師ではなく，生徒自身が教材に描かれている状況の問題点を考える問題解決的な学習は，他の生徒の考えに興味を示し，自分の考えと比較するようになる。そ

して，なるほどと納得したことを，今後の自分の生き方に取り入れようとするようになる。このように問題解決的な学習は，教師から道徳的価値を押しつけられることがなく，生徒自らが道徳的価値について深く考えることができ，それが授業に対する興味や関心を高めていく。

　また，本授業以外にも，公民の人権に関する授業やいじめ防止の講演会，いじめ防止強化月間に合わせて行う，校長や生活指導担当の教員による朝礼でのいじめについての講話など，定期的に「公正，公平」に考えさせることが，いじめ防止へとつながっていく。

(2) 実際の授業の様子

　【発問1，2】で，教材の内容の問題点を挙げるだけでなく，何が問題なのか，どうすればその問題を解決することができるのかを，時間をかけて生徒に深く考えさせるようにした。その際，「香織と絵美とでは，パスが回らなくなった理由に違いはないか。」問いかけをした。それによって生徒が，「公正，公平」とは何か，なぜ人はいじめをしてしまうのかまで，考えを深めることができた。

　それが【発問3】で，自分への振り返りをした際の意見にもよく表れていた。そのいくつかを紹介すると，「相手のことを考え，自分がされて嫌なことを相手にしないようにする」，「難しいかも知れないが，間違っていることは間違っていると，誰に対しても言える勇気をもつようにする」，「誰でも合う人と合わない人がいると思うが，好き嫌いという感情だけで人と接しないようにする」，「自分の行動が公正，公平かどうか，常に意識しながら行動する」など，教材を通じていじめを許さない気もちが育まれたことがわかった。

(3) 評価について

　本授業が問題解決的学習を主としているためか，【発問4】において「いじめはいけない」という単純な意見は，ほとんど見られなかった。逆に，「ほんのちょっとしたことからいじめは始まるので，そこで見て見ぬふりをしないようにする」，「いじめは許さないという雰囲気を，生徒一人一人が作っていくことが，集団をよりよくしていく」，「沙希とは絶対に友達になりたくないし，自分も絶対に沙希みたいな人間になりたくない」，「自分も絵美と同じようなことをしてしまったことがあるので，今日の授業で学んだことをいつまでも忘れないようにする」，など授業を行ったことによって，「公正，公平」に対する考えの深まりが見取れる意見が多数あった。ただし，それらの意見をただ受け止めるだけでは評価にはならない。そこで「なぜそう思ったのか。」という問いかけが必要であり，その理由を知ることによって，授業の何が生徒の考えを深めたのかを見取ることができる。そこを評価することが大切である。

7　本実践事例の価値とアドバイス

東京都三鷹第一中学校　和田俊彦

　道徳の教科化の背景には「いじめの防止」がある。道徳の授業の実施状況が向上する一方で，一向になくならないいじめへの対応が求められている。本教材のねらいとする「公平，公正」も表面的な理解にとどまり，「模範的な回答」や「他人事としての理解」で終始する恐れがあるが，道徳的な価値への「理解」から，いじめをなくそうとする「態度」の育成にまで踏み込んで「ねらい」を設定したことを次の5つの工夫を特に評価したい。

① 道徳的価値を押し付けず，児童自らが課題を発見する工夫

　この教材から「何が問題なのか」を児童自ら考える指導過程は，児童が自分自身の課題として捉えるためには有効な方法である。しかし多様な問題点の指摘や，ねらいから外れた問題点の指摘に陥る危惧もある。学習指導過程で重要なところは，多様な問題点の指摘をきめ細かく想定し対応を考えている点である。

② 学校教育全体で行う道徳教育を視野に入れている点

　道徳の授業だけで教育効果を上げることは難しい。本授業の工夫しているところは，「公民の授業」や，「いじめ防止講演会」「いじめ防止強化月間の講話」等の多角的な迫り方を視野に入れ，効果を上げようとしている。

③ 資料に含まれる他の道徳的価値に流されない工夫

　道徳の資料には，その切り口により，様々な価値が含まれることが多い。本資料では「友情，信頼」の価値に流れる危惧がある。それを防ぐためには，教材や発問内容を十分吟味する必要がある。ここでは，「作戦とねたみの違いに気付かせる」ことで克服している点が評価できる。

④ いじめられる側にも問題があるという間違えた方向に話が進まない工夫

　生徒によっては「いじめられる側に課題」を指摘しようとすることがある。それを頭から否定せず，「いじめられた本人が克服しようと努力をする姿」に気付かせるところが工夫した点である。「いじめを受けた側への共感」する心を育てることは，今後の「いじめ」への対応を生徒が考える上での大切な視点を与えることにつながっている。

⑤ 「プラス1」で自分への振り返りの工夫

　自分も同じことをしたという単なる懺悔になることは，授業のねらうところではない。次の行動への決意に結び付けて考えさせることがこの授業のポイントであった。「なぜ，そのように考えたのか」という理由を考えさせることで，他の生徒の意見や考えと比較しながら，より深い学びへと導いている点が評価できる。

＜今後に向けて＞
　間違えていることを声に出す勇気は，自分の考えに対する自信と受け入れてもらえる集団だという安心感がなくては生まれてこない。声に出していじめを止めなくては傍観者と決め付けることは避けたい。うつむいて悩む生徒や，時間をかけてでも解決しようと方法を模索するタイプの生徒も評価し，勇気付けていきたい。

　また，嫉妬心からパスを回さなくなった沙希に対して，攻撃だけにならないように配慮したい。人間は誰でも嫉妬心が生じるという原罪や業（ごう）と呼ばれるものを持っている。このような人間観を持てることが指導者側に求められる。そのうえで，いかにして克服していくかという強く気高い点もあわせもつのが人間であるという視点で考えさせることができれば，より深い学びへと導いていくことが可能となる。

友情に関する問題を問題解決的な道徳科授業で深める

東京都豊島区立西池袋中学校

1 主題名　理想とする友人関係

内容項目　B 友情，信頼　　　　対象学年　中学校第2学年
教 材 名　『友情という生涯の宝物を！』 出典 東京都道徳教育資料集
　　　　　　　　　　　　　中学校版『心みつめて』（東京都教育委員会編）

2 主題設定の理由

(1) ねらいとする道徳的価値について

　友情は尊いものであり，人生に潤いを与えてくれるものである。互いに信頼し合える友人関係によって，励まし合い，認め合い，高め合える関係が築かれ，人間関係を深めていくことにつながる。この友人関係というものは，平等で対等な関係であり，信頼関係の上に成り立つ相互的な関係であるという理解のもとに，自分が理想とする友人関係を考えることで，充実した生活を送り，よりよい生き方を目指していく。

(2) 生徒の実態について

　中学2年生の時期は，小学校時代の「家が近所だから」「学級で座席が近くだから」といった友人関係から，「部活動が同じ」「趣味が一緒で共通の話題が多く，話が合う」などの友人関係に変わりだしている。また，交際範囲も広がりつつある。

　全般的には仲のよい集団であるが，友人関係が変化することで悩みを抱え，相談する相手探しに苦慮している生徒もいる。また，友人関係が良好なものでも，友情に関する興味・関心は高く，周りの生徒が友人関係をどのように考えているのか，知りたいという気もちでいる。

(3) 教材について

　『心みつめて』の第三章「自分をみつめて学ぶ」に掲載されている「友情という生涯の宝物を！」には，B5版2ページの構成で，友情や友達についてストレートに考えさせる作りになっている。

　「友情は喜びを二倍にして悲しみを半分にする。」（シラー）や，「友情は成長の遅い植物である。それが友情という名に値するようになる前に，幾度かの困難な打撃に耐えなけれ

ばならない。」(ジョージ・ワシントン)などの先人の格言が掲載されていて，友情や友達という大きなテーマをじっくり考えさせる教材である。

(4) 授業構想の工夫

問題解決的な道徳科学習とするため，友人関係で問題となっていることを解決するには，どのような心構えや身構えが必要かを考えることとした。

ここでの問題は，実際に困っていることや，難しいと感じていることとし，過去にそのような経験があったということでもよいとした。また，自分の具体的なことを発表しにくい場面を考え，一般的にはこんなことが問題とされているのではないかということでもよいとした。

話し合いや周りの生徒の発表を聞いて，「友人関係の悩みは皆が抱えているものだ」，「自分と同じだ」と感じたり，「自分が深刻に考えていたほどではなかった」「こんな考え方もある」「解決の糸口が発見できた」等といったものを考えたりできるように，読み物教材に関わる学習には，時間をかけずに，友情や友達といったテーマを考え議論する授業とした。

(5) 板書計画

3 ねらい

理想とする友人関係を考え，議論すること**を通して**，心から信頼できる友達をもち，人間関係を深めていこうとするとする**態度を育てる**。

［引用文献］

・東京都教育委員会『中学校道徳教育指導資料集「心みつめて」』

4　学習指導過程

	学習活動	主な発問と予想される生徒の反応	指導上の留意点
導入 5分	1　友情のよさについて考える。	【発問1】「友情っていいな！」と感じるのはどんなときですか。 ・一緒にいて楽しいと感じる時。 ・落ち込んでいる自分を励ましてくれる時。	・友達のよさを想起させ，友情について前向きに考えさせる姿勢を築く。
展開 前段 28分	2　『友情という生涯の宝物を！』を読み，友情関係の難しい場面を考える。 3　多面的・多角的な考えで深化させる ★自分の考えを基に，班で話し合う。 個人考察 ↓	【発問2】友人関係が難しいと感じるのはどんなときですか。 ・相手の悪いことを注意するときが難しい。 ・二人の関係が良好でも，複数人だとうまくいかなくなるときがある。 ・けんかをしてしまった後，仲直りするきっかけを探すのが難しい。 【発問3】【発問2】の問題を解決する方法を考えましょう。 ・注意する言い方や，伝える方法を考える。 ・複数人の友人関係の中での自分のポジションを探す。相手もそう感じているかも知れない。 ・仲直りのきっかけを常に探っておく。勇気を出して自分の気もちを伝える。	・自分のことを直接的に言うのが難しい場合は，一般的な友情関係で難しいとされている場面を想起して答えてもよい。 ・グループで意見交換をして多面的・多角的な考えに触れることで，自分事の問題解決の糸口につながる場合があることを気付かせる。 ・自分の考えが，他の友人の問題解決になることがあることも気付かせる。
展開 後段 10分	4人で集団議論 ※15分 4　自分を振り返る。	【発問4】あなたの友達にとって，あなたはどんな友達でありたいと考えますか。また，そのために努力することは何ですか。 ・一緒にいて楽しい存在。相手の気もちを考える。 ・頼りにされる存在。うそをつかない。 ・お互いに高め合える存在。いろいろなことに努力する。	・発問4を考えることで自分が理想とする友人関係を確立していく態度を養う。
終末 7分	5　「自分にプラス1」を考える。	【発問5】偉人，先人の「友情」に関する格言のなかから自分の感覚に近いものを選んで，その理由を考えましょう。または，自分で格言を考えてみましょう。 ・仲間の意見や自分の意見から，今の自分からさらに前向きな態度で友人関係に臨むようにしたい。	・自分に合った格言を見付けることで，友情に関する身構えを整理させ，これからにつなげさせる。

5 評価

(1) ねらいについて

　友情の尊さを理解して人間関係を深めていこうとする**意欲が見られたか**。また，真の友情とは，相互に変わらない信頼があって成り立つものであるということに**気付く発言や記述があったか**。

(2) ねらいを達成できる授業構想であるか（検証・評価）

　生徒が多面的・多角的に，自分から友情を築くための共通の課題について**考えを深められる授業展開であったか**。友情を大切にし，育てようとする**態度が見られたか**。

6 実践の手引き

(1) 授業づくりの工夫（問題解決的な道徳科授業展開の改善）

　本教材は，友情や友達というものをじっくりと考えさせるために，先人の言葉などから友情や友達といったテーマそのものに迫るものである。問題解決的な授業展開とするために，友情や友達で「問題」となっていることを挙げさせることとした。この場合の「問題」とは，友人関係での悩みや難しいと感じていることになる。自分に直接的に関わる部分で，問題を挙げにくい（他の生徒の前で発表しにくい）場合を考え，一般的な問題も用意しておき，そのことについて考えさせることとした。

　個人考察前に他の生徒の「問題」を聞き，自分だけが友人関係の悩みがあるのではなく，いろいろな（こんなに多くの）悩みがあることを知る。そのことで，安心して友情や友達のことを考えられる環境を整えた。

　グループ討議では，自分の問題解決を図るだけに終わらせないで，他の生徒の問題の解決に向けて考えさせる。見方を変えれば，自分の問題を他の生徒が考えていることにもなる。このように，共通の問題を複数人で考え，議論することで，多面的・多角的な考えにつなげさせる意図がある。

(2) 実際の授業の様子（展開の改善による生徒の変容）

　問題解決型の授業では，問題を捉えその解決策を考えるスタイルで授業が進行する。本授業での「問題」とは，友人関係での悩みや難しいと感じていることであるが，やはり，皆の前で自分のことを発表することが難しい生徒がいる。そのような場合は，誰もが感じるであろう一般的な悩みをいくつか用意しておき，その中から選んで「問題」とさせた。

　① 友人に忠告をしたい。どうすればいい？
　② 友人とケンカをした。仲直りのきっかけをつかみたい。どうする？

③　友達が少ない(いない)。どうしたらいい？

(3)　**評価について**

　　自分事として考えていたか－友達や友情に関するテーマであるので，自分事として考えやすいテーマである。グループでの話し合いの様子を観察したり，発表の内容，ワークシートの記述などから評価したりすることができる。多面的・多角的な考えに及んでいたか－他の生徒の様々な考えを聞き，自分を振り返って考えを深めている様子があるか（多面的），他の生徒の問題の解決に向けて考えている様子があるか（多角的）など，共通の問題に対して解決策を考えているかどうかを，グループでの話し合いの様子（観察）や発表，ワークシートの記述などから評価する。終末の**自分にプラス1**は，先人の格言に触れ，選んで理由を述べることで自分の考えをまとめ，これからにつなげるためのものである。以下に例を示す。(格言を自分で考えてもよい)

・欠点のない人間はいないだろう。友人の欠点をとがめ立てていたら，この世に友人というものはいないだろう。(高見順)
・困難な情勢になってはじめて誰が敵か，誰が味方顔をしていたか，そして誰が本当の味方だったか分かるものだ。(小林多喜二)
・山から遠ざかればますます本当の姿を見ることができる。友人にしてもこれと同じである。(アンデルセン)
・友情のための最大の努力は，友人に我々の欠点を見せることではない。彼に彼の欠点を悟らせることだ。(ラ・ロシュフーコー)
・ある年齢以降になると友人を選ぶよりは，友人に選ばれる場合の方が多い。(ジード)
・多くの愚者を友とするより，一人の知者を友とするべきである。(デモクリトス)
・誰の友にもなろうとする人間は，誰の友人でもない。(プフェッフェル)
・真の友情は，前と後ろ，どちらから見ても同じもの。前から見ればバラ，後ろから見ればトゲというものではない。(リュッカート)

　　　　　　　　　　　　　　　　　　　　　　　　　　　　　　　　　　　　(江川　登)

7 本実践事例の価値とアドバイス

東京都豊島区立西池袋中学校　江川　登

　中学校では道徳の授業で扱う22の内容項目がある。本校では重点項目を決める参考資料として，生徒，保護者，教職員に「22の内容項目のうち，複数時間で学習したい（させたい）ものは何ですか？」というアンケート調査をしている。その結果，生徒，保護者，教職員の三者の結果を総合的に見ると，「思いやり，感謝」「生命の尊さ」「自主，自律，自由と責任」と続き，「友情，信頼」は4番目である。しかし，生徒の結果だけに注目すると「友情，信頼」が断然の1位となる。しかも，その中の学年別では2年生の占める割合が一番多くなる。過去に私が勤務した学校での結果も，ほとんど同じような結果となっている。

　このことからも，中学生がいかに「友情，信頼」について話したがっているかが分かる。道徳の授業で考え，話してみたいのである。他の生徒の意見，考えを聞いてみたいのである。親や教師に話せなくとも，友人になら話ができるといった傾向が多く見られるのが中学生時代である。また，それは，多くの生徒は友人関係に興味をもち，大切であると考え，同時に悩みも抱える。友人関係に変化が見られることの多い中学2年生の時期に，友達や友情について真剣に考えさせることは大変意義深い。

　中学生が道徳の授業を楽しいと感じる理由の一つに，「他の生徒の考えを知ることができる」というものがある。この授業は，まさしく「他の生徒はどんな問題を抱えているのだろうか」「こんな考え方（解決策）があるのか」といったところに生徒の興味の中心がある。そして，問題解決型の授業展開やグループ討議にしたことで，自分の問題を自分で考える，自分の問題を他の生徒が考える，他の生徒の問題を自分が考える，生徒同士が共通にもつ問題を考え合うというように，多面的・多角的に考えるようになる。そして，友達や友情に関しては，誰もが「自分事」として考えるには最適なテーマである。

　最後に，「自分にプラス1」では，今の自分に当てはまる先人の格言や，自分で作った言葉を考えさせる。友達や友情に関する問題の「解決策」に向けて，前向きな考え方を発見させることでよりよい友達関係や友情を築き，人間としてよりよく生きていく実践意欲や態度を養いたい。

親切にすると相手も自分も心地よいと気付き考える道徳科授業

I⑥

ローマ日本人学校（東京都港区立本村小学校）　藤本禎子

1　主題名　あたたかい心で親切に

内容項目　B 親切，思いやり　　　対象学年　小学校第１学年
教材名　『はしの上のおおかみ』出典「わたしたちの道徳　小学校一・二年」

文部科学省

2　主題設定の理由

(1)　ねらいとする道徳的価値について

　人は一人では生きられない存在である。対他・対社会の中で，お互いに協調・共同して生きている。心豊かな生活をするためには，お互いの存在を認め合い許し合うような人間尊重の精神をもった思いやりの心を身に付けなければならない。人間関係が希薄になったと言われている現在，そのことが社会の中で要求されている。

　児童が様々な人々と出会い，生活していく中で潤いのある人間関係を築いていくためには，思いやりの心をもち，相手に親切にできるということが大切になってくる。まだまだ社会性も育っているとは言えない自己中心性の残るこの時期の児童は，まず身近にいる友人や幼い子，先輩や家族に対して親切にしていくことの大切さをしっかりと身に付けさせていきたい。

(2)　児童の実態について

　席が近い子や同じ班の児童に対して困っていたら教えてあげたり，協力して活動したりしている姿が見られるようになってきた。しかしながら，まだ自分のことで精一杯なところもあり自分のことを優先させてしまうことも多い。そこで，教師の意図的な声掛けや指導を多くし，相手の気もちを思いやったり，相手の立場に立って考えたりしている姿を認め励ますようにしているところである。友達の気もちになって接したり，思いやりの心をもってもっと楽しく付き合ったりすることができるようになってほしいと考えている。

(3)　教材について

　本教材は，一本橋の上で，次々と渡ってくる弱い動物たちに意地悪をしていたおおかみが，くまに優しく橋を渡してもらったことで自分の行動を反省し，親切にしようとすると

いう話である。低学年の児童が共感しやすく，主人公の気もちを借りて深く考えることのできる教材である。おおかみの気もちの変化を追い，資料中のおおかみの気もちや他の動物たちの気もちに十分共感させることを通して日頃の児童の気もちを表出させたい。そして，親切にされた時の気もちを十分捉えることを通して，親切にすることの大切さに気付くようにして思いやりの心を育てたい。親切な心のよさに気付くことができ，親切にしようとする心情を育てるのにふさわしい教材である。

(4) 授業構想の工夫

ア 聞き取りによる実態調査について

　児童の思いやり・親切に対する理解や自覚について明らかにしたいと考え，聞き取り調査を行った。児童に「思いやりとはどんなことだと思いますか」とたずねたところ，「友達が泣いているときに大丈夫って言ってあげること」「人に優しくすること」と答えていた。また具体的には，「おばあさんが荷物をたくさん持っていたので持ってあげた」など，対象が知らない人であることについても話していた。また，「親切とはどんなことですか」と聞いたところ，「人に丁寧に何かをしてあげること」であると捉えており，具体的には「道を教えてあげること」などもそうであると考えていた。そこで，「身近な人や友達に対して思いやり・親切な行動をしたことがありますか」と尋ねたところ，約半数は「経験したことがある」と答えていた。また，知らない人に対しても4分の1の児童が行ったことがあると答えていた。このことから思いやりとか親切について，まだまだ意識していない児童が多く，なかなか行動にも結び付いていないということが明らかになった。そこで，くまから思いやりある行為を受けたおおかみが，思いやりの心をもつことや，親切にすることの大切さに気付き，温かい心で接しようとして行動したその気もちを考えることとした。どういう行為や行動をとることが，自分はもちろんのこと相手にとっても心地よいことなどについて味わわせたり，考えさせたりするのが本授業では大切であると考えた。

イ 道徳的価値の自覚を深めるための発問設定の視点

　低学年の児童にとって，思いやりや親切な心とはどんなものかをきちんと理解できているとは言えない実態がある。そこで，思いやりの心や親切な行動について気付かせることが大切である。意地悪されたほかの動物たちの思いも押さえながら，弱い者に対しては威張り，強いものには身を引くおおかみの気もちが，優しく接するくまの行為にふれて変わっていく様子について十分に考えさせたい。動作化を取り入れ，おおかみがくまのように優しく他の動物に接したときにとてもいい気もちになり，親切にされた動物たちもとても気もちがいいことをしっかりと押さえ，実践意欲につなげたい。

ウ　展開後段とのつながりの工夫

　展開後段では,「おおかみさんに自分のことをおしえてあげよう」として手紙を書く活動を取り入れた。自分自身の経験を思い起こし,「こんなことがあったよ」などを自由に書くことができるようにした。事後指導としては，東京都道徳教育教材集小学校一・二年生版心あかるくのp.93にある「みぢかな人たちに親切にしたこと」に書き留めておく。

エ　道徳的価値との関連を踏まえた年間指導計画

　各教科等を通して，児童に豊かな道徳的実践を充実させるために本時で学習する「思いやり・親切」の指導に関わる指導の年間指導計画を作成した。

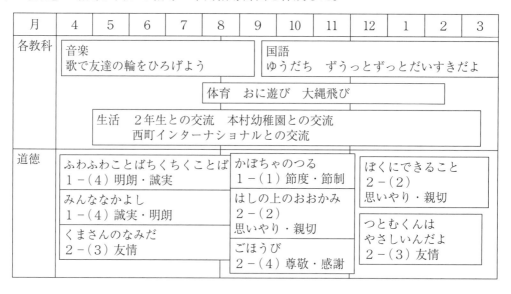

3　本時のねらい

　身近にいる人に温かい心を向け親切にしようとする心情を育てる。

4　学習指導過程

	学習活動	主な発問と予想される児童の反応	指導上の留意点
導入 5分	1　登場する動物たちの絵を見て感想を発表する。	【発問1】こんな動物たちが出てくるお話で今日は学習します。どんな動物達だと思いますか。 ・怖そうなおおかみ。かわいいうさぎ。 ・おおきまくまだ。強そうだ。	・自由に発言するようにしてウォーミングアップを図り，教材へ方向付ける。

展開 35分	2 『はしの上のおおかみ』を視聴して話し合う。	【発問2】「えへん。えへん。」と言ったときおおかみは、どんな気もちだったでしょう。 ・おれは、強いんだぞ。 ・気もちがいい。 ・おもしろい。 ・なんて弱虫なんだ。 【発問3】いつまでもくまさんの後ろ姿を見ているおおかみは、どんなことを考えていたでしょう。 ・ありがとう。くまさん。うれしかったよ。 ・ぼくも、くまさんのようにすればよかったんだ。 ・これからは、みんなに優しくします。 【発問4】「えへん、へん。」と言いながら、うさぎたちを反対側へ降ろしてあげたおおかみは、どんな気もちだったでしょう。 ・最初からこうすればよかった。 ・いじわるよりずっと気もちがいいぞ。 ・今までごめんね。	・動作化を取り入れ、見ている児童にも役割を示し、なりきって見るように伝える。意地悪をされた動物たちの気もちを考えながら、おおかみの身勝手な気もちを押さえておく。 ・代表児童の動作化の後、全員で同じように動作化をして、自分とはちがうくまの優しさに触れ、心を動かされているおおかみの気もちを考えるようにする。 ・親切にすると自分も相手もいい気もちになることを押さえる。
	3 今日の学習を振り返る。	【発問5】おおかみさんに、「こんなことができたよ」と教えてあげる手紙を書きましょう。 ・この前、泣いている子に声をかけてあげました。おおかみさんもがんばってね。	・自分の経験を振り返られるように声かけをする。 ・親切な行為が相手を喜ばせることにつながるということに気付くことができたか。
終末 5分	4 教師の体験談を聞く。	【発問6】今日の学習を通して感じたこと、考えたこと、もっと考えたいことなど感想を書きましょう。 ・自分勝手はいけないなと思いました。 ・みんなにやさしくしたいです。 ・ああいいきもちだ。 ・親切にするっていいなと思いました。	・教師の体験談を紹介し、価値の自覚を図る。 「入学時に引っ越しを不安に思っていたが、隣の2年生の女の子が迎えに来てくれた」 ・シートに感想を書き、授業のまとめとする。

5 評価
- 身近な人に親切にしようとする心情が育ったか。
- 主人公に共感させるための動作化や，手紙や振り返りのシートは有効だったか。

6 実際の授業の様子（展開の改善による児童の変容）
授業の実際と考察

ア　導入では，資料中の動物を紹介しそれらの動物についての感想を自由に発言させることにより，教材への方向付けを行った。児童は登場する動物たちのペープサートを見ながら，それぞれの人物像について「怖いおおかみ」「かわいいうさぎ」「太ったくま」などと思ったことを意欲的に述べていた。その上でペープサートを用いて教材提示。

イ 【発問１】の前に「おおかみが，うさぎに『もどれもどれ』って言った時のうさぎの気もちを考えながらその時のことをやってみましょう。」と，動作化を取り入れた。児童は意地悪をされたうさぎの気もちとして「橋から落ちそうで怖い。びっくりした。いやだな。」などと共感していた。その上で意地悪が面白くなって威張っているおおかみの気もちを問い，板書の挿絵に吹き出しで「いい気もちだ。」「やっつけちゃえ。」「ぼくの橋だ。」「ぼくは賢いんだ。」「ぼくが一番だ。」と整理をしてまとめた。

ウ 【発問２】の前に「『こうすればいいんだよ。』と言われてくまに抱き上げて反対側に降ろしてもらったおおかみ」の動作化を全員で行い，おおかみの気もちはどうだったかを問いかけた。そこでは「意地悪しなければよかった。みんなに謝りたい。」などとおおかみの気もちに共感することができた。

エ 【発問２】では，「くまの後ろすがたを見ながらいつまでも……おおかみはどんなことを考えていたでしょう。」と問いかけた。「最初から優しいほうがいい。」「意地悪はやめよう。しなければよかった。」「ごめんね。うさぎさんとなかよくしたい。」「いい人になろう。」と答え，全員で動作化をしてから問いかけたことにより，優しい気もちで親切にして思いやりの心をもって接することの大切さに気付いたおおかみの気もちを考えることができた。

オ 【発問３】で，「『えへん，へん』と言いながらうさぎを反対側に降ろしてあげたおおかみ」の動作化行い，問いかけたところ「もうしない。」「くまさんのように優しくしたい。」「くまさんの心は優しい。最初からぼくもそうすればよかった。」などと親切にしたいという実践意欲につながる発言が見られた。

カ 【発問４】で，「おおかみさんのように，人に優しくできたり親切にしたりしたことはありますか。」と問いかけた。「おばあさんが重い荷物を持っていたので代わりに持ってあ

げました。ありがとうって喜んでもらえてうれしかったです。」と反応した児童の発言を受けて「最初の『えへん，えへん』と言ったおおかみさんと，最後の『えへん，へん』と言ったおおかみさんとどちらが好きですか。おおかみさんにお手紙を書きましょう。」として手紙を書く活動を取り入れた。児童はそれぞれ自分のことを振り返って「公園で小さい子がいじめられていたのを見て，だめだよって言ってあげました。助かってよかったです。」「私は，赤ちゃんのお世話をしました。もうちょっと優しくすればよかったと思いました。」などと書いていた。また，「私は，そんなことはしたことはないけど，おおかみさんの気もちがよくわかりました。」「私もおおかみさんみたいにしたいです。」「絶対意地悪しちゃだめだよ。くまさんがやったことをまねしたらいいおおかみになったんだね。安心したよ。」など，思いやりの心をもって，親切な行為をしようとする記述が多くみられた。

キ　終末では，教師が児童と同じ頃の話をした。入学する時に引っ越して，友達がいなくて不安だったけど，隣の2年生の女の子が迎えに来てくれて安心して学校に行くことができてうれしかったことを話した。今回の重点であるねらいとする道徳的価値の「思いやったり，親切にしたりするよさがわかる。思いやったり，親切にしたりする喜びを知る。」について教師が語るようにした。

ク　振り返りシートには，「わたしもくまさんみたいになりたい。」「おおかみが最初は悪かったけど，やさしくなってよかったなと思いました。ぼくももうちょっとやさしくしたい。」と書いていた。この姿は，児童一人一人の心の活力が高まった姿だと考える。

ケ　今回の授業では，動作化を多く取り入れ，見ている児童にも役割をもたせて，うさぎやおおかみになるように伝え，全員で体験することを通して，より主人公の心情を考えることができたと思われた。1年生において「自分ができたことをおおかみさんに教えてあげましょう」といったワークシートを書かせたのは効果的だった。その際に，きちんと自分自身の経験を振り返ることができているかどうかを確認し，児童にその視点でしっかりと書かせるようにすることが大切である。学習の終わりに振り返りシートを活用し，評価に生かすことを今後も継続したい。

コ　今後は，発達の段階にあった振り返りの方法や児童の学びの蓄積を把握することなどを通して児童の道徳性を高める道徳授業をしていきたい。

※現在，日本人学校でも教科書を使った道徳科授業が実施されている。教科書は，全国で一番地区採択数が多かったものが文科省を通して配布されている。

礼儀に関する道徳科授業を体験的な学習を通して深める

I ⑦

東京都豊島区立西池袋中学校第1学年

1 主題名　挨拶がくれるもの
内容項目　B 礼儀　　　対象学年　中学校第1学年
教材名　『言葉のキャッチボール』出典　自作資料

2 主題設定の理由
(1) ねらいとする道徳的価値について

　挨拶は人間関係を良好に保つための，重要なコミュニケーションツールの一つである。初対面の者同士でも，まずは挨拶から交流が始まる。これは，相手を認め，相手に対して気遣いをしている第一歩といえる。

　そこには，心がこもっていなければ相手に伝わらない。つまり，心と体が一体となって相手にその価値が認められるのである。挨拶が私たちにもたらすものを考えることで，充実した生活を送り，よりよい生き方を目指していく。

(2) 生徒の実態について

　中学生になると，挨拶の意義は理解しているものの，教えられて無意識に習慣として実践してきた受け身の姿勢であることが多い。中には，挨拶をすることをためらったり，他の者から挨拶されても返すことを躊躇したりする生徒もいる。TPOに応じて自ら挨拶をするなど，適切な言葉や行動ができる能動的で自律した態度へと変わっていくことが求められる。

(3) 教材について

　言葉は人が発する音，つまり，聞こえても目に見えないものである。しかし，「言葉のキャッチボール」という比喩がある通りに，自分と相手とがボールを受け渡しするがごとくにやりとりを行うものである。

　そこで，実際にボールに言葉を乗せてキャッチボールをしてみることを通して，目に見える形で言葉のやりとりを体験させる。ボールの投げ方，受け取り方によって感じる様々な変化を，可視化したボールから感じ取らせ，心と体が一体となった挨拶のやりとりの重要性を認識させる。そして受け身の姿勢の挨拶から，その意味合いを知った上での主体的

な挨拶へと心情面も整えさせる。

(4) 授業構想の工夫

道徳的行為に関する体験的な道徳科学習とするため，ボールを用意して，ボールの動きに言葉を乗せることとした。

「おはよう」と言うのにも，下手投げで山なりのボールか，上手投げの直球のボールかで意味合いが変わってくる。また，受け手側でも，受けようとして正面を向いてきちんと受け止めるのか，横を向きながら受け取るのか，投げて（聞こえて）いるのに無視をして受け取らないのかといった様々な様態が演出できる。

例えば，投げる側が相手の方を向き，下手投げで優しく「おはよう」と投げても，受け取る側がそれを無視して受け取らなければ，ボールは相手の手に渡らず，寂しげに点々と転がっていくだけである。

道徳的行為に関する体験的な道徳科学習といっても，クラス全員が体験する必要はなく，代表生徒が前で演じている姿から感じとれるものである。バレーボール一つあれば簡単に行える体験的な学習として推奨したい。

(5) 板書計画

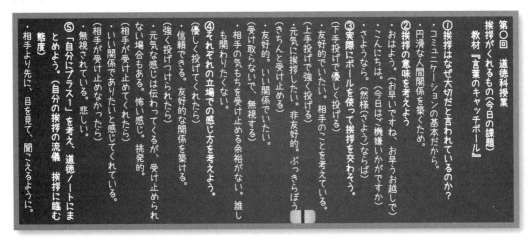

3 ねらい

挨拶の意義を主体的に考え，理解すること**を通して**，時・場所・場面（TPO）に応じて自ら挨拶するなど，適切な言葉や行動ができる自律した**態度を育てる**。

4　学習指導過程

	学習活動	主な発問と予想される生徒の反応	指導上の留意点
導入 5分	1　挨拶の意義について考える。	【発問1】挨拶はなぜ大切であると言われているのか。 ・コミュニケーションの基本だから。 ・円滑な人間関係を築くため。	・挨拶に関して，受動から主体的で自律的な能動へ切り替える準備とする。
展開 前段 28分	2　『言葉のキャッチボール』を読み，挨拶の意味合いを確認する。	【発問2】普段何気なく交わしている挨拶の意味を考えてみよう。(意味合いを知って感想を述べ合う) ・普段何気なく言っている言葉にこのような意味があることを知らなかった。 ・どの言葉も，相手に感謝したり気遣ったりする言葉であると思う。	・「おはよう」などの挨拶には，言葉の意味があることを再確認させ，自分が言葉を発しているときの心情を確認させる。
	3　多面的・多角的な考えで深化させる． ★自分の考えを基に，班で話し合う。 個人考察 ↓	【発問3】実際にボールを使って挨拶を交わし合い，感想を述べよう。 ・相手のことを考えた挨拶が大切だ。 ・挨拶をしたのに，無視をされると悲しい。 ・聞こえるように，目を見て挨拶されると，気もちよいし，返事を返したくなる。 ・友好的な挨拶やその逆に相手を無視した行動は，相手にも伝わる。	＜投げる側＞ ・上手投げ，下手投げ，優しく，強くなど，様々な投げ方を行う。 ＜受け取る側＞ ・正面を向いて受け取る，横を向く，受け取らないなど，様々な受け取り方を行う。
展開 後段 10分	4人で集団議論 ※15分 4　自分を振り返る．	【発問4】挨拶をする側(ボールを投げる側)，挨拶をされる側(ボールを受け取る側)，それぞれの立場での感じ方を考えよう。 ・相手に対してどのような気もちで挨拶するかが，相手からもわかり，その気もちが伝わる。 ・受け取る態度や姿勢が，投げる側に伝わる。	・発問4を考えることで多面的・多角的な考えに深化させる。
終末 7分	5　「自分にプラス1」を考える。 (道徳ノートにまとめる)	【発問5】今までの話し合いを通して，自分の挨拶の流儀を考えよう。 ・自分から挨拶をする。 ・相手の目を見て挨拶をする。 ・相手に聞こえるように挨拶をする。	・どんな挨拶を心がけるようにしたいか，自分の考えをまとめることで，行動につなげやすくする。

〈発問2で使用する補助資料〉

　挨拶は,「私はあなたの存在を確認しました(認めています)。」ということの証拠です。「おはようございます」には,朝,自分より先に出てきていた人に対して,後から来た人が「お早いですね(お元気で何よりです)」という意味を込めて「お早う(おはよう)お越しで」等と声をかけていたのが始まりといわれています。「こんにちは」というのはもともと,「今日(こんにち)はご機嫌いかがですか」「今日はよいお天気ですね」などの後半が略されたものだといわれています。「さようなら」は,「然様(さよう)ならば(＝そういうことならば)」に続く「お別れですね」「ご機嫌よろしく」等の言葉が略され,さらに「ば」もとれたものだといわれています。挨拶以外でも,「ありがとう」は,「有り難い(あることが難しい,まれである)」という意味です。「ごめんなさい」は「御免なさい」と書き,(御…丁寧を表す接頭語　免…許可,許し　なさい…命令の意味)「私を許しなさい(私を許してください)」という意味です。

　「すみません」は「失礼なことをしてしまい,このままでは自分の気もちが澄み切りません」という意味です。このように,普段私たちが使っている言葉には,相手に対して尊敬や感謝また謝罪などの気もちを具体的に示しているものが多くあります。

5　評　価

(1)　ねらいについて

　豊かなコミュニケーションを築く上で,積極的に挨拶をしようとする**意欲が見られたか**。また,挨拶は,心と体が一体となって相手にその価値が認められることを**気付く発言や記述があったか**。

(2)　ねらいを達成できる授業構想であるか(検証・評価)

　生徒が多面的・多角的に,自分から挨拶をするための共通の課題について**考えを深められる授業展開であったか**。相手を尊重する姿勢で挨拶を心がける**態度が見られたか**。

6　実践の手引き

(1)　授業づくりの工夫(道徳的行為に関する体験的な道徳科授業展開の改善)

　本教材は,普段何気なく行ってはいるが,人と人とのコミュニケーションを築く上では欠かせない「挨拶」についてじっくりと考えさせるものである。目には見えない言葉のやりとりを,ボールを使うことによって可視化するとともに,実際に行ったり,それを見て感じたりするという,道徳的行為に関する体験的な授業とした。バレーボールを用い,言葉のやりとりをボールに乗せて表現するという至って簡単であるが,投げるボールの強弱や受け取り方の違いで多くのバリエーションが表現できる。また,ボールの動きを伴うやりとりは,言葉だけのやりとり以上の印象を与えたり受けたりする。代表生徒が行って

いる様子を見ているだけでも，行っているのと同等の効果が得られやすい。客観的に両者を見ることができるといった面もあるため，道徳的行為に関する体験的な活動の時間自体も短く行えるのが利点である。

　ボールを投げる側，受け取る側といった両面から考えることができ，グループ討議では，他の生徒の意見についても考えさせるため，多面的・多角的な考えを引き出しやすい。

(2) 　実際の授業の様子(展開の改善による生徒の変容)

　代表生徒2名に挨拶をする側と，その挨拶を受ける側に分かれ，バレーボールの受け渡しを行った。まず，適度な距離に離れ，「おはよう」という言葉と共にバレーボールを渡すのだが，優しい言葉がけと共に，下手投げで優しくボールを投げる場合と，ぶっきらぼうに「おはよう」と言って上手投げで強めにボールを投げるように演じた。次に，自分の挨拶の仕方をボールの投げ方と共に表現するなど，何種類かの挨拶を行った。受け手側だが，挨拶する方の目を見ながら正面を向いて受け取る方法，横を向いて受け取る方法，受け取らずに，投げられたボールが点々と転がっていく状況など，これも数種類の受け止め方を演じた。さらに，ボールを受け取った後，挨拶を返しながらボールを投げ返す，その後も言葉を続けるなど，言葉のキャッチボールを3〜4往復するパターンに発展した場合もあった。いずれも，言葉の勢い(強さ)や声の大小などに応じたボールの動きを表現することが，重要な体験であるが，誰でもが簡単に行え，周りで見ている生徒にも分かり易いのが特徴であった。

(3) 　評価について

　自分事として考えていたか−−ボールの受け渡しをする際，言葉に応じた動きをボールで表現するため，自分の発した言葉が，相手にどのように伝わるのかを改めて感じとり易くなる。代表生徒の演技を見ていた場合でも，自分が発している言葉は，どんな勢いや軌道で相手に達しているのだろうかと想像がしやすい。そのことをグループでの話し合いの様子を観察したり，発表の内容，ワークシートの記述などから評価する。多面的・多角的な考えに及んでいたかについて，他の生徒の様々な考えを聞き，自分に振り返って考えを深めている様子があるか。挨拶をする側と，される側(返す側)の両方から観察したり考えたりしているかなど，グループでの話し合いの様子(観察)や発表，ワークシートの記述などから評価する。主題名の「挨拶がくれるもの」とあるように，挨拶というコミュニケーションツールを通して自分が何を得ているのかという発表やワークシートの記述などから評価する。終末の**自分にプラス1**は，自分のこととして振り返りを行った上で，改めて，相手と接する際の挨拶の仕方を考えさせるようにした。自分の挨拶の流儀を考えさせることで，挨拶を通してこれからの人間関係をどのように築いていきたいのかということを表現させるなど，深い学びに発展させたい。

　　　　　　　　　　　　　　　　　　　　　　　　　　　　　　　　　(江川　登)

7 本実践事例の価値とアドバイス

東京都豊島区立西池袋中学校　江川　登

　道徳的行為に関する体験的な道徳科学習では，実際に体験をすることで道徳的な価値の理解に気付かせ，考えさせるねらいがある。ここで注意しなければならないのが，「体験」をすれば道徳の授業になるのではないということである。道徳科での「体験」はあくまでも手段であって目的ではない。体験をした後，考え議論することを通して価値の理解を深め，道徳的判断力，心情，実践意欲と態度を醸成することがねらいである。

　多くの場合，1単位時間50分の中で体験し，考え，議論することは困難を極める。生徒に体験をさせると，その後の考え，議論する時間が圧迫され，十分な時間がとれなくなってしまうのである。生徒たちに十分な考え，議論する時間を保証するためには，体験の時間が制約される。通常，10分程度に収めたい。

　その点，本実践は代表生徒2名（途中で交代も可能）が演じて，他の生徒はそれを観察するだけでも十分体験したのと同じ感覚が味わえるほか，客観的に見ることもできる。さらに，自分事として考えやすくもあるところが優れている。短時間での体験が可能である。

　また，どこの学校にもあるバレーボールが一つあれば「体験」ができるので，事前の準備や難しい説明も不要である。さらに，題材が「挨拶」であることも，身近で自分事として考えやすくする要因であるといえる。

　言葉は目に見えないもの，そして，一度発せられたものは元に戻すことができないものであるが，この事例のようにボールを使うことで，可視化させ，言葉とボールの動きを想像させることで，次の考え，議論することに移しているところにも注目したい。

　中学生には，挨拶の本来の意味合いを考えさせて，実践に繋げさせることも有効である。補助資料は，その手助けとなるものである。しかし，ここも時間をかけずに簡単に説明程度にとどめ，本時の授業後に，興味をもった生徒が調べ学習をするような，「深い学び」に繋がる道筋として残しておきたい。対象学年を第1学年としているが，多くの学校では，第2学年で職場体験学習を実施している。その際に，多くの生徒たちが職場での「挨拶」の大切さを身をもって実感してくる。そこにも繋がるようにカリキュラムをマネジメントして，計画的に年間指導計画の中に位置付けたい教材である。

Ⅱ① いじめを許さない心情を多面的・多角的な見方を通して育てる

東京都北区立滝野川第二小学校　中塩絵美

1　主題名　いじめに立ち向かうために
　内容項目　C 公正，公平，社会正義　　　対象学年　小学校第5学年
　教材名　『名前のない手紙』出典「生きる力」日本文教出版　5年

2　主題設定の理由

(1)　ねらいとする道徳的価値について

　いじめはなくならないといわれている。いじめの原因には人々の差別意識や偏見がいつの時代にも存在しているからである。一方で社会正義は社会的な認識能力と人間の平等観に基づく人間愛が基本となる。よりよい社会を実現するためには正義を愛する心が不可欠であり，自他の不正や不公平を許さない断固とした姿勢をもち，力を合わせて積極的に差別や偏見をなくそうとする努力が重要である。いじめなどの身近な差別や偏見に気付き，公正で公平な態度を養うことを通して，力を合わせて不正な行為を絶対に許さないという断固たる態度を育成し，いじめのない社会を実現したい。

(2)　児童の実態について

　児童はいじめが悪いことと知ってはいるが，身近にいじめの事象が起こっていても，その深刻さに気付かない，もしくはあまり深く受け止めようとしない傾向がある。しかし，社会正義に対しての正義感は小学校高学年ぐらいから育ち，中学生頃の多感な時期になると，不正は絶対に許せないという正義を愛する心が芽生える。本教材のいじめ問題を通して公正，公平な心を育てたい。

　児童へのアンケート結果から，「いじめはどんな理由があってもいけないことだと思いますか。」という問いに対してほとんどの児童が「そう思う」もしくは「まあまあそう思う」と答えているが，「友達が冷やかされたり，からかわれたりしていたらあなたはどうしますか。」という質問に対しては，「やめなよとからかっている人に注意する。」という仲裁者的回答を示す児童もいるが，「あまり関わらない。」という傍観者的回答を示す児童が多い。また，「自分からは言わないけど，つい面白がってみることがある。」という観客者的回答や，「遊んでいるだけだったら一緒にからかうこともある。」といじめに加担する

回答を示す児童もいる。いじめはいけないことだと知っていてもついつい遊びの一環と捉えて加害者や観客，傍観者になりうることがうかがえる。これらの結果を踏まえ，道徳授業で「公正，公平，社会正義」の道徳的価値の自覚を深めることにより，いじめについての理解とそれを許さない道徳的心情を育てたい。

(3) 教材について

主人公はある日突然仲間外れにされるようになった。それが一番の仲良しのミッコからの指令だということが分かりショックを受ける。一人ぼっちになりつらい日々を送る中で，ある日，手紙を受け取る。そこには主人公を応援する内容が書かれていたが，名前はなかった。吉野さんが転校する日，みんなの前で「こんなことをするのはよくない。」とはっきり言う。そしていじめはなくなった。この教材を通して，主人公の一人ぼっちの辛さや無力さに気付かせるとともに，自分が関係ないと思っている傍観者の存在や，主人公の気もちの寄り添う仲裁者の存在に気付かせたい。特に傍観者は無自覚でありながらも，結果的にいじめに加担し，仲間はずれをしていることになる。この教材を通して，いじめはよくないという理解を実践に生かす手立てに気付かせたい。

(4) 授業構想の工夫

被害者である主人公の気もちだけではなく，傍観者や仲裁者，加害者の気もちにも考えを及ぼすことで，1つの出来事を多面的，多角的に考えるようにする。その際，それぞれを順に追うのではなく，グループ分けをし，登場人物を分担した。出てきた考えを共有するために，短冊を用いて黒板に掲示した。鳥瞰図的に眺めることで，共通点や差異に気付けるようにした。

(5) 板書計画

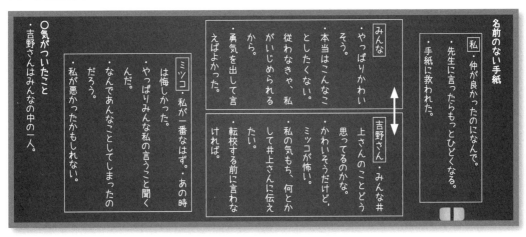

3　ねらい

　登場人物それぞれの立場から気もちを多面的に考えることを通して，いじめ問題に対して差別や偏見を許さず，力を合わせて積極的に正義を実現しようとする実践意欲を養う。

[引用文献]

・森口朗『いじめの構造』新潮新書，2007年

・森田洋司『いじめとは何か』中公新書，2010年

4　学習指導過程

	学習活動	主な発問と予想される児童の反応	指導上の留意点
導入 5分	1　いじめについての認識を確認する。	【発問1】いじめとはどんな行為でしょうか。 ・仲間外れ・無視 ・物を隠す・壊す ・陰口を言う。悪口を言う。 ・暴力・からかい・あだ名	・からかいなど遊びの一環と捉えられやすいものは見逃されがちであることを押さえる。
展開 35分	2　『名前のない手紙』を読み多面的に考え話し合う。 ★自分の考えを基に，班で話し合う。	【発問2】登場人物それぞれの立場から，気もちの変化を考えましょう。 私 ・どうしてこんなことに。 ・みんなひどい。 ・一番ひどいのはミッコ。 ミッコ ・私だって悔しかった。 ・気もちが収まらない。 みんな ・かわいそうだけどミッコが怖い。 吉野さん ・怖いけど，転校する前に言わないと。	・グループごとに物語の登場人物をそれぞれ担当させ，気もちの変化を話し合わせる。 ・グループに短冊とマジックを用意し，時系列ごとに気もちを書かせる。 ・短冊を分類し，整理する。同じ意味のものをつなげ，意味が反するものを双方向の矢印でつなげる。また類似したものを点線でつなげる。
	3　それぞれの気もちの変化を鳥瞰図的に眺めて考える。	【発問3】それぞれの気もちを見て，気がついたことはありますか。 ・吉野さんとみんなの気もちは似ている。 ・主人公は悪くない。 ・どうして仲間はずれにしてしまったんだろう。	

	4 自分事として考える。	・みんな自分がいじめられると思って何も言えなかった。 【発問4】もしこのお話と同じような出来事がクラスであったらどうしたらよいでしょうか。 ・この話合いを通して気がついたこと，見えてきたことをワークシートに書きましょう。	・実体験に基づいて考えさせるが，実際の出来事を書くのではなく，どうしたらよいかを考えさせる。
終末 5分	5 多面的，多角的に考える。	役割演技で一人には笑顔で挨拶をし，もう一人には素っ気なく挨拶をする様子を見て考える。 【発問5】このやりとりをどう思いましたか。 ・ちょっと意地悪に見える。 ・冷たくしていてかわいそう。 【発問6】もし，素っ気なく挨拶をしたのが吉野さんで，挨拶をされた方が主人公だったらどう思いますか。 ・みんなに気付かれないように気を遣っている。 ・素っ気なくしていても優しさが伝わる。	・同じ事象でも見方を変えることで全く変わってしまうことを押さえ，多面的な見方の大切さに気付かせる。

5 評 価

(1) ねらいについて

　いじめには様々な要因があり，加害者，被害者，傍観者，仲裁者の立場が変化していくこともある。物事の一面だけで判断するのではなく，様々な要因やそれぞれの立場の心情に思いを巡らすことが必要となる。登場人物それぞれの立場から気もちを考えることで，多面的，多角的な見方を育て，公正，公平な立場で物事を捉えいじめをなくそうとする実践意欲を育てたい。

(2) ねらいを達成できる授業構想であるか（検証・評価）

　被害者の気もちに寄り添うことも大切だが，実際に起こり得ることを想定すると，最も多くを占めるのは傍観者の立場である。それぞれの立場からの思いや考えを短冊で掲示し，鳥瞰図的に眺めることで，同じ思いを抱えている仲間と協力していじめをなくそうとする実践意欲の大切さに気付かせたい。

6　実践の手引き

(1)　授業づくりの工夫（多面的な見方を促すための工夫）

　いじめには被害者と加害者の他に，観客や傍観者，仲裁者が存在する。この教材には主人公が被害者であり，加害者のミッコ，傍観者であったクラスメート，仲裁者となった吉野さんが登場する。いじめは許されないと知っていても，実際の場面ではなかなか仲裁者になる事は難しい。しかし，本教材を通してそれぞれの立場について考えると，被害者の辛さや理不尽な思い，傍観者の歯がゆさと一人ではないという事実に気付く。傍観者が仲裁者と同じ思いであったことに気がつくと，吉野さんのようなきっかけを作って，同じ思いの仲間と協力しながらいじめに立ち向かうことの大切さに気付くことができる。また，クラスメートである加害者のミッコの気もちにも寄り添うことで次の被害者を作らない配慮も必要である。

　いじめをなくすためには，公正，公平な見方をし，いじめは絶対に許さないという社会正義の心でいじめに立ち向かう実践意欲を育てなければいけない。そこでは多面的，多角的な見方や考え方が重要なのである。本実践では，グループごとに登場人物を分担し，それぞれの気もちを考えさせた。一人の登場人物を共感的に理解すると共に，全体でそれらを共有したときに見えてくる相関関係を鳥瞰図的に眺めることで，多面的，多角的な見方や考え方を育てたい。

(2)　実際の授業の様子（展開の改善による児童の変容）

　それぞれの立場を鳥瞰図的に眺めることで，「吉野さんはみんなの中の一人。」「仲裁者と傍観者はどちらも同じ思い。」ということに気付いた児童がいた。また，「みんなでミッコに対して冷たくしたら，またそれがいじめになっちゃう。」と加害者に対しても寄り添い，いじめをなくすにはどうしたらよいのか考える姿も見られた。自己への振り返りでは『私は，教室内でこういう出来事が起こったら，きっと「みんな」側にいる。本当はそう思っていなくても，強い人には私は逆らえない。心の中では誰もが吉野さんのようになりたいと思っているだろう。だがそれはとてつもなく大変で，越えられない壁だと思う。吉野さんに続いて「私も」と声を上げた人もすごいと思う。大概は「みんな」に入る。だけど，吉野さん側にもなりたい。』と人間の弱さに言及し，それでもそれを超えたいと願う気もちが綴られていた。そして，本音を語ったことに対してか，ワークシートに小さく『ごめんなさい』と書かれていた。

7 本実践事例の価値とアドバイス

麗澤大学　鈴木明雄

　いじめが原因で自らの命を絶つ痛ましい事件が後を絶たない。なぜなくならないのか。

　いじめの根っこには，人間の本性であるねたみやそねみ，他者を羨む気持ちがある。このような人間の弱さや醜さに，児童は人間としてどう向き合うことができるかが重要である。そして本性に潜む弱さ等を人間は完全に払拭することはできないことをよく理解することも大切である。そして加害者の主観による目障りな相手はいつでも周りにいることになり，きっかけさえあれば，どこでもいつでもいじめが起きるという認識も求められる。人間がもつ醜い本性を完全には払拭できないにしても，みだりに感情や衝動のままに行動することを慎む人間を目指すことはでき，いじめや差別・偏見を，人間として決して許さないという心を抱く児童を育てることはできるはずと授業者の指導観は明確である。

　実は，本研究会では，故宇井治郎先生を中心に，いじめ問題については長年研究してきた。

　いじめは**人間として**決して許さないというキャッチコピーは，宇井先生が文部省の「いじめ撲滅キャンペーン」で，配布リーフレットのキーワードとして，学校・保護者・全国民にアピールをしたものである。いじめは決して許さないに，**人間として**，を加えたのである。

　本事例は，児童には身近なよくある問題を扱っている。そのため，学習指導過程の展開で，真剣に考えかつ活発に議論し語り合った。しかもこの教材の問題を多面的に考え，問題に対する「価値ある問い」を考え，議論したのである。この教材を通して，主人公のひとりぼっちの辛さや無力さに気づかせるとともに，自分が関係ないと思っている傍観者の存在や，主人公の気持ちに寄り添う仲裁者の存在に気づかせられるよう，傍観者は無自覚でありながらも，結果的に加害者に対して加担し，仲間はずれをしていることになることを深く議論させていた。

　この時期の小学生は善悪を判断する能力はある程度は身に付いている。しかし仲間関係がこじれると内心では不適切だと思っても一歩踏み込んで理不尽な行為を解決することを躊躇したり，自分を自分で指導していくようなことができなかったりする傾向がある。個人の行動は，自分の意志と反して雰囲気に左右されることも多い。

　グループの話し合いから，役割演技を通して，授業者のねらいとした「加害者，被害者，傍観者，仲裁者の立場の変化」を捉え，今までのいじめに関する問題を自分事として統合的に振り返っているのである。本事例のように，ねらいに係る内容項目「公平，公正，社会正義」についてのみ振り返るだけでなく，自分の生活や考えを大きく振り返りながら，人間としての生き方・在り方を考えていくようなダイナミックな道徳科授業を期待する。

パラリンピックを通して社会連帯，社会参画を考える道徳科授業

東京都豊島区立西池袋中学校第３学年

1 主題名　パラリンピックの精神

内容項目　Ｃ 社会参画，公共の精神　　　　対象学年　中学校第３学年

教材名　『No Charity, but a Chance』出典　日本文教出版「あすを生きる３」

2 主題設定の理由

(1) ねらいとする道徳的価値について

　2020年，日本で夏季オリンピック・パラリンピックが開催される。夏季オリンピックは第18回大会が1964年に東京で開催されたが，その東京大会後，同年に開催されたのは「国際身体障害者スポーツ大会」であった（後に第２回パラリンピックに位置づけられる）。

　つまり，現在のようにパラリンピックという言葉を意識しての日本開催の大会は2020年の第16回東京大会が初めてとなる。2020年第32回オリンピック東京大会とともに，第16回パラリンピック東京大会を迎えるに当たって，パラリンピックの歴史や精神から社会参画，公共の精神について考える機会としたい。

(2) 生徒の実態について

　中学生になると，心身の不自由な人をいたわろうとする行動をしたり，職場体験やボランティア活動などで障害者と接する機会をもったりして，社会を構成する多くの人々と助け合って社会連帯を深める大切さを自覚してくる。

　2020年の東京オリンピック・パラリンピックに関しても，オリンピアンやパラリンピアンを招へいして授業を行っている学校もあり，興味・関心が高まりつつある。特に，パラリンピックの競技種目やその内容について，以前よりも知っている種目が増えている。

(3) 教材について

　「日本の障害者福祉の父」と呼ばれた中村 裕（なかむら ゆたか）医師の考え，行動，功績がよく分かる教材である。日本で最初のオリンピックが行われる４年前の1960年に障害者スポーツ先進国であるイギリスを訪れた中村医師は，障害者がスポーツを楽しむ姿や，仕事をもっていること，さらに一人で買い物に出かけるなどの生活ぶりに圧倒される。

　帰国後，障害者のスポーツや社会で働くことの重要性を感じ様々な活動を行うが，受け

入れる設備や事業所がないなどの壁にぶつかる。そこで，自ら私財を投げ出して障害者が社会復帰するための施設を設立するなど，障害者の社会参画に向けて，スポーツの推進に向けて奔走する。そのことが，今回の2020年東京パラリンピックにも繋がっている。障害者スポーツや労働を通した社会参画のあり方の大切さや，周囲の人々の意識の変革が，社会参画や公共の精神に関していかに大切かを考えるに適した教材である。

(4) 授業構想の工夫

障害者が社会参画をするためには，周りの人々の意識がいかに大切であるかを考えさせるために，中村医師のとった行動，さらにはパラリンピックの認知がここまで広まるまでの苦難の歴史等をおりまぜて考えさせる。「障害者という言葉がこの世からなくなることを夢に見ながら…」という中村医師の遺志をくみ取らせ，今の自分にできること（自分のこととして考えさせる）を通して，社会参画について考えさせる。

(5) 板書計画

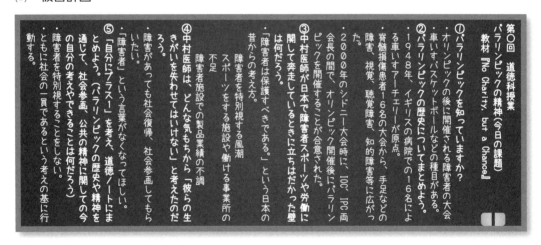

3 ねらい

中村医師の考えや行動，パラリンピック設立の歴史やその精神**を通して**，障害者の社会参画について考え，自分自身の障害者に対する考え方や接し方を含めた社会連帯の自覚を高める**態度を育てる**。

[引用文献]

・日本パラリンピック委員会HP

4　学習指導過程

	学習活動	主な発問と予想される生徒の反応	指導上の留意点
導入 5分	1　パラリンピックについて考える。	【発問1】パラリンピックを知っているか。 ・オリンピック後の障害者の大会。 ・車いすバスケットボールなどの種目がある。	・パラリンピックについて知っていることを聞く程度にする。
展開前段 28分	2　『No Charity, but a Chance』を読む。加えて補助教材でパラリンピックの歴史を確認する。	【発問2】パラリンピックの歴史についてまとめてみよう。 ・1948年，イギリスの病院での16名による車いすアーチェリーが原点。 ・脊髄損傷患者16名の大会から，手足などの障害，視覚，聴覚障害，知的障害等に広がった。 ・2000年のシドニー大会時に，IOC，IPC両会長の間で，オリンピック開催後にパラリンピックを開催することが合意された。	・補助教材を参考に，現在のパラリンピックの形になるまでの苦難の歴史の一端をまとめる。
	3　中村医師の気もちになって考えさせる。	【発問3】中村医師が日本で障害者スポーツや労働に関して奔走しているときに立ちはだかった壁は何だろう。 ・「障害者は保護すべきである。」という日本の昔からの考え方。 ・障害者を特別視する風潮 ・スポーツをする施設や働ける事業所の不足 ・障害者施設での製品業績の不調	・物理的な側面もあるが，「障害者は保護すべきである」という日本の昔からの考え方が大きく阻害していた点について考えさせる。
展開後段 10分	4　中村医師の気もちになって考え，さらに深化させる。（周囲の生徒とも意見交換する）	【発問4】中村医師は，どんな気もちから「彼らの生きがいを失わせてはいけない」と考えたのだろう。 ・障害があっても社会復帰，社会参画してもらいたい。 ・「障害者」という言葉がなくなってほしい。	・中村医師の理念，行動について考えさせ，「自分だったら」といった視点からも考えさせる。
終末 7分	5　「自分にプラス1」を考える。（道徳ノートにまとめる）	【発問5】パラリンピックの歴史や精神を通じて，社会参画，公共の精神に関しての今の自分の考えやできることは何だろう。 ・障害者を特別視することをしない。 ・ともに社会の一員であるという考えを基に行動する。	・「障害者という言葉がなくなってほしい。」という中村医師の遺志（心情）を踏まえる。

〈補助資料〉(日本パラリンピック委員会HPより)

パラリンピックの原点

　1944年，イギリスのチャーチル首相らは，ドイツとの戦争激化により負傷し脊髄損傷になる兵士が急増することを見越して，兵士の治療と社会復帰を目的に，ロンドン郊外にあったストーク・マンデビル病院内に脊髄損傷科（Spinal Unit）を開設した（1953年に国立脊髄損傷センターと改名）。その初代科長に，ルードウィッヒ・グットマン卿（Sir Ludwing Guttmann）が任命された。

　グットマン卿は，スポーツを治療に取り入れる方法を用いた。1948年7月29日，グットマン卿はロンドンオリンピックにあわせてストーク・マンデビル病院内で16名（男子14名・女子2名）の車いす患者（英国退役軍人）によるアーチェリー大会を開催。これがパラリンピックの原点である。

東京大会とその後

　1962年，国際身体障害者スポーツ大会（IPC設立後，第2回パラリンピックと位置付けられた）の開催に向け準備委員会が設立された。その委員長に，当時の社会福祉事業振興会会長（元日本障害者スポーツ協会名誉会長）の葛西嘉資氏が就任した。葛西会長は，当時グットマン卿に師事していた中村裕博士（社会福祉法人太陽の家やフェスピック連盟の創設者）とともに大会開催の準備を進めた。両氏は東京大会を，車いす使用者だけではなく，すべての身体障害者が参加できる「国際身体障害者スポーツ大会」の開催を決意。グットマン卿ら関係者に理解を求めた。

　そして1964年に開催された国際身体障害者スポーツ大会は，東京オリンピック直後に2部制で開催された。そもそも「パラリンピック」という名称は，「オリンピック開催年にオリンピック開催国で行われる国際ストーク・マンデビル大会」=「Paraplegia（対まひ者）」の「Olympic」=「Paralympic」という発想から，東京大会の際に日本で名付けられた愛称であった。

国際身体障害者スポーツ大会への発展

　車いす使用者だけで行われていた国際大会であったが，1976年のモントリオールオリンピック開催年に行われたトロント大会は，はじめて国際ストーク・マンデビル競技連盟（ISMGF）と国際身体障害者スポーツ機構（ISOD）の共催で行われ，脊髄損傷者に加え視覚障害者と切断の選手が出場するようになり，大会名は「1976 Olympiad for the Physically Disabled」，愛称「Torontolympiad（トロントリンピアード）」と呼ばれた。

　また同年，ISODが中心となり切断者による冬季大会がスウェーデンのエンシェルツ

ヴィークで開催された(IPC設立後，第1回冬季パラリンピックと位置づけられた)。

パラリンピックが正式名称に

1985年，IOCは国際調整委員会（ICC）がオリンピック年に開催する国際身体障害者スポーツ大会を「Paralympics（パラリンピックス）」と名乗ることに同意した(オリンピックスという言葉を名乗ることは禁止された)。

しかし，従来のパラリンピックという言葉は，対麻痺者のオリンピックという意味であったことから，身体障害者の国際大会になじまなかったため，ギリシア語の接頭語であるパラ＝Para(沿う，並行)＋Olympic(オリンピックス)と解釈することになった。

競技性の高いスポーツ大会へ。

1988年，ICC主催により「ソウルパラリンピック」が開催され，61か国から3,057名の選手が出場した(聴覚障害者と知的障害者の出場は認められていなかった)。この大会は，オリンピック組織委員会がオリンピックとパラリンピックを連動させたはじめての大会であった（オリンピックで使用した会場も使用された)。同年1月，前回同様インスブルックにおいて第4回冬季大会が実施されている。

国際パラリンピック委員会(IPC)設立

1989年9月22日，ドイツのデュッセルドルフの会議において国際パラリンピック委員会が創設された。それ以来，パラリンピックは障害者にスポーツ活動の機会を提供する理念「機会均等と完全参加」と，「障害者のスポーツのエリート性」を表す言葉になった。

世界最高峰の障害者スポーツ大会へ

2000年，第11回シドニーパラリンピック開催。大会期間中，ファン・アントニオ・サマランチIOC会長と，ロバート・D・ステッドワードIPC会長によってIOCとIPCとの協力関係に関する話し合いが持たれ，「オリンピック開催国は，オリンピック終了後，引き続いてパラリンピックを開催しなければならない」との基本的な合意に達した。

東京2020大会　夏季22競技競技

アーチェリー，陸上競技，バドミントン，ボッチャ，カヌー，自転車，馬術，5人制サッカー，ゴールボール，柔道，パワーリフティング，ボート，射撃，シッティングバレーボール，水泳，卓球，テコンドー，トライアスロン，車いすバスケットボール，車いすフェンシング，ウィルチェアーラグビー，車いすテニス

5 評価

(1) ねらいについて

　障害者の社会参画について積極的に考えようとする**意欲が見られたか**。また，自分にできることについて**気付く発言や記述があったか**。

(2) ねらいを達成できる授業構想であるか（検証・評価）

　生徒が多面的・多角的に，障害者の社会参画への課題について**考えを深められる授業展開であったか**。自分自身の障害者に対する考え方や接し方を含めた社会連帯の自覚を高める**態度が見られたか**。

6 実践の手引き

(1) 授業づくりの工夫（パラリンピック）

　今でこそ「パラリンピック」という言葉を知らない中学生は少ない。オリンピックと対になっている言葉として定着し，どのような競技があるかを知っている生徒も多い。障害者スポーツの最高峰，祭典として位置付けられ，日本選手の活躍もメディアで報じられている。

　日本の障害者スポーツの歴史や，障害者の社会参画に関して考えた場合，ここ最近と約60年前に初めて日本でオリンピックが開催された頃では，障害者に対する考え方に雲泥の差がある。

　「日本の障害者福祉の父」と呼ばれた中村 裕 医師の考え，行動や功績を通して，障害者の社会参画について考えさせるにあたり，現在の形になるまで苦難の道を歩んできたパラリンピックの歴史を補助教材として使い，さらに2020東京大会で開催される種目を確認したりすることで，生徒たちに興味・関心をもたせ，障害者の社会参画について自分と関係のあることとして考えさせた。

(2) 実際の授業の様子（展開の改善による生徒の変容）

　パラリンピックの種目に関して，競技の内容を知っている生徒とそうでない生徒に差があった。そこで，競技種目の種類や内容については，事前に写真や映像で見せておき，ある程度の認識をもたせてから本時に臨んだ。また，パラリンピックの歴史についても，その理解に時間をついやすと，本時で取り上げると生徒たちの話し合いの時間を圧迫してしまうため，事前に読ませておくなど，時間的配慮の工夫が必要であった。

　障害者の社会参画に関する考え方では，中村医師と同じレベルでは考えられないものの，現在の自分ができることについて真剣に話し合う姿が見られた。また，社会全体の意識の

変革が必要であること，そのためには，一人一人の考え方が大切になってくるという発言も見られた。

さらに，自分のこととして考えていく場面では，「自分が障害者であったなら」「家族に障害者がいたならば」という側面で考える生徒もおり，多面的・多角的に発展していったよい例であった。

(3) 評価について

　主体的に学習に臨む姿が見られたか－パラリンピックについて興味・関心をもち，スポーツや労働を通した障害者の社会参画について，真剣に話し合う態度であったか。

　自分事として考えていたか－「中村医師だからできたこと」ではなく，現在の自分（中学生）でもできること，考えの基本となるものなど，グループでの話し合いの様子の観察や，発表の内容，ワークシートの記述などから評価する。

　多面的・多角的な考えに及んでいたか－「自分が障害者であったなら」「家族に障害者がいたなら」など，多面的・多角的に考えていたか。また，これからどのような社会が訪れるようになればよいのか，そのためにどうしていくことが望ましいのかなど，グループでの話し合いの様子（観察）や発表，ワークシートの記述などから評価する。　　（江川　登）

7　本実践事例の価値とアドバイス

東京都豊島区立西池袋中学校　江川　登

　国連の「障害者の権利に関する条約」の締結に向けた国内法制度の整備の一環として，「全ての国民が，障害の有無によって分け隔てられることなく，相互に人格と個性を尊重し合いながら共生する社会の実現に向け，障害を理由とする差別の解消を推進すること」を目的として，2013年（平成25年）6月，「障害を理由とする差別の解消の推進に関する法律」（いわゆる「障害者差別解消法」）が制定され，2016年（平成28年）4月1日から施行された。

　高齢者，障害の有無といった年齢や社会的マイノリティといったことに関係なく生活や権利などが保障された環境を作っていく考え方である，「ノーマライゼーション」や，人間の多様性の尊重等を強化し，障害者が精神的及び身体的な能力等を可能な最大限度まで発達させ，自由な社会に効果的に参加することを可能にするという目的の下，障害のある者と障害のない者が共に学ぶ仕組みである「インクルーシブ教育」が，現在では社会に浸透し一般的になっているが，日本の障害者の社会参画に関して，どのような歴史的経緯をたどって現在に至っているかを中学生が知る機会は少ない。

　2020年に東京で行われるパラリンピックを契機に，パラリンピックについて，障害者の社会参画について考える絶好のチャンスと捉えた。

　本教材『No Charity, but a Chance』は，「日本の障害者福祉の父」と呼ばれた中村 裕（なかむら ゆたか）医師の考え，行動，功績がよく分かる教材であり，本文を追うだけでも障害者の社会参画に関して自分の考えを巡らせられるものである。とりわけ，「世界の障害者，とくに発展途上国の人々が一般市民と共に生き，障害者という言葉がこの世からなくなることを夢見ながら…」という一節は，中村医師から生徒たちに投げかけられた「宿題」であるともいえ，そう感じる生徒たちも多いであろう。

　さらに，パラリンピックという，世界的な大イベントを目の当たりにするであろう生徒たちにとって，パラリンピックの歴史や実際の種目を知ることで，興味・関心をもちながら，主体的に障害者の社会参加に対して，自分のこととして考えさせる内容になっている。

　一時間の授業の中で行う場合，パラリンピックの歴史や競技種目に関して学ぶ時間を確保することは難しいため，事前に調べておいてから本授業に入ることが望ましい。

Ⅱ③ 社会的な背景を踏まえた道徳科授業で心情の涵養を図る

東京都江東区立第二亀戸中学校　第3学年

1　主題名　偏見や差別のない社会の実現を目指して

内容項目　C 公正, 公平, 社会正義　　　対象学年　中学校第3学年

教材名　『だれかのそばで　on the other side』DVD 東京都教育委員会
　　　　『路上生活者(ホームレス)に対する事件』(自作資料)
　　　　「人権教育プログラム(学校教育編)」平成26年3月東京都教育委員会

2　主題設定の理由

(1)　ねらいとする道徳的価値について

　路上生活者については，平成28年10月に実態調査が行われ，ホームレスの高齢化や路上(野宿)生活期間の長期化など，最近のホームレスの動向やそれを取り巻く環境の変化等が明らかになっている。ホームレスの人数は減少傾向にあるものの，社会においては，路上生活者に対する暴言や暴力等の事件は後を絶つことがない。路上生活に関わる問題について中学生の立場から理解するとともに，誰もが同じ人間としてかけがえのない存在であると自覚を深める必要がある。**偏見や差別のない社会の実現を目指し**，共生社会の一員として社会に貢献する生徒を育成していきたい。

(2)　生徒の実態について

　これまでの3年間の道徳や学級活動の学習を通して，生徒は，他者への思いやりや人格の尊重などに関わる理解と認識を深め，学校生活での生徒間の人間関係を構築しつつある。

　路上生活者については，近隣の地域等において，その存在は知識として持ってはいるが，普段の生活の中で直接会うことや関わる機会等はほとんどない。

　路上生活者等に関わる正しい理解と認識の下，公正・公平で明るい社会の実現のために，正義を重んじ，他者の痛みを共感的にできる心情を，生徒一人一人に育んでいきたい。

(3)　教材について

① 「だれかのそばで　『on the other side』DVD 東京都教育委員会

　このDVDは，平成21年に東京都教育委員会が，人権学習教材ビデオとして作成し，都内の公立学校等に配布したものである。自身の障害に向き合いながら音楽や舞台表現に

情熱を傾ける人，路上生活経験者及び路上生活者を支援する活動に関わる人，定年退職後にキャリア教育のボランティア活動に携わる人々の姿が描かれている。登場人物や彼らを取り巻く人たちを見つめ直すことを通じて，他者を理解するとともに，自分の存在意義について考え，自分には何ができるかを考えさせることができる教材である。特に，本時で活用するのは，45歳の時にリストラに遭い，6年間の路上生活を経験した白土修一（58歳）の事例である。白土氏は，路上での雑誌販売の仕事を得たことを契機に野宿生活を脱し，新たな仕事を得るに至っている。

② 「路上生活者（ホームレス）に対する事件」（自作資料）

自作資料として，公園で暮らす路上生活者Aさんが，中学生と思われる数人の子供に暴力を振るわれ，肋骨が骨折するなどの重傷を負った事例が掲載されている。

(4) 授業構想の工夫

- **問題解決的な道徳科学習**とするため，学習課題として「路上生活に至る様々な現状を知り，差別のない社会の実現に向けて自分ができることを考える。」を明示した。
- 自分の考えをさらに深めるため，友達に対して自身の想いを伝えるために，**手紙を書く活動**を設定した。

(5) 板書計画

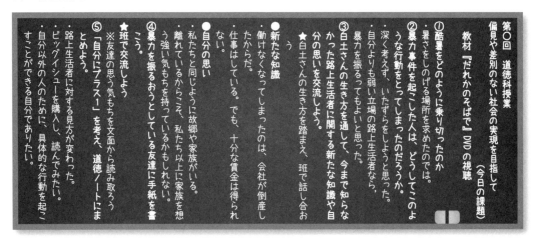

3 ねらい

正義を重んじ，誰に対しても公正・公平にする観点で考え，議論すること**を通して**，偏見や差別のない社会を実現しようとする**心情を育てる**。

[引用文献]

・東京都教育委員会『人権教育プログラム（学校教育編）』2014〜2016年3月

4　学習指導過程

	学習活動	主な発問と予想される生徒の反応	指導上の留意点
導入 5分		【学習課題】路上生活に至る様々な現状を知り，差別のない社会の実現に向けて自分ができることを考える。	
	1　酷暑の中での路上生活をイメージする。	【発問1】路上で生活している人は，この夏の酷暑をどのようにして乗り切ったと思うか。 ・暑さをしのげる場所を探したのではないか。	・都内の路上生活者の状況を知らせ，教材への興味・関心を高める。
展開 前段 25分	2　『路上生活者（ホームレス）(資料1)』を読み，問題点を考える。	【発問2】この暴力事件を起こした人は，どうしてこのような行動をとってしまったのだろうか，各自で考えてみよう。 ・深く考えず，いたずらをしようと思った。 ・自分よりも弱い立場の路上生活者なら，暴力を振るってもよいと思った。	・中学生が起こした事件の概要を知らせ，路上生活者に対する偏見や差別意識があったことに気付かせる。 ・いじめの構造を想起させ，誤った知識が，偏見や差別につながることを気付かせる。
	3　「だれかのそばで」（資料2）を視聴し新たに知ったことや気付いたことを書き，発表する。	【発問3】白土さんの生き方を通して，今まで知らなかった路上生活者に関する新たな知識や自分の思いを交流しよう。 ・働けなくなってしまったのは，会社が倒産したからだ。 ・仕事はしても，十分な賃金は得られない。 ・私たちと同じように故郷や家族があり，家族を想う強い気もちを持っている。	・路上生活に至るまでには，やむを得ない事情があることや路上生活にから脱し，故郷の家族の元に戻るための努力を続けていることに気付かせる。
展開 後段 15分	4　友人を諌める手紙を書き，その内容を交流する。	【発問4】路上生活者に対して暴言を投げかけ，暴力を振るおうとしている友人に宛てる手紙を書こう。 ・相手の両親や家族のことも考えてほしい。 ・同じ人間として考えてほしい。	・学級活動で「いじめ問題」を取り上げた際に，「いじめや暴力行為を正当化する理由は，一つとしてない」と再確認したことを想起させる。
終末 5分	5　「自分にプラス1」を考える。教師の説話を聞き，今の自分に期待することを考える。	【発問5】今日の学習から，自分をさらに成長させる前向きな姿を考え，道徳ノートにまとめよう。 ・路上生活者に対する見方が変わった。 ・350円の雑誌（ビッグイシュー）を読んでみたい。	・教師の説話として，路上生活者に仕事を提供し自立を応援する事業を展開している「ビッグイシュー日本※」の活動を紹介する。

※「ビッグイシュー日本」の活動　有限会社ビッグイシュー日本は，ビジネスの手法で社会問題の解決にチャレンジする社会的企業である。路上生活者の6割は働いており，3割の人は働いて自立したいと思っている。ビッグイシュー販売者となった人は，ビジネスパートナーとして1冊350円の雑誌を売れば，180円を収入とすることができる。これまでに，累計773万冊を売り，路上生活者に11億5,253万円の収入を提供している。（2017年6月末現在）【参考】「ビッグイシュー日本」のHP　https://www.bigissue.jp/about/

5　評価

(1)　ねらいについて

　路上生活者の多様な実態について理解し，誤った情報や偏った知識に基づく差別的な行為が，人間としての尊厳や人格を傷付けているということに**気付く発言や記述があったか**。

　表面的な価値観に流されやすい一面を持つ一方，**自分以外の人のためによりよく生きようと行動する力を発揮しようとする自分でありたいと考えられたか**。

(2)　ねらいを達成できる授業構想であるか（検証・評価）

　生徒が「差別のない社会の実現に向けて自分ができることを考えたい」という**実践的な意欲を生み出すことができる授業展開であったか**。

　手紙を書き，それを交流する活動は，**生徒の考えを深める上で有効であったか**。

6　実践の手引き

(1)　授業づくりの工夫（社会的な背景を踏まえた道徳科授業の展開）

　路上生活者については，ホームレスの自立の支援等に関する特別措置法第二条に則り，「ホームレスとは，都市公園，河川，道路，駅舎その他の施設を故なく起居の場所とし，日常生活を営んでいる者をいう。」と定められている。

　本実践においては，法令等の基礎的な知識はもとより，社会的な背景等について正しく理解した上で，学習活動を展開することを重視している。路上生活者に対する表面的な捉え方，偏った情報や誤った認識等を払拭しなければ，社会正義の実現に向けた行動を起こすことは難しい。人権教育の普及啓発を図るために作成された映像資料の活用は，路上生活者との直接的な関わりが少ない生徒の実態に応じたものである。

(2)　実際の授業の様子

　展開後段における「手紙を書きそれを交流する」学習活動においては，3～4人組のグループを編成し，友達に宛てた手紙を回し，読み合う活動を設定した。グループのメン

バーが書いた手紙を読む活動とは，路上生活者に対して暴力を振るおうとしている者の立場になり，友達からの助言や諫言を受け止めることを意味する。「暴力は決して許されない」，「社会のルール等は守るべきだ」等の理由に加え，「同じ人間だからこそ大切にしよう」と語りかけてくる手紙を読むにつれ，生徒の心は，解きほぐされ温かなものへと変わっていく。

　以下に，生徒一人一人が書き記したワークシートから3点の手紙を紹介する。

　私は，Aさんに一つお願いがあります。私は，Aさんが路上で生活している人に酷いことをしているのを知っています。あの人たちは，私たちと同じ人間です。なぜ，Aさんがそんなに暴力をしたりするのか不思議です。あの人たちは，好きで道路に寝ているのでも，ダンボールだらけになっているのでもありません。人には人の理由があって，仕方がなく家を外にしなくてはいけないこともあるのです。

　もしかしたら，Aさんも私も何かの理由で路上生活になるかもしれません。今，生活をしている人たちだって，そんなこと夢にも思わなかったと思います。Aさんがやっていることはいけないことです。人に暴力をしたり暴言を吐いたりする，ただの犯罪者です。もうやめてください。

　Bさん，この間，「路上生活者」，「ホームレス」に暴言を吐いていたけれど，あれは良くないと私は思ったの。私たちは，「ホームレス」の人たちの立場について，分からないこともたくさんあると思う。でも，「ホームレス」は悪い人でもなんでもなくて，彼らもなりたくてなっている訳ではないの。過去に何かあって，やむを得ずホームレスと呼ばれる存在になっているだけで，過酷な生活，辛い生活の中，努力をし，人々の助けもあって「路上生活者」として生きている。だから，そういった人たちに対して酷い扱いをしたり，暴言を吐いたりすることはいけないことだと思う。だから，相手の気もちになって接し方を変えてほしい。

　Cさんは，当たり前のように家に帰り，食べたい物も好きなだけ食べることもでき，フカフカの布団で眠ることもできるよね。けれども，それができない人もいる。美味しいご飯が食べたいのに，ゆっくり心地よく眠りたいのに，できなくて辛い人がいるのに，どうして暴力を振るったり暴言を吐いたりして，さらに辛い思いをさせようとするの？ホームレスは，皆なりたくてなったわけでもない。私たちだって，なる可能性はある。ホームレスだって私たちと同じ人間だから，そうやって差別的に見るべきではないと思うよ。Cさんだって，同じことをされたくはないでしょ？

(3) 評価について
ア　手紙文を評価する

　ねらいについて十分に達成できる発言や手紙文の記述が見られる。特に，グループで記述した手紙文を読み合う場面では，「本当にそうだよね。」「この言葉は心に響く。」などの言葉が交わされ，社会正義を実現しようとする心情や，実践につながる意欲が高まっていた。

イ　これからの自分に期待することを評価する

　『ビッグイシュー日本版』の出版は，創刊前には，「100％失敗する」といわれていた。その理由として「若者の活字離れ」，「路上販売の文化がない」「有料」「路上生活者からは買わない」の4点が挙げられていた。これらの課題を乗り越え，現在も活動が継続していることを伝える。

　同社のHP掲載されている「ホームレス状態の人が路上を脱出するために，ビッグイシューとあなたでできることがきっとあります。」という言葉を説話の中で紹介し，この呼びかけに応ずることができるような前向きな姿勢と実践への意欲を，今後の自分に期待することとして，「道徳ノートに記す」学習活動を展開している。

　　　　　　　　　　　　　　　　　　　　　　　　　　　　　　　（神山直子）

7　本実践事例の価値とアドバイス

東京純心大学　神山直子

　本実践は，路上生活者の問題を取り上げた事例に基づいている。いじめ問題に先んじて，ホームレス問題に関しては法令等が整備され，対策は着実に進展しているものの，根本的な解決に至っているとは言えない。

　むしろ，炭谷茂氏（2018年）の言葉をお借りすれば，「ホームレスの問題は新しい局面に入った」と言うことができる。全国調査によれば，ピーク時の平成10年前後は，全国に3万人であったが，平成30年の調査では，4977人であると報告されている。その一方で，24時間営業のネットカフェや飲食店等で日々を送る若者が急増している。

　本校では，2年間にわたり炭谷茂氏を校内研修の講師として招き，本実践の改善・充実を図ってきた。学校として，新たな題材を取り上げ，教材化する際に取るべき手続きとして，大変参考になる。丁寧な教材研究，専門的な知識等に支えられた実践であることが，学習指導案の「指導上の留意点」に表れている。

　中学生が起こした事件の背景には，路上生活者に対する偏見や差別意識があったこと，またこの偏見や差別意識は，いじめ問題に通ずるものがあることに気付かせている。さらに，路上生活に至るまでのやむを得ない事情があることや路上生活者の努力する姿は，生徒が自ら得ることは難しい情報である。だからこそ，教師が，路上生活者に関わる正しい知識や情報を生徒の思考にそって提供しながら，道徳科授業として成立させたことに，本実践の価値がある。

　人格の完成を目指す教育の営みにおいて，路上生活は決して生徒に推奨する状況ではない。しかし，同じ今の時代に暮らす人としての価値に変わりはなく，人間としての尊厳は尊重されるべきものである。今まさに人間の尊厳を傷付けようとしている友に，あなたはどのように働きかけることができるか。本実践事例は，この問いに向き合い，現在考え得る答えを「手紙」にまとめ，それを交流・議論するという思考の流れを重視している点に着目したい。

　終末に教師の説話として「ビッグイシュー日本」の活動を紹介する教師の説話を計画しているが，路上で生活する人に思いを馳せ，友達を諫めようとする真摯な手紙には，人の心を揺り動かす力がある。友達の意見を踏まえ，路上生活の実態や友達にかける言葉をさらに書き加えたいなどの応答が生まれるなど，生徒間の交流が充実したものとなった場合には，教師の説話は行わず，もう一度手紙を読み直す活動で，授業を終えたい。

　「考え，議論する道徳」とは心に沁みる静寂の中にも成り立つことを，本実践を通して学ぶことができた。

II④ 情報社会の中で必要な判断力と行動力を道徳科授業で育てる

東京都武蔵野市立第二中学校

1 主題名　自分の心の狭さに気付くことで相互理解を深める
内容項目　B 相互理解，寛容　　　　対象学年　中学校第3学年
教 材 名　『言葉の向こうに』出典「私たちの道徳　中学校」文部科学省

2 主題設定の理由
(1) ねらいとする道徳的価値について

　情報通信技術の飛躍的な発達は，現代の生活に図り知れない恩恵を与えてくれた。しかし，その一方で，インターネット上での誹謗中傷やいじめ，インターネットを介した犯罪や違法・有害情報の問題等が多発している。こうした背景から，人が互いに尊重し協働して社会を形づくる上で共通に求められるルールやマナーを学び，規範意識などを育むとともに，謙虚に他に学び，自らを高めていく学習が大切である。ここでは，インターネットという通信手段を通して自分の心の狭さに気付くことでそれぞれの立場を尊重し，いろいろなものの見方や考え方があることを理解して，寛容の心をもとうとする態度を育てる。

(2) 生徒の実態について

　中学3年生は，ものの見方や考え方が確立するとともに，自分の考えや意見に固執する傾向も見えてくる。また，自分と他者の考えや意見の違いから仲間だと思っていた関係に摩擦が生じ，悩んだり孤立したりする場面も少なくない。その一方で，偏った考えや意見に過剰に同調する傾向も生じやすい。そこで，自分の考えや意見と他者との差異を理解して，自分を振り返り，広い視野に立っていろいろなものの見方や考え方があることを理解しようとする判断力と行動力を育むことはきわめて重要である。

(3) 教材について

　主人公の加奈子は，インターネットでヨーロッパのサッカーチームのA選手のファン仲間との交流を楽しんでいる。ある試合後，A選手への悪口の書き込みに気付き，怒った自分も応酬したところ，ファン仲間に非難されてしまう。「あなたの言葉の向こうにいる人々の顔を思い浮かべてみて。」という言葉から，自分の書き込みを読んでいる受け手の存在を忘れていた自分に気付くという教材である。日常生活の中で起こりがちな出来事を

扱ったこの教材で，ものの見方や考え方の多様性を実感しながら，寛容の心をもち謙虚に他に学ぶことで自己を高め，情報社会で適切な判断力と行動力を育みたい。

(4) 授業構想の工夫

インターネット上のファンサイトでの中傷の書き込みに対して，「冷静さを失い，応酬する加奈子」→「ファンサイトで書き込みを責められる加奈子」→「字面だけにとらわれて，寛容さを失い，言葉の向こうに『人』がいることを忘れていたことに気付く加奈子」という三段構えで，主に自我関与を取り入れた授業構想を工夫する。また，小集団で学び合う活動を通して，他者の意見から様々な見方・考え方・感じ方に触れ，自分の考えを深め，整理する時間や自己存在感を味わえるようにする。

相手からの情報を受け取り，自分が発する言葉の先に「顔」をもった他者がいることに気付くことで，コミュニケーションをとるうえで大切な視点である情報モラルについても考えることができる授業としたい。

(5) 板書計画

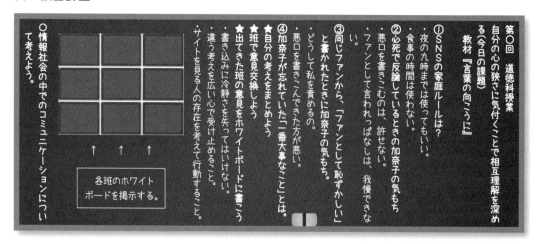

3 ねらい

自分の心の狭さに気付くとともに，それぞれの立場を尊重し，いろいろなものの見方があることを理解して，寛容の心をもとうとする態度を育てる。

[引用文献]

・『中学校学習指導要領(平成29年告示)解説「特別の教科　道徳編」』2017年7月

4 学習指導過程

	学習活動	主な発問と予想される生徒の反応	指導上の留意点
導入 5分	1 身近な生活を振り返る。	【発問1】SNSを使う時の家庭ルールは,あるか。 ・夜の九時までは使ってもいい。 ・食事の時間は使わない。	・身近な生活を振り返らせながら,展開につなげる。
展開 前段 25分	2 『言葉の向こうに』を読み,内容の問題点を考える。	【発問2】必死で反論しているときの加奈子は,どのような気もちだったのだろうか。 ・悪口を書きこむのは,許せない。 ・ファンとして言われっぱなしは,我慢できない。	・心ない書き込みを読んだときの加奈子のいたたまれない心情に気付かせる。 【切り返しの発問】 →加奈子の言葉がエスカレートしたのはどうしてか。
		【発問3】同じファンから,「ファンとして恥ずかしい」と書かれたときに加奈子はどんな気もちだったのだろうか。 ・どうして私を責めるの。 ・悪口を書きこんできた方が悪い。	・同じファンから忠告されて,自分の行為が認められない加奈子の心情を考えさせる。
展開 後段 15分	☆ワークシートを配布し,個人で考えた後,4人班で議論し,発表させる。 集団検討	【発問4】加奈子が忘れていた「一番大事なこと」とはどんなことか。【中心発問】 ・書き込みに冷静さを失ってはいけない。 ・違う考えを広い心で受け止めること。 ・サイトを見る人の顔を考えて行動すること。	・インターネットのコミュニケーションで加奈子の心が狭くなり,見失っていたものを考え,「寛容」について考える。
終末 5分	3 「自分にプラス1」を考える。	【発問5】今日の学習から情報社会でのコミュニケーションについての自分の考えを書く。 ・インターネットでは,自分が発する言葉の先に他者の存在があることを考え,それぞれの意見や考えを理解して行動できるようになりたい。	・情報社会の中でのコミュニケーションについて自分との関わりで考えさせ,寛容の心をもとうとする態度を育てる。

5 評価
(1) ねらいについて
　インターネットという通信手段での出来事を通して，自分の心の狭さに気付くことでいろいろな見方があることを理解し，自分の考えや意見と相手との差異を理解する**発言や記述があったか**。また，情報社会の中でのコミュニケーションを自分との関わりで考え，寛容の心をもって自分を高めていこうとする態度を育てることができたか。

(2) ねらいを達成できる授業構想であるか（検証・評価）
　生徒が情報社会の中では，常に言葉の向こうにいる相手の存在を意識し，自分の考えや意見に固執することなく，謙虚に他に学ぶ気もちが大切であることに気付かせ，適切な判断力と行動力を育てる授業展開であったか。

6 実践の手引き
(1) 授業づくりの工夫（「考え，議論する」道徳科の授業展開の改善）
　本教材では，「考え，議論する」道徳科の授業展開を工夫した。展開での3つの発問は，登場人物への自我関与が中心の学習である。ここでは，教材を読んで，登場人物の判断や心情を類推することを通して，道徳的価値を自分との関わりで考えることをねらった。
　展開最初の発問は，「必死で反論しているときの加奈子は，どのような気もちだったのだろうか。」であるが，ここでは，ファンサイトでの中傷の書き込みに対して，冷静さを失い，応酬する主人公の心情に迫らせる。また展開2つ目の発問では，同じファンから，「『ファンとして恥ずかしい』と書かれたときに加奈子はどんな気もちだったのだろうか。」とし，ファンサイトで書き込みを責められる加奈子の姿から，必死の反論が認められない主人公の心情を類推する。そうすることで，自分の考えや意見に固執することで生じた葛藤が，次の発問につながり，自分だったら主人公のように考え，行動することができるかどうかについて深く考えるようになる。展開最後の発問「加奈子が忘れていた『一番大事なこと』とはどんなことか。」は，中心発問である。インターネット上の字面だけにとらわれて，寛容さを失い，言葉の向こうに「人」がいることを忘れていたことに気付いていく主人公について，自分との関わりで考えた後に，4人班で議論し，意見交換する。他者の意見を聞くことで，多面的・多角的に様々な見方・考え方・感じ方を知るとともに，自分の考えを深め，整理しながら相互理解・寛容への理解を深めることができる。
　終末では，情報社会の中でのコミュニケーションについて考えさせ，相互理解の大切さから寛容の心を育てるとともに，適切な判断力と行動力を身に付けさせる。こうした授業

展開を通して,「考え,議論する」道徳科の授業づくりに取り組んだ事例である。

(2) 実際の授業の様子(展開の改善による生徒の変容)

　中心発問の『一番大事なこと』を問う場面では,「書き込みに冷静さを失ってはいけない。」「違う考えを広い心で受け止めること。」「サイトを見る人の顔を考えて行動すること。」という生徒発言を予想した。実際の授業では,「言葉の奥にある思いや気もちを交わし合うことの大切さ」や「インターネットでやりとりしている言葉は,発信者の全部ではなく一部だと考えて対応することの重要性」にまで考えを深めた生徒がいた。

　インターネットの世界で生活している中学生が,インターネットを利用しているからこそ,理解し共感できる今回の教材を通して,情報モラルとともに書き込みによる摩擦が生じたり,悩み,孤立する場面に寄り添うことができたりしたと考える。いろいろなものの見方や考え方から学び,自分自身を高め,他者と共に生きることは,情報社会の中で必要な判断力と行動力を育てることにつながる。真の相互理解が可能になることが少しずつわかっていく中学生という発達段階の中で,効果的な指導ができる教材であると考える。

(3) 評価について

　ねらいの「自分の心の狭さに気付くとともに,それぞれの立場を尊重し,いろいろなものの見方があることを理解して,寛容の心をもとうとする態度を育てる。」についての評価である。今回の授業では,加奈子が忘れていた「一番大事なこと」について,4人班で意見交換し,班に1枚ずつ配布したホワイトボードに班員の意見を書き出して,学級全体で共有するという手法を用いた。多くの班で,書き込みの危うさや自分と異なる他者の立場や考えを尊重するという意見が紹介されたが,他者から学んでいくことの大切さや発信者の責任感に気付いた生徒の意見もあった。

　評価については,生徒一人一人の人間的・道徳的な成長を温かく見守り,共感的な理解に基づいて,よりよく生きようとする姿を認め,励まし,勇気付けることが大切である。本教材は,人権教育が育成を目指す価値や態度の視点から評価に結び付けることも可能である。人間の尊厳の尊重,自他の人権の尊重,多様性に対する肯定的評価,責任感,正義や自由の実現のために活動しようとする意欲等と関連を図りながら,生徒の道徳性の成長を振り替えらせたい。

　終末の自分にプラス1は,情報社会でのコミュニケーションについての自分の考えをまとめることで,生徒一人一人の人間としての生き方についての考えを深める学習となる。こうした学習も生徒の成長を見取る評価として扱っていきたい。

7　本実践事例の価値とアドバイス

東京都武蔵野市立第二中学校　菅野　由紀子

　本実践事例は，現代的な課題である「情報モラル」を道徳科の内容項目「B　相互理解，寛容」の教材として扱い，道徳授業の学習内容に取り入れた実践例である。

　情報通信技術の飛躍的な発達は，現代の生活にスピード感とともに多大な恩恵を与えている。しかし，その一方で，インターネット上での誹謗中傷やいじめ，インターネット犯罪や違法・有害情報の問題等が多発している。そうした中でも，中学生のスマートフォンの所有率は年々高まっており，電子メールやSNSを介したからかいやいじめ，誹謗中傷が人間関係を悪化させ，不登校生徒を増やしたり，時には自殺に追い込んだりする事態を引き起こし，深刻な問題となっている。そこで，『言葉の向こうに』の自我関与を中心とした学習を通して，主人公の判断や心情を類推することを通して，道徳的価値を自分との関わりで考える授業展開を工夫した。また，授業の終末に「自分にプラス1」として，今日の学習から情報社会でのコミュニケーションについての自分の考えをまとめる時間を設定し，情報社会の中でのコミュニケーションの取り方の危うさについて自分との関わりで考えさた。情報モラルについて考え，顔の見えない相手の存在を意識し寛容の心をもとうとする態度を育てることで，自らの成長を実感したり，課題や目標を見付けたりする授業づくりに取り組んだ実践事例である。

　「中学校学習指導要領　解説　特別の教科　道徳編（平成29年7月）」の第4章指導計画の作成と内容の取扱いに，次のような記述がある。

　「授業では，学習の始めに生徒自らが学びたいという課題意識や課題追究への意欲を高め，学習の見通しなどをもたせることが大切である。道徳科においても，それらを踏まえ，教材や生徒の生活体験などを生かしながら，一定の道徳的価値に関わる物事を多面的・多角的に捉えることができるようにする必要がある。さらに，理解した道徳的価値から自分の生活を振り返り，自らの成長を実感したり，これからの課題や目標を見付けたりできるようにすることが望まれる。(p.90)」

　本実践事例は，情報モラルを身に付け，電子メールやSNSを適切に扱うことができるようにすることがねらいの中心ではない。道徳科の授業として生徒が自分の生活を振り返りながら他者の意見を聞くことで，多面的・多角的に様々な見方・考え方・感じ方を知るとともに，自分の考えを深め，整理しながら相互理解・寛容への理解を深めさせる指導を期待したい。

新聞記事から，二項対立する課題について話し合う

東京都北区滝野川第二小学校　中塩　絵美

1　主題名　自然を愛する心とは
　内容項目　D 自然愛護　　　対象学年　小学校3年生以上
　教材名　「哲学の木」（平成28年2月25日付新聞記事より）

2　主題設定の理由
(1)　ねらいとする道徳的価値について

　人間は地球に住む生物の一員であり，環境との関わりなしには生きてはいけない存在である。自然の美しさや素晴らしさには理屈抜きで感動する。一方，科学技術の進歩等に伴う物の豊かさ，便利さは人間が本来もっていた感性や資質を弱くしてしまっているとも言われる。

　本教材は新聞記事からの抜粋である。北海道の有名なポプラの木（愛称「哲学の木」）が，観光客のマナーの悪さと木の老朽化のために，所有者が伐採したという記事であった。観光客の中には遠方から来る愛好家も多く，畑に入って写真を撮るなどしていた。観光協会からのマナーについての呼びかけがあったにも関わらず，畑に踏み込まれることが後を絶たなかった。観光客は「哲学の木」に対しての思い入れは強く，また，所有者にとってもそれは同じであった。

　しかし，このような結果になったのは何が原因なのだろうか。自然を愛する気もちは人間のエゴであってはならない。美しい自然を守るためには，多面的・多角的に物事を考えていかなければならないことに気付かせたい。環境破壊が進んでいく中で，自分たちが身近な暮らしの中でできることは何だろうかと考え，現状の改善に自分たちのできることから少しずつでも実際に取り組んでいこうとする実践意欲を育てたい。

(2)　児童の実態について

　児童は，動植物を育てる経験を通して，生き物の大切さや愛おしさを学んでいる。しかし，自然環境についてじっくりと考える経験はそう多くはない。自然を大切にすることが，自分たちの環境を守ることにつながることに気付かせ，環境保全の必要性について考えさせたい。そのためには自然に親しみながら，自然のもつ美しさや素晴らしさを感得できる

ようにする必要がある。本時では写真の資料を用いて，「哲学の木」と呼ばれたポプラの木の美しさに触れさせる。それが所有者によって伐採されるに至った経緯には，皮肉にもそのポプラの木の美しさに魅了された観光客のマナーの悪さが一因として挙げられていた。児童には，観光客と所有者，そして観光協会という3つの視点から，自然の美しさを守るために自分たちにできることは何かを多面的・多角的に考えさせたい。

　児童は話合い活動で，自分の主張をすることを得意とする児童がいれば，そうでない児童もいる。自分の主張を通すことを目的にすると，その話し合いの折り合いを付けること，よりよい解決を求めることが疎かになる傾向がある。ねらいとしていることについて，真剣に考え，議論するからこそ，道徳的価値の理解が深まるといえる。また，多様な意見を聞き合う過程を通して，一つの物事を多面的，多角的に捉える視点を育てたい。

(3) 教材について

　本教材は，朝日，毎日，読売各新聞社の記事を参考にしたものである。北海道の有名なポプラの木（愛称「哲学の木」）が，観光客のマナーの悪さと木の老朽化のために，所有者が伐採したという記事であった。このような結果になったのは何が原因なのだろうか。自然を愛する気もちは人間のエゴであってはならない。美しい自然とともに私たちが生きていく環境を守りながら発展させていくためには，資源や環境について多面的・多角的に考えていかなければならないことに気付かせたい。

(4) 授業構想の工夫（多面的な見方を促すための工夫）

　本時ではまず児童自身がどの立場に共感するかを明らかにした。その際，各自でカラーコーンを使用し，それぞれがどの立場に共感しているのかを視覚化させる。次に「農家」「観光客」「観光協会」のそれぞれの立場から哲学の木を眺めた時，どんな思いや考えが浮かぶのか当事者の心情を想像し，話し合う。子供たちは対立する意見や考えの中から，「本当は哲学の木を守りたかった」というお互いの共通項を見出すとともに，立場によって見方が変わるという多面的な見方ができるのではないかと考えた。その気付きを元に「自分たちはどうすれば自然環境を守ることができるのか，未来のためにできること」を考えさせる。

(5) 板書計画

3 ねらい

　名所であったポプラの木を伐採した農家の思いと，ポプラの木の愛好者たちの思いの両面から考え議論することを通して，一つの事象には多面的な見方が必要であることに気付かせるとともに，自然を愛し，守ろうとする実践意欲を育てる。

4 学習指導過程

	学習活動	主な発問と予想される児童の反応	指導上の留意点
導入 5分	1　教材について知る。	【発問1】この写真の木を見て，どう感じますか。 ・きれい。かっこいい。 ・行ってみたい。・大きい木だな。 「しかし，この木はもうありません。」	・写真資料を用いてその美しさに触れる。
展開 前段 30分	2　新聞記事を読み，考え，話し合う。 ★木を伐採すべきか，伐採すべきではなかったか，それぞれの立場を明らかにする。	【発問2】「哲学の木」を伐採すべきだったのでしょうか。 「伐採すべき」 ・観光客のマナーが悪いから仕方がない。 ・畑に入るほうが悪い。 ・言っても無駄だった 「伐採すべきではなかった」 ・ちゃんと柵を立てて，ルールを作ればよかった。	・色コーンを用いて，伐採すべきなら赤，伐採すべきでなければ青のコーンで意見を表明させる。 ・机の配置を「コの字型」にする。

		・木だって生きているんだから切ったらかわいそう。 ・遠くから見に来たのに残念。 ・もったいない。		
	★フロアを3つに分け，それぞれ「観光客」「所有者の農家」「観光協会」の立場になって話し合いをさせる。	【発問3】それぞれの立場だったらどう考えますか。 「観光客」 ・どうして切ってしまったのですか。もっと木を保存することだってできたし，遠くからわざわざ見に来ていたのに，もう無いなんて残念です。 「所有者の農家」 ・私だって切りたくなかった。でも何度注意しても変わらないし，畑の作物が取れなくなったら生活できなくなる。 「観光協会」 ・この町の観光は農家の畑の風景が名所となっている。農家を大事にし，観光客にもたくさん来てもらいたい。私たちがマナーを呼び掛けても変わらないのでは困ってしまう。	・自分の考えから一旦離れて，役割を担って話し合いをする。
展開 後段 5分	3 話し合いで気が付いたことをもとに，考えを深める。	【発問4】今回の話し合いから自然を守るためにどうするべきなのか考え，学んだことは何ですか。 ・自分たちの立場ばかりを主張しても話し合いは終わらない。 ・相手の意見を聞いて，一緒にどうしたら自然を守れるのか考えなければならない。	・解決策を見いだすためには一方的な言い分だけでは，解決できないことをに気付かせる。
終末 5分	4 持続可能な社会の実現(ESD)について知る。	持続可能な社会の実現(ESD)とは，自然から搾取するだけではなく，将来に向けて需要と供給のバランスが整うように，自然との共存を目指す。そのために自分たちにもできることを考えていかなければならない。	・ねらいとする道徳的価値について押さえる。

5 評 価

(1) ねらいについて

　ポプラの木の伐採という事象を多面的・多角的な視点から見つめ，自然を愛し，守るた

めには様々な立場から考えることが必要であることについて考えを深める。

美しい自然を守るために、自分たちなりにできることを考える。

(2) ねらいを達成できる授業構想であるか(検証・評価)

対立する2つの立場からの話し合い活動であったために、議論は活発であった。「自然環境を守るためにはどうしたらよいのか」という問いに対し、結論や正解ではなく、多面的、多角的な見方が必要であることに気が付くことができた。また、終末で持続可能な社会の実現(ESD)について触れることで、自然環境を守ることは、自分たちに託された課題であることを押さえ、これからも考え、実践していく必要があることに気付かせる。

[引用文献]

・『ESD教材活用ガイド』財団法人ユネスコ・アジア文化センター，2009年

6　実践の手引き

(1) 授業づくりの工夫(考えの違いや、役割を識別するためのカラーコーンの活用)

本時では「考え、議論する道徳」を実現するために、まず児童自身がどの立場に共感するかを明らかにした。その際、各自でカラーコーンを使用し、赤コーン：観光客、青コーン：所有者の農家、としてそれぞれがどの立場に共感しているのかを視覚化させる。しかし、実際には一つの立場からの見方ではなく、多様な見方をすることが問題の解決につながることに気付かせるため、自分の選んだ立場以外の立場に立たせて、議論させる。その際にも視覚的にわかりやすくするため、赤コーン：観光客、青コーン：農家、黄色コーン：観光協会(農家を守り、町の美化に努めることで観光客を増やしたい。)と、それぞれの立場を明示する。

(2) 実際の授業の様子(立場の違いからの議論)

個々の児童の考えを明らかにするとともに、その考えの変化を見取るために、視覚化する手立てとして、カラーコーンを使用した。最初に子供たちに、「木を切るべきだったのだろうか。」と聞くと、3分の2の児童が「切るべきだった」を表す赤コーンを表示し、「切るべきではなかった」の青コーンは3分の1であった。お互いの考えの違いから、「えー」という声が上がり、「だってさぁ…」とそこから少し自分の考えを主張する声も上がった。そこで、それぞれの意見を聞き合う場を設けた。

次に多面的、多角的に考えるために、それぞれの思いから一度離れて、観光客、農家、観光協会の役割を当て、それぞれを青コーン、赤コーン、黄色コーンと明示させた。視覚的に色による一体感をもたせることで、集団としての団結力が高まり、また、机の配置を

「コの字型」にすることで話合いの形を整えた。注目すべきは，それまで熱心に「マナーが悪いんだから切るべきだ」と主張していた児童は，観光客の立場に立った途端に，「マナーの悪さが問題じゃない。柵を作ったら良かった。」と主張しだした。その後，観光客，農家とそれぞれが意見を主張する場を設けて，意見をまとめて板書した。

　最後に今回の話合い活動の感想を聞くと，「自分たちの意見を主張するばかりでは，話合いにならないし，色々な見方をしないと解決しないことが分かった。結局，木を切らないと，この話し合いは終わらないと思う。」と答えた。このことから，多面的，多角的な見方の必要性に気が付くことができたのではないかと考えられる。

(3) 評価について

　児童が得た気付きや価値理解，友達との話合いからお互いの感じ方を知る他者理解，自分との関わりで深く考えた人間理解，そしてそれらに基づく実践意欲など，児童がどの段階で深まったかを学習状況から見取り，児童が自己肯定感を高められるように評価することによって，意欲が高まると考える。今回は発言による評価を行い，これまでの道徳授業ではあまり発言のなかった児童が熱心に話し合っていたことを認め，「意欲的に話し合い活動に参加していた」と，その学習の様子を評価した。

7 本実践事例の価値とアドバイス

東京都武蔵野市立第二中学校　菅野　由紀子

　本実践事例は，現代的な課題である持続可能な開発のための教育(ESD)を内容項目「D自然愛護」の道徳授業の学習内容に取り入れた実践例である。

　今，世界には環境，貧困，人権，平和，開発等の様々な問題がある。持続可能な開発のための教育は，これらの現代社会の課題を自らの問題として捉え，身近なところから取り組み，それらの課題の解決につながる新たな価値観や行動を生み出すことにより持続可能な社会を創造していくことを目指した学習や活動にある。こうした背景を受けて，本事例では，新聞記事から二項対立する課題に向き合い，立場を変えて様々な考えを理解し，他者と協働して多面的・多角的な授業づくりに取り組んでいる。

　本事例は，農作物を守るためにポプラの木を伐採した農家と，ポプラの木の愛好者たち・観光協会の三者の思いを通して，多面的な見方が必要であることに気付かせるところに価値がある。それと同時に，授業の展開を通して自然を愛し，守ろうとする実践意欲を育てることが可能な事例である。特に，農家と愛好者たちへの自分の考えを明確にしてから，それぞれの考えから離れ，役割を担い話し合いをすることで，一方的な言い分だけでは解決策が見つからないことに気付かせ，自主的，積極的に環境を保全しようとする実践意欲を育てることができる。

　指導のアドバイスとしては，展開後段の「今回の話し合いを通して自然を守るためにどうするべきなのか」を本授業の主題に迫る発問として重視したい。「小学校学習指導要領（平成29年告示）解説　特別の教科　道徳編（平成29年7月）」の第3章道徳科の内容(2)指導の要点の第5学年及び第6学年に，「自然環境と人間との関わりから，人間の生活を豊かにすることを優先し，十分な思慮や節度を欠いて自然と接してきたことに気付かせたい。その上で，人間も自然の中で生かされていることを自分の体験を基に考えられるようにすることが必要である。(p.67)」とあるが，立場の違いからのポプラの木への思い入れの強さを，人間と自然との共存の在り方を真に考えるきっかけとしたい。そして，本事例が自然環境を大切にし，持続可能な社会の実現に努めようとする実践意欲や態度の育成につながることを期待したい。

Ⅱ⑥ 郷土を愛し，郷土のために尽くす態度を道徳科授業で育てる

東京都武蔵野市立第二中学校

1 主題名　郷土のために自分が寄与しようという意識を高める

内容項目　C 郷土を愛する態度　　　　対象学年　中学校第1学年

教材名　『稲むらの火』　出典「尋常科用　小學國語讀本　巻十」文部省

2 主題設定の理由

(1) ねらいとする道徳的価値について

「郷土」とは，自分が生まれ育った土地である。その土地で育てられたという精神的なつながりがある場所であり，心の拠り所とも言える。現代社会では都市化が進み，郷土に対する愛着や地域社会への意識が希薄になっている傾向がある。そして，郷土に対する誇りや郷土意識，地域社会に対して主体的に関わろうとする心や態度を育成する機会は限られており，そう多くはない。生徒にとって，地域社会は家庭や学校とともに大切な生活の場所である。こうした背景から，ここでは，安全確保に視点を置き，**地域社会の一人として郷土のために自分が寄与しよう**という意識を高める。

(2) 生徒の実態について

中学生になると自我の確立とともに，自分の世界で物事を判断する傾向がある。また，昨今の自然災害から地域防災への関心が高まる中で，希薄であった中学生の意識も，地域の人々とともに地域の安全に努めようとする方向に変わりつつある。こうした状態に鑑み，自分の世界だけではなく，家族や社会に尽くした先人や高齢者などによって自分が支えられて生きていることを自覚し，尊敬と感謝の気もちを深めることが大切である。そこで，地域の人々の安全確保のために先人が判断し，取り組んだ偉業を通して，郷土や地域のために自分ができることを考え，郷土のために自分が役に立とうとする意識を高めたい。

(3) 教材について

本教材は，安政元年(1854)11月4日，5日の2回にわたって安政南海地震が広村(現在の和歌山県広川町)を襲い，その後大津波が押し寄せてきたという実話をもとに作られた物語である。地震後の海の様子から大津波を予知した主人公の五兵衛は，収穫して積み上げていた貴重な稲むら(稲の束を積み上げたもの)に火をつけ，村人に大津波の襲来を知ら

せ，必死で村人を非難させる。後日談として，主人公の五兵衛のモデルとなった濱口梧陵は，巨額の私財を投じて，再来する津波に備えて高さ5m，幅約600mの広村堤防（防波堤）を築く。津波から村人の命を救い，村を守るために堤防を建設した先人の偉業を教材とした道徳科授業を通して**郷土に対する認識を深め，郷土のために役に立とうとする意識を高めたい。**

(4) 授業構想の工夫

地震が起きた直後，「地震後の『これはただ事でない』という五兵衛のつぶやきの意味」→「稲むら（稲の束を積み上げたもの）に火をつけた五兵衛の思い」→「巨額の私財を投じて，広村堤防（防波堤）を築いた濱口梧陵という人物について」という発問を中心に授業を展開する。特に，最後の発問については，郷土に対する誇りや郷土意識，地域社会に対して主体的に関わろうとする心や態度を考えさせ，本授業の主題「**郷土のために自分が寄与しようという意識を高める**」につなげる。また，小集団で学び合う活動や整理する時間を通して，他者の意見から様々な見方・考え方・感じ方に触れ，自分の考えを深め，自己存在感を味わえるようにする。

(5) 板書計画

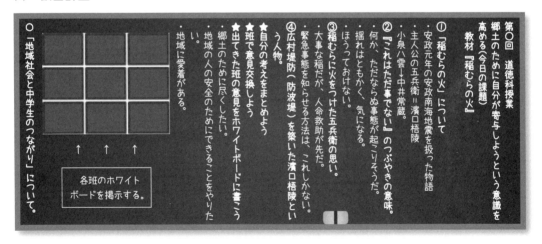

3 ねらい

安全確保の視点から，地域社会の一人としての自覚を育て，郷土のために自分が寄与しようという意識を高める。

[引用文献]

・文部省『尋常科用　小學國語讀本　巻十』

4　学習指導過程

	学習活動	主な発問と予想される生徒の反応	指導上の留意点
導入 5分	1　「稲むらの火」について知る。	【発問1】「稲むらの火」について知っていることはあるか。 →ない場合，教師から説明を受ける。 ・安政元年の安政南海地震を扱った物語である。 ・主人公の五兵衛は濱口梧陵がモデルである。 ・小泉八雲が短編集で梧陵を紹介し，中井常蔵が物語を作った。	・濱口梧陵の実話をもとに作られた物語であることを押さえ，展開につなげる。
展開 前段 25分	2　「稲むらの火」を読み，内容の問題点を考える。	【発問2】『これはただ事でない』の五兵衛のつぶやきにはどんな意味がこめられているか。 ・何か，ただならぬ事態が起こりそうだ。 ・揺れはともかく，様子が気になる。 ・ほうっておけない。 【発問3】五兵衛はどんな思いで稲むらに火をつけたのか。 ・大事な稲だが，人命救助が先だ。 ・緊急事態を知らせる方法は，これしかない。	・地震の揺れ方と地鳴りから異変を予知した五兵衛のいたたまれない気もちに寄り添わせる。 ・村人の安全確保のために，稲むらを燃やす五兵衛の心情に気付かせる。 【切り返しの発問】 →稲むらがなくなると生活に困るのではないか。
展開 後段 15分	☆ワークシートを配布し，個人で考えた後，4人班で議論し，発表させる。 集団検討	【発問4】広村堤防(防波堤)を築いた濱口梧陵は，どういう人物か。 ・人命を尊重し，郷土のために尽くしたい。 ・地域の人の安全のためにできることをやりたい。 ・地域に愛着がある。	・郷土を愛し，地域の人たちのために力を尽くそうする梧陵という人物に迫らせる。
終末 5分	3　「自分にプラス1」を考える。	【発問5】今日の学習から「地域社会と中学生のつながり」についての自分の考えを書く。 ・地域防災訓練に参加するなど，地域のために自分ができることを考え，いざというときに自分が役に立てるようになりたい。	・地域社会での中学生の役割について自分との関わりで考えさせ，郷土愛への意識を高める。

5 評価

(1) ねらいについて

　生徒にとって，家庭や学校とともに大切な生活の場所である地域社会の中で，安全確保に着目しながら地域社会の一人として郷土のために自分が寄与しようという意識を高める**発言や記述があったか。**また，地域社会の中での中学生の役割について，自分との関わりで考えさせ，郷土愛への意識を高めることができたか。

(2) ねらいを達成できる授業構想であるか（検証・評価）

　小集団で学び合う活動を通して，他者の意見から多面的で多角的な見方・考え方・感じ方に触れながら自分の考えを深め，安全確保の視点から，地域社会の一人としての自覚を育て，郷土のために自分が寄与しようという意識を高める授業展開であったか。

6 実践の手引き

(1) 授業づくりの工夫（「多面的，多角的に考える」道徳科の授業展開の改善）

　本教材では，「多面的，多角的に考える」道徳科の授業展開を工夫した。展開最初の2つの発問は，登場人物への自我関与が中心の学習である。3つ目の発問は，郷土の津波被害防止のために4年間，銀94貫を費やして広村堤防（防波堤）を築いた濱口梧陵の人間性に迫ることで，郷土に対する誇りや郷土意識，地域社会に対して主体的に関わろうとする人の心や態度を考えさせることで多面的・多角的な授業展開を図った。

　展開最初の発問は，「『これはただ事でない』の五兵衛のつぶやきにはどんな意味がこめられているか。」であるが，ここでは，地震の揺れ方と地鳴りから異変を予知し，五兵衛のいたたまれない心情に寄り添わせる。また展開2つ目の発問では，「五兵衛はどんな思いで稲むらに火をつけたのか。」とし，稲むらに火を付けることで収入源がなくなり，生活が苦しくなるであろうことを確認しながら，村人の安全確保のために，稲むらを燃やす決断をした五兵衛の心情に気付かせる。

　展開最後の発問「広村堤防（防波堤）を築いた濱口梧陵は，どういう人物か。」は，主題につながっていく中心発問である。郷土を愛し，地域の人たちのために力を尽くそうとする梧陵という人物に迫らせる。ここでは，自分との関わりで考えた後に，4人班で議論し，意見交換する。他者の意見を聞くことで，多面的・多角的な意見や考えから自分の考えを深め，整理しながら本授業の主題「郷土のために自分が寄与しようという意識を高める」につなげることができる。

　終末では，「地域社会と中学生のつながり」ついての自分の考えを書かせる。地域社会

での中学生の役割について自分との関わりで考えさせ，郷土愛への意識を高めていく。

(2) 実際の授業の様子(展開の改善による生徒の変容)

中心発問の『広村堤防(防波堤)を築いた濱口梧陵という人物』を問う場面では，「地域の人を守るために自分ができることをやりたい。」「収益を郷土のために有効活用したい。」という意見や考えが期待できる。濱口梧陵の偉業を知り，主題につなげる中心発問により，生徒は大きく変容することが期待できる。そのときに，教師が教材の安政南海地震から92年後の昭和21年(1946)に南海地震が発生し，高さ4～5mの津波が広村を襲ったものの，広村堤防が村の大部分を救ったという事実を伝えてから人物像に迫ることで，社会に尽くした先人のお陰で，現在の暮らしを営むことができていることを，生徒は認識できる。

長い歴史の中で，日本人は何度も自然災害に立ち向かってきた。大正12年(1923)の関東大震災や平成7年(1995)の阪神・淡路大震災，平成23年(2011)の東日本大震災だけでなく，火山や台風・風水害と，今の中学生に身近な自然災害は数多くある。日本人が災害の中で得た知識や教訓，防災の教えから，生徒が先人に対する尊敬の念や感謝の気もちを深め，今後は自分たちの力で，地域の人たちとともに，より安全に安心できる地域社会を確立していこうとする意識を高めるために，効果的な指導ができる教材であると考える。

(3) 評価について

ねらいの「安全確保の視点から，地域社会の一人としての自覚を育て，郷土のために自分が寄与しようという意識を高める。」についての評価である。今回の授業では，広村堤防(防波堤)を築いた濱口梧陵の人物像について，4人班で意見交換し，班に1枚ずつ配布したホワイトボードに班員の意見を書き出して，学級全体で共有するという手法を用いた。少人数の学習形態は，少人数グループでの学習を導入することが目的化することがないよう議論するテーマや場面を設定するなど，ねらいに即して導入することが大切である。

評価については，教師と生徒との人格的な触れ合いによる共感的な理解が存在することが大切である。今回の授業では，家庭や学校とともに大切な生活の場所である地域社会の中で，安全確保に着目しながら地域社会の一人として郷土のために自分が寄与しようという意識を高める発言や記述，地域社会の中での中学生の役割について，自分との関わりで考えさせ，郷土愛への意識を高めることができたかという点に着目した評価としたい。

多くの地域で，生徒と地域の人との触れ合いや共に協力して何かを達成するという機会が少なくなっている中で，生徒の意見を尊重し，成長を見守り，努力を認めたり，励ましたりすることによって，生徒自らが自己有用感を高め，さらに意欲的に取り組もうとするきっかけになるような評価を目指すことが求められる。

7 本実践事例の価値とアドバイス

東京都武蔵野市立第二中学校　菅野　由紀子

　本実践は，現代的な課題である「安全確保」を道徳科の内容項目「C　郷土を愛する態度」の教材として扱い，道徳科授業の学習内容に取り入れた実践例である。

　「安全確保」は，まず自分の命を守る自助，次に身近な人を助ける共助，そして，行政機関による公助によって確保される。地域との人間関係が疎遠になりがちな現代の中学生には，安全確保のために地域に貢献しようとする共助意識を育てることが喫緊の課題である。そこで，『稲むらの火』の主人公の判断や行動を通して，地域社会の成員として，地域に住む人々との連帯意識を高めるとともに地域に住む人々の命を守り，地域社会をよりよいものに発展させていこうとする自覚を持たせるための授業展開を工夫した。また，身近な人を守るために，周りの人を支えるために，授業の終末に地域社会と中学生とのつながりを**「自分にプラス１」**として，地域社会での中学生の役割を自分との関わりで考えさせ，郷土愛への意識を高めていくようにした。こうした実践を通して，中学生の自分ができることを学び，将来につなげていくことは，まさに，よりよく生きるための基盤となる道徳性を養うことである。

　道徳科の授業の中で，生徒が主体的に学習に取り組むことができるようにすることは言うまでもない。本実践事例でも，郷土に対する誇りや郷土意識，地域社会に対して積極的に関わろうとする主人公の心情や態度に寄り添いながら，これまでの自分を振り返り，これからの自分の在り方を生み出していくことができるように配慮した。

　「中学校学習指導要領　解説　特別の教科　道徳編（平成29年7月）」の第4章指導計画の作成と内容の取扱いに，以下の記述がある。

　「中学生になると，自分の考え方や生き方を主体的に見つめ直し，人間としての生き方や在り方について考えを深め，自分自身の人生の課題や目標を見付けようとする傾向が強まる。そこで，道徳科の学習では，生徒自身が人生の課題や目標に向き合い，道徳的価値を視点に自らの人生を振り返り，これからの自己の生き方を主体的に判断するとともに，人間としての生き方についての理解を深めることができるよう支援することが大切になる。(p.92)」

　中心発問で『広村堤防（防波堤）を築いた濱口梧陵という人物』を歴史上の英雄としてのみ扱うことや，終末において『地域社会と中学生とのつながり』を地域行事への参加・協力を呼びかけることなどに終始するのではなく，生徒が自分の生活を振り返り，「いざという時に，地域で頼りにされる中学生」の育成を目指し，本実践に取り組むことを推奨したい。

かけがえのない自他の生命を考える

東京都江東区立大島南央小学校　松原好広

1　主 題 名　生命尊重
内容項目　D 生命の尊さ　　　対象学年　中学校第3学年
教 材 名　「遊ぼうよー」（中学校道徳「松原好広　自作資料集」No, 3）

2　主題設定の理由

(1)　ねらいとする道徳的価値について

　「生命」の「関係性」というのは，「他とつながっている生命」であり，「一人では生きてはいけない生命」のことである。「生命」の「記憶性」というのは，「いつまでも人の心に残る生命」であり，「その心を大切にしていこうとする生命」のことである。これらの「生命」を尊ぶことは，かけがえのない「生命」をいとおしみ，自らもまた多くの「生命」によって生かされていることに素直にこたえようとする心の表れと言える。

(2)　生徒の実態について

　近年，生徒の生活様式も変化し，家族の関わりの希薄さから，生命あるものとの接触が少なくなり，「生命」の「関係性」について考える機会を失っている。また，現在のことばかりを考え，過去の「記憶」を振り返り，これからの自分を見つめることが多いとは言えない。そのため，生命軽視の軽はずみな言動を起こしたり，社会的な問題を起こしてしまったりする実態がある。

(3)　教材について

　病院内の保育所にボランティアとして参加した女子中学生である主人公が，そこで生活するタカちゃんやメグちゃんと知り合う。当初は，何気なく参加したが，そこで無邪気に振る舞う子供たちとのふれ合いを通して，彼女たちのことを「自分の妹」のように感じられるようになる。しかし，タカちゃんの死を通して，「生きること・死ぬこと」について深く考えるようになる。

(4)　授業構想について

　導入では，視聴覚教材を活用し，「病院内の保育所」の記事や写真を提示して，どのような子供がそこに通っているかなどを分かるように説明する。また，一日のスケジュール

の中に「視診，検温」の時間が設定されていることを紹介し，一般的な保育所とは事情が異なることを押さえる。

　展開では，主人公が，「なぜ，病院内の子供たちに対する思いが変わったのか」や「子供の死に直面した主人公は，その後，ボランティア活動をやめようとはしなかったのか」などを考え，主人公の心情の変化を考えるようにする。そして，「自分の妹としての生命」や「いつまでも記憶に残る生命」という観点から，「生命」についての「関係性」や「記憶性」を考えられるようにする。他の観点でとらえる生徒がいた場合は，教師はそれを否定したりせず，様々な観点が互いに関連していることを考えさせる。

　終末では，道徳シートを活用して，教材のその後のシナリオを作成させたり，ナレーターの説明文を考えさせたりする。これにより，生徒は話し合いで深めた価値を整理し，さらに自覚を深めていくことができるようになる。そして，生徒が考えたシナリオやナレーターの説明文についての意見交換を行い，それまで気付かなかったことを交流させる。

(5) 板書計画

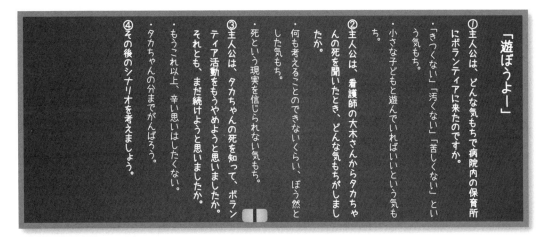

3　ねらい

　「生命」における「関係性」や「記憶性」について考え，かけがえのない自他の生命を尊重する態度を養う。

4　学習指導過程

	学習活動	主な発問と予想される生徒の反応	指導上の留意点
導入	1　「病院内保育」についての説明を聞く。	○「病院内の保育所」についての記事や写真を見る。 ・病院内保育の様子を知る。	・院内保育で説明することにより，「生命」についての意識を深める。
展開	2　教材を読んで話し合う。 ★主人公の心情の変化を通して，授業のねらいに迫る。	【発問1】主人公は，どんな気もちで病院内の保育園にボランティアに来たのですか。 ・「きつくない」「汚くない」「苦しくない」という気もち。 ・小さな子供と遊んでいればいいという安易な気もち。	・気軽な気もちでボランティアに取り組んだ主人公の心情にふれる。
		【発問2】主人公は，看護師の大木さんからタカちゃんの死を聞いたとき，どんな気もちがしましたか。 ・何も考えることのできないくらい，ぼう然とした気もち。 ・死という現実を信じられない気もち。	・主人公にとってタカちゃんは，自分の本当の妹のようであったことにふれる。
		【発問3】なぜ，主人公は，それほどまでにタカちゃんのことを考えるようになったのですか。 ・自分の本当の妹のように思えるようになったから。	・姉妹でもないタカちゃんのことが本当の妹と思えるようになったことを考えさせる。
		【発問4】主人公は，タカちゃんの死を知って，ボランティア活動をもうやめようと思いましたか。それとも，まだ続けようと思いましたか。 ・もうこれ以上，辛い思いはしたくない。 ・タカちゃんの分までがんばろう。	・主人公の辛い心情について論点を明確にして考えさせたい。
	★資料のその後のシナリオを考える。	【発問5】その後，主人公は，メグちゃんからもう一度，「遊ぼうよー」と言われました。そのとき二人は，どんな会話をしましたか。その後のシナリオを考えましょう。	・道徳シートにその後の予想される展開をシナリオにして記入し，発表する。
終末	3　教師の話を聞く	教師の経験を聞き，学習全体を振り返る。	・教師の経験談を説話とする。

5 評価
(1) ねらいについて
　生命の「関係性」や「記憶性」を理解することができたか。
(2) ねらいを達成できる授業構想であるか
　生徒が感動するに十分な教材であると考える。教材作成時，自分自身も涙を流しながら作成したのも事実である。教師が感動した教材でこそ，生徒にその感動を伝えることができる。教材作成者の思いが，生徒に伝わる授業構想であるか評価したい。

6 実践の手引き
(1) 授業づくりの工夫
　中学校の「生命尊重」の教材というと，資料を読み，ワークシートに感想を書いて終わるということが多くある。多くの生徒が，「生命」について厳粛に受け止めるものの，各自が感じたことを交流させるまでには至っていない。確かに，「生命」という重いテーマについて，意見を交流させることは難しいのかもしれない。しかし，これでは道徳科の授業として十分であるとは言えない。生徒が，「生命」について感じたことを身近なものとして引き寄せ，具体的に考えられるようにしなければならない。本実践では，生徒が，「生命」について感じたことを互いに交流できるように工夫した。具体的には，生徒の心を動かす自作教材を基に，「生徒の多様な考えを引き出す発問を行う」「教材のその後のシナリオを考えさせる」ことを取り入れた。

(2) 実際の授業の様子
教師：主人公は，どんな気もちで病院内の保育所にボランティアに来たのですか。
Ｓ１：保育所の子供と一緒に遊びたかったから。
Ｓ２：たまたま家の近くだったし，時間的にもちょうどよかったから。
教師：そのときは，「絶対に行きたい！」という気もちはなかったのかもしれませんね。でも，何回か通ううちに気もちに変化が表れたようです。それはなぜですか。
Ｓ３：病院内の子供たちと親しくなってきたから。
Ｓ４：主人公のことを子供たちがとても慕ってくれたから。
教師：なるほど。子供たちとふれあううちに，気もちが変化していったのですね。では，看護師の大木さんからタカちゃんの死を聞いたとき，主人公はどんな気もちがしましたか。
Ｓ５：「えっ，うそ。」という感じで，夢でも見ていると思ったと思います。

S6：僕も，大木さんの言っていることが信じられなかったと思います。
S7：「何で，何で。」というパニック状態になったと思います。
教師：主人公は，「タカちゃんの死」という現実を受け止めることができなかったようですね。なぜ，主人公は，それほどまでにタカちゃんのことを考えるようになったのですか。最初は，たまたま来ただけでしたよね。
S8：しばらく沈黙…。タカちゃんに対する愛情というか，思いが変わったからだと思います。
教師：どんなふうに変わったのですか。
S8：タカちゃんは，主人公にとっては保育所にいる一人の子供だったのですが，一緒に遊んでいるうちにそうではなく，自分の本当の妹のように思えるようになったと思います。
教師：最初は，他人だったけれど，タカちゃんと遊んでいるうちに，本当の妹として思えるようになったということですか。
S8：そうです。だから，タカちゃんの死というのは，他人が死んだのではなくて，自分の家族が死んだような気もちだったと思います。
教師：S8さんは，そう言っていますが，他の人はどうですか。
S9：S8さんの意見を聞いて，私もそうだと思いました。
教師：なぜ，そう思ったのですか。
S9：タカちゃんは，主人公のことを本当のお姉さんだと思って遊んでいたと思います。だから，主人公も，同じように考えていたと思います。
教師：主人公は，病院内の保育所に通ううちに，最初の頃に思っていた「ボランティアに行こう！」なんて気もちは，なくなってしまったのですか。
S9：「ボランティアに行こう！」ではなく，「ただいま！」というように，自分の家に帰って来て，妹と一緒に遊ぶような気もちになっていたと思います。
S10：病院の中の保育所だから，入院している自分の妹のところにお見舞いに行こうと思っていたと思います。
教師：いつしか主人公は，タカちゃんのことを本当の妹と思うようになっていたのですね。主人公は，タカちゃんの死を知って，ボランティア活動を「もうやめよう」と思いましたか。それとも，「まだ続けよう」と思いましたか。
S10：「もうやめよう」と思ったと思います。
教師：それはなぜですか？

S10：これ以上，家族の死を経験したくないと思ったからです。主人公は，タカちゃんのことを本当の妹のように慕っていたのですから，もし，メグちゃんまで死んでしまうのなら，もうこれ以上，同じような経験はしたくないと思ったと思います。

教師：他の人はどうですか。

S11：私も，S10さんと同じです。こんなことは，もう十分です。自分の妹が，立て続けに亡くなってしまうなんて，あまりに辛すぎます。

教師：なるほど。でも，「まだ続けよう」と考えた人はいますか。

S12：（手は挙げないが，教師に目で訴える）

教師：じゃあ，先生が指名します。S12君はどうですか。

S12：僕は…，まだ…，続けよう…と思ったと…思います…。

教師：こんなにつらい思いをしているのにですか。なぜ，そう思ったのですか。

S12：ここでやめてしまったら…，タカちゃんのことも忘れてしまうことになるんじゃないかと…。だから…，タカちゃんのことを…いつまでも…忘れないために続けようと…。

教師：でも，続けていったら，厳しい現実としてタカちゃんばかりでなく，他の子供の死に向き合わなければならないかもしれません。

S12：主人公は…，辛い経験を乗り越えていかなければ…，何も始まらない…と思ったんじゃないかと…。

教師：「辛い経験を乗り越える」S12君の意見は，これまでになかった意見でしたね。他の人は，どうですか。

S13：僕だったら，絶対に逃げ出すと思うから，S12くんの言ったような人がいたら，自分もそんな人になりたいと思います。

教師：でも，「もうやめよう」と思った人だって，「家族の死を経験したくない」という思いで感じていたのですよね。どちらにしても，自分の考えを深めて，それを実践していくことが大切なのかもしれません。では，それぞれの考えに立って，「その後，主人公は，メグちゃんからもう一度，『遊ぼうよー』と言われました。そのとき二人は，どんな会話をしましたか。」ということをきっかけに，その後のシナリオを道徳シートに記入していきましょう。

(3) 評価について

　自作教材は，生徒が身近なものとして引き寄せて考えられるように，「病院内の保育所のボランティア活動」を題材にした。活用にあたっては，感じたことを思い思いに交流させて，主人公の心情の変化を読み取るようにする。

7　本実践事例の価値と活用へのアドバイス

東京都江東区立大島南央小学校　松原好広

　「生命の教育」を実践するためには,「生命」には,生物学的な側面と精神的な側面の両面を兼ね備えていることを留意する必要がある。かつて,中学校版の「心のノート」には,「偶然性」「有限性」「連続性」の3つの観点が示されていた。しかし,この他にも様々な観点で「生命」をとらえることができる。

　「生命」の側面としてとらえることのできる観点として,「偶然性」「有限性」「連続性」「一回性」「精神性」「関係性」「記憶性」「非可逆性」「個別性」「平等性」「神秘性」などが挙げられる。そこで,本実践では,「生命」について,「関係性」や「記憶性」の観点から考えられるようにしている点に注目したい。生徒が異なった観点でとらえたり,教師の意図したものとは異なった観点をとらえたりしても,教師はそれを否定したり,取り上げなかったりするのではなく,互いに関連し合っていることを押さえる必要があるだろう。

　また,「教材のその後のシナリオを考えさせる」ことについては,生徒は,思い思いに教材の結末までのシナリオを考えることができた。ある生徒は,手術が成功し,また主人公と一緒に遊ぶシナリオを考えた。また,ある生徒は,メグちゃんが力尽きてしまったというシナリオを考えた。どちらの結末を考えるにしても,生徒が授業で深めたそれぞれの価値を整理して,それをシナリオに表した出来事にいかに向き合ったのかを考える。

　S8の生徒やS9の生徒のように,手術が成功したシナリオを考えた生徒は,主人公とメグちゃんの「関係性」を重視したシナリオを作成した。また,S12の生徒のように,メグちゃんが力尽きたシナリオを考えた生徒は,メグちゃんの「記憶性」を重視したシナリオを作成した。このように,シナリオを考えさせることは,授業で深めた価値を整理し,課題を明確にし,自分なりにその価値を発展させる思いを培うことができるのである。

　さらに,生徒の作成したシナリオを,次回の道徳科の教材の資料に活用することもできる。S8の生徒の「メグちゃんは,指輪を見せて,『ゆう子お姉ちゃん,遊ぼうよー』と言いました。」という記述を使って,そのときのメグちゃんの心情を聞くことができる。また,S9の生徒の「そう思えた瞬間,ゆう子の心にある変化が表れました。」とは,どんな変化なのかを聞くこともできる。さらに,S12の生徒の「主人公は,妹のような2人と同じ子供たちを救う存在になることを決心しました。」という記述を使って,そのときの主人公の心情を聞くこともできる。シナリオを考えさせることは,今後の教材作りの可能性も秘めているのである。

Ⅱ⑧ 多様な価値に触れ，自己理解を深める

東京都荒川区立第五中学校主任教諭　瓜生和宏

1　主題名　自分のよさの発見
　　内容項目　A　向上心，個性の伸長　　　　対象学年　中学校第1学年
　　教材名　『自分らしさとは』出典「中学生　キラリ☆道徳①」正進社

2　主題設定の理由
(1)　ねらいとする道徳的価値について

　中学生になると，自己理解が深まり，よりよく生きたいという気もちが高まってくる。一方で，自分の姿を他人と比べて思い悩んだり，不安になってきたり，自分の欠点ばかり気にしてしまう時期でもある。しかし，一人一人の人間は姿や形が違うように，人それぞれには必ずその人固有の「よさ」がある。自分自身で嫌だと思っているところも，見方を変えて磨きをかけることで，輝く個性になり得るのである。

　本時の授業では自分自身が考える「自分のよさ」と，他者から見た「自分のよさ」について考えることを通して，より深く自己を見つめ，自分のよさを伸ばしてしていこうとする態度を育てていきたい。

(2)　生徒の実態について

　平成30年度の全国学力調査において，「自分には，よいところがあると思いますか」との質問に，肯定的に回答した中学生は約8割と，5年前の状況と比較すると1割以上向上している。しかし，自己肯定感は諸外国に比べればまだまだ低い傾向にあり，かけがえのない自己を肯定的に捉えることができない生徒が一定数いる。

　中学一年生という時期は，周りの目が気になり始め，自分の意見を伝えることができず，何も言えなかったり他者に同調したりしてしまうようになってくる。また，自分のことを肯定的に捉えることができず，自分のよさを認めることができなくなる時期でもある。本時の授業を通して，自分のよさについて自分でよく考えると共に，他者から見た自分のよさを通して，より深く自己理解をし，個性を伸ばしていこうとする態度を育てていきたい。

(3)　教材について

　道徳科の公開授業の日，主人公誠一の担任だった宮野先生が見学にくる。小学校の頃は

授業中も積極的に発言していた誠一だが，最近は人の目が気になりあまり意見を言わなくなっていた。この日の授業でも，ワークシートに自分の意見は書いたものの，結局発言することはなかった。しかし後日，宮野先生は「精神的な成長が感じられてうれしい」という感想を持ったことを知る。その夜，誠一は小学校の頃と今の自分を比べて，よい点・悪い点を書き出してみるのだった。

　この教材は普段の学校の授業での一場面を題材にしており，多くの生徒にとって自分のこととして置き換えて考えやすい。中学生になると，周りの目を気にして自分の意見を発表することができなくなることが多い。その反面，自分自身と向き合い，物事を深く考えることができるようになる。それは成長の過程であり，それぞれによい面があるということに気が付く。

(4) 授業構想について

　前時の授業で「友達のよさを発見しよう」というテーマで授業を行い，クラス全員のよさについて書かせた。それを踏まえ，本時では「自分のよさについて考えよう」という問いから授業が始まる。教材を読み，主人公の気もちや気付きから，自分では悪いと思っていたところも見方を変えると長所になり得ることに気付かせる。そして主人公のように，小学校時代の自分と現在の自分の長所・短所について考えることで，よりよく生きていこうとする意識の高揚を図る。この主題については他者と議論を交わしていくことが困難であると考え，友達から書いてもらった「自分のよさ」を読むことで他者の考えを知り，自分の考えと比較することで多面的・多角的に深く考えさせ，自己内対話をすることによってねらいにせまっていく。

(5) 板書計画

　考える時間を多く確保するために，プレゼンテーションソフトを使って問いを提示する方法とした。

3　ねらい

　自分のよさを発見し，個性を伸ばそうとする態度を養う。

[引用文献]

・文部科学省『中学校学習指導要領(平成29年告示)解説　特別の教科　道徳編』
・国立教育政策研究所『平成30年全国学力・学習状況調査の結果』
・東京都教職員研修センター『道徳科　指導と評価のガイドブック』，2018年3月

4 学習指導過程

	学習活動	主な発問と予想される生徒の反応	指導上の留意点
導入 5分	1 自分のよさについて考える。	【発問1】自分のよさについて考えよう。 ・明るくて面白い。 ・与えられた仕事は責任を持ってやることができる。	・前時に考えた「友達のよさ」の記述を参考にする。
展開 前段 12分	2 『自分らしさとは』を読み，内容の問題点を考える。	【発問2】「小学校の先生か…。宮野先生，来るのかな」と言ったときの誠一はどんな気もちだったか。 ・小学校時代と違う自分たちを見たら，がっかりするかもしれない。 【発問3】なぜ，誠一は中学校に入ってから，なんとなく人と違うことをするのが不安になったのか。 ・目立つことが嫌だから。 【発問4】勇気を出して一人で発言した亜起子を見て，誠一はどんな気もちになったか。 ・自分も発言すればよかった。	・2～3人を指名する。1回1回切らずに，生徒の意見をどんどん掘り下げ，次々に発問していく。
展開 後段 23分	3 友達のよさを書いた付箋を友達のワークシートに貼っていく。 4 自分を振り返る。	【発問5】最初に自分が書いた「自分のよさ」と，友達から書いてもらった「自分のよさ」を踏まえて，小学校のころのよかった点，悪かった点と，中学校に入ってからの自分のよい点，悪い点について考えよう。	・スムーズに付箋を貼っていけるように電子黒板に図を提示する。
終末 10分	5 教師の説話を聞く。 6 今日の授業を振り返り，自己の生き方について見つめる。	【発問6】今日の授業で考えたことを，今後の生活にどのように生かして生きたいと思いますか。 ・みんなから自分のよいところを気付かせてもらえた。このよいところを宝物にして，改善するところは改善し，他の人から憧れられるような人になりたい。	・過去の自分について考え，今日の授業で新しく発見した自分のよさや可能性を前向きにまとめていく。

5 評価
(1) ねらいについて
　かけがえのない自己を肯定的に捉え，他者からの意見を参考にし，自分のよさについて多面的・多角的に考えることができた記述があったか。また個性を伸ばして充実した生き方を追求する道徳的実践意欲が高まったか。
(2) ねらいを達成できる授業構想であるか
　生徒が自己理解を深め，よりよい生き方を追求しようとする実践意欲を高めることができる授業展開であったか。友達からの記述は，自己理解について考える上で有効であったか。

6 実践の手引き
(1) 授業づくりの工夫
　学習指導要領における「内容項目A向上心，個性の伸長」の指導の要点では，『指導に当たっては，まず，短所も自分の特徴の一側面であることを踏まえつつ，かけがえのない自己を肯定的に捉え（自己受容）させるとともに，自己の優れている面などの発見に努め（自己理解）させることが大切である。自分のよさは自分では分からないことが多いため，生徒相互の信頼関係を基盤として互いに指摘し合い，高め合う人間関係を作って行くように指導することが重要となってくる。』とある。そのため，人間関係ができてきた時期を見計らい，友達から自分のよさを書いてもらうことで，自分では気付かなかった自分のよさに気付き，かけがえのない自己を肯定的に捉え，よりよく生きていこうとする態度の高揚を図った。

　そこで，前時の授業で「友達のよさを見つけよう」（内容項目B相互理解，寛容）という授業を行った。「よいところ一覧表」というワークシートを参考に友達のよさを付箋に書くというものなのだが，言葉の意味を理解していない生徒がいたため，班で言葉の意味を確認した後，クラス全員のよいところを書いた。

　本時ではそれを活用し，意見を文面でもらうことで他者の考えを知り，自分の考えと比較・検討していく「自己内対話」をさせることで深い学びを実現していこうと考えた。

ワークシートについて
・1枚のワークシートで自分の変容を捉えることができるようにした。
・自分が書いた友達のよさのワークシートをいったん本人に返し，友達のワークシートに貼って回るという展開にした。この方式をとると時間がかかる上，欠席者がいた場

合，対応が難しい。時間短縮を図るためには，教師が付箋を貼ることも考えられる。生徒の考える時間を確保するために状況に応じて工夫するとよい。

(2) 実際の授業の様子

　最初の発問で，自分のよさについてなかなか書けない生徒がいた。そこで前時に自分が書いた「友達のよさ」を参考にすることを伝えると，その言葉を使って書く生徒もいた。

　付箋を貼っていく活動の時には，間違って違う人の欄に付箋を貼ってしまう生徒がいたため，枠を設けず自由に貼らせてもよいかと思った。友達から自分のよさを書いてもらった付箋を見て，とても嬉しそうに読んでおり，それを踏まえて自分のよさについてより深く考えることができた。※写真は，一人分の付箋紙が貼られたシート。1時間の授業（50分）で完成させる。

(3) 評価について

　本授業では，ワークシートの記述からねらいが達成できたかを見取るようにした。友達から自分のよさを書いてもらうことで生徒が多面的に考え，多角的な実践意欲につながっていた。例えば，「自分で気付いていない自分のよさを知ることができたので，これからは自信をもって授業に積極的に取り組む。」「自分にはよいところがないとネガティブにならず，自分にもよいところがあるんだとポジティブに考えて明るく学校生活を送っていきたいと思った。」「みんなから自分のよいところを気付かせてもらえた。このよいところを自分の宝物にして今後も頑張っていきたい。」という記述がみられ，自分のよさに気付くだけにとどまらず，個性を伸ばしてよりよい生き方をしていこうとする意欲を感じることができた。

7 本授業の評価とアドバイス

東京都荒川区立第五中学校　岡本　芳明

　本校は平成30年度「東京都道徳教育推進拠点校」としての指定を受け，「考え，議論する道徳」～授業改善と評価のあり方～を研究テーマとし，麗澤大学大学院学校教育研究科准教授 鈴木明雄先生，東京女子体育大学教授 小林福太郎先生を講師として招聘して，実践に取り組んできた。

　本授業は「考える道徳」，「議論する道徳」の授業の実現に向けた指導の改善，生徒の学習状況や道徳性に係る成長の様子を継続的に把握し適正な評価の実施を目指し，実践研究に取り組んだ成果の集大成に位置付けられるものである。「自己を見つめ，自己の向上を図ろうとする態度を育てる」というねらいを実現させるために，自己を肯定的にとらえ（自己受容），自己の優れている面などの発見に努め（自己理解），自己との対話を深め（自己内対話）つつ，自分自身のよさや個性をさらに伸ばしていくような授業展開をポイントとして実践したものである。自分自身のよさを見付ける手法として，本授業においては，これまでの学校生活を振り返り自分自身が考える「自分のよさ」と，他者からみた「自分のよさ」について比較することで，多面的・多角的に深く考えさせ，「自分の中での議論」（自己内対話）を授業の柱とした。他者からみた「自分のよさ」については一人一人に予めクラス全員の「よさ」を付箋に書かせ，各生徒に配りワークシートに貼らせることで「自分のよさ」を視覚化・可視化させる「承認の場」を設定したことも効果的である。「自分のよさ」について最初は思い付かなかった生徒も，他者からのコメントを読み，自分を多面的・多角的に見つめることで今まで気付かなかった「自分のよさ」を発見し，この新たな「気付き」がより深く自己を理解し，個性を伸ばしていこうとする態度の育成，自己有用感，自己肯定感を高めることにつながった。自己の存在を認められたり，他者から必要とされたりする感覚が高まると，他者との関わりを肯定的に受けとめ，他者との関係をより積極的につくろうと努力し続けることや自分を肯定する気もちが高まり，意欲を生み出し，自己実現へとつながる授業となった。

　本時の評価については，「自己を見つめている」「多面的・多角的に考えている」「人間としての生き方について考えている」の観点に基づき，「学習状況の様子」と「道徳性に係る成長の様子」の2つの視点から，通知表の所見の記述を現在，工夫しているところである。指導と評価を一体化するために，生徒が自らの成長を実感し，さらに意欲的に取り組もうとするきっかけとなる評価（個人内評価）を目指し，授業で見られた姿勢や意欲等を継続的かつ丁寧に見取ることが課題であると考える。

Ⅱ⑨ 食に対する望ましい生活習慣を道徳科授業で体験を通して育む

函館短期大学食物栄養学科

1　主題名　心身の健康は「食」から

内容項目　A 節度　節制　　　対象学年　中学校第1学年
教材名　「オレンジジュース」　試飲する体験的な自作教材

2　主題設定の理由

(1)　ねらいとする道徳的価値について

　道徳科における内容項目A（節度，節制）では「望ましい生活習慣を身に付け，心身の健康の増進を図り，節度を守り節制に心掛け，安全で調和のある生活をすること」とある。一方，平成17年6月17日に制定され，平成28年4月1日より改正施行された「食育基本法」では，様々な経験を通じて食に関する知識と食を選択する力を習得し，健全な食生活を実践することができる人間を育てる食育を推進することが求められている。また第8条では食品の安全性の確保等における食育の役割として，①食品の安全性情報提供，意見交換，②食に関する知識と理解の増進，③適切な食生活の実践等が挙げられている。現在，多くの中学校では教科の時間に加えて，給食時間，総合的な学習の時間，道徳科の時間において食育の指導が行われている。これまで第3条「食に対する感謝の念と理解」は多く実践されてきたが，本事例では，食に対する安全性を常に意識し，望ましい食生活習慣形成も喫緊の課題であると考え，食における望ましい生活習慣を身に付けることをねらいとした。

(2)　生徒の実態について

　現在，全国の店舗においては，オレンジジュースに関するもの（以下，便宜的にオレンジジュースと表記）は数十種類を数え，果汁濃度も0%～100%まで様々である。それぞれの商品には固有の特徴，開発コンセプトを有するが，それらは食品表示に明解に見て取れる。中学校においては家庭科の授業で食品表示，食品添加物を扱っているが，食品表示を確認して食品を購入する習慣が身に付いている生徒はごく少数に留まっているのが実態である。また甘味料の過剰摂取に対する身体への害を知っていても，道徳的な価値「節制」はできず，飲み続けているのが多くの生徒の実態である。食品の中に何が含まれてい

るかを知り，望ましい食生活習慣の形成は，生きる上で喫緊の課題である。

(3) 教材について

現在，各種店舗には様々な種類のオレンジジュースに関するものが売られている。無果汁のものから100％果汁のもの，炭酸入りのもの等，大変バラエティに富んでいる。食品表示をみると，果汁に香料を加えただけのものから，着色料，糖分，保存料等7種類以上の食品添加物が含まれているものまである。飲み比べると味覚も様々であることから，生徒に試飲させることから授業を展開し，食品表示の存在に気付かせ，様々な食品添加物についても学習させることは生涯にわたる食品選択能力育成にも有効である。食品添加物の学習は家庭科で扱われているが，本教材は試飲という体験を通して，種々のジュースに含まれる食品添加物に気付き，身体にいいものを自ら選択する力を身に付け，自分の生き方として望ましい生活習慣を形成するものである。

(4) 授業構想の工夫

本学習では，4種類のジュースを試飲することから，その興味・関心を高め，そのモチベーションをグループのメンバーと協同して課題解決に当たる流れとした。その後，食品表示，原材料，食品添加物について学んだ後，ジュースを購入する際，好きな味で選ぶか，食品表示を確認し食品添加物に留意して選ぶかの二者択一の話し合いへ発展させる中から更なる深い思考へ誘う構成とした。

(5) 板書計画

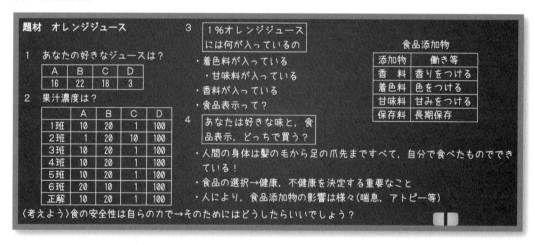

3 ねらい

節度，節制の観点で深く考え，議論することを通して，食の安全性に対する望ましい生活習慣を身に付けようとする態度を育てる。

4　学習指導過程

	学習活動	主な発問と予想される生徒の反応	指導上の留意点
導入	1　4種類のオレンジジュースを試飲し好みの順番を決める。	【発問1】どのオレンジジュースが自分の好みですか。 ・4種類のオレンジジュースを飲み比べ，迷いつつも好みの順をワークシートに記載する。	・事前に生徒数分試飲カップに取り分けておき班ごとにスピーディに配付する。
展開前段	2　4種類のオレンジジュースについて，果汁濃度を予想する。 ★自分の考えを基に班で話し合う。 個　別 ↓ グループ	【発問2】4種類のオレンジジュースの果汁濃度を予想してください。 ・果汁濃度が異なることを知り，再度試飲しながら，好みを探す試飲とは異なる反応を示す。 【発問3】班で話し合って，班としての予想を決めて下さい。 ・○は味が濃いから。100％だと思う。 ・○は香りが足りないから1％でないかな。 ・意見がまとまったら予想結果を黒板に記入する。	・果汁濃度については完全に伏せておき，この時点で初めて公表する。 ・各自の予想を基に活発な議論となるよう，机間巡視の際に適宜アドバイスを行う。
展開中段	★果汁濃度の正解を聞く。 3　果汁1％のオレンジジュース何が入っているのか考える。 ★ジュースの食品表示，食品添加物の資料を配付	★黒板上で正解を発表する。 ・正解を聞きながら，一喜一憂する。 【発問4】果汁1％のオレンジジュースには何が入っているのでしょう。〈中心発問1〉 ・現時点での各自の知識を基に，着色料，甘味料等の意見を出し合う。 ・配付された食品表示を見ながら，着色料，甘味料，香料について知り，グループで話し合う。 ・食品添加物の種類と働き等について話し合う。	・正解発表は楽しい雰囲気となるよう配慮する。 ・最初はヒント無しで話し合い，次の段階で食品表示資料を配付する。 ・食品表示の見方を説明する際に，食品添加物の専門用語は避ける。
展開後段	4　ジュースを買う時，味と内容，どちらで選ぶか班で話し合う。	【発問5】ジュースを買うとき，あなたは味と食品表示，どっちで選ぶ？〈中心発問2〉 ・せっかく飲むのだから美味しい方を買う。 ・自分は味より100％ジュースをこれから選びたい。 ・身体のこと考えるが，やはり味で選ぶ。	・アレルギー体質の人は食品添加物は注意が必要であることを伝える。 ・自由に自分の気持ちを出し合える雰囲気を作るよう配慮する。
終末	5　食品表示の存在と購入時の注意について考える。	【発問6】今日の学習から，気が付いたこと，考えたことついてワークシートにまとめよう。 ・自分の身体に留意して，食品表示を確認して購入する習慣を付けることの大切さに気付く。	・今後，買い物時の行動変容が見られることを期待するが，押しつけにならないよう留意する。

5 評価
(1) ねらいについて

　食に対する適切な判断力を身に付け，日常的に食品の安全性に配慮する姿勢の**発言や記述が見られるか**。また，今後食に関する望ましい生活習慣を身に付け，自ら心身の健康増進を図ることが**アンケート結果から読み取れるか**。

(2) ねらいを達成できる授業構想であるか（検証・評価）

　生徒が食の安全性への配慮に体験を通して気付く授業展開であったか。食に関する望ましい生活習慣への今後の意気込みが感じられる終末，アンケート結果であったか。

6 実践の手引き
(1) 実際の授業の様子

	学習活動	主な発問と生徒の授業態度等	生徒の様子
導入	1　4種類のオレンジジュースを試飲し好みの順番を決める。	【発問1】どのオレンジジュースが自分の好みですか。 ・授業内でジュースを試飲することは，あまり経験できないことで，生徒の関心は大変高かった。	
展開前段	2　4種類のオレンジジュースについて，果汁濃度を予想する。 ★自分の考えを基に班で話し合う。 個　別 ↓ グループ ★果汁濃度の正解を聞く。	【発問2】4種類のオレンジジュースの果汁濃度を予想してください。 ・一転して真剣な表情に変わり，少しずつ何度も試飲していた。100%ジュースは人気がなかった。 【発問3】班で話し合って，班としての予想を決めて下さい。 ・班長中心に楽しそうに，予想し合っていた。意見のぶつかり合いも活発に起きていた。 ★黒板上で正解を発表する ・100%について全班正解していた。	
展開中段	3　果汁1%のオレンジジュース何が入っているのか考える。	【発問4】果汁1%のオレンジジュースには何が入っているのでしょう。〈中心発問1〉	

展開 後段	★ジュースの食品表示，食品添加物の資料を配付 4　ジュースを買う時，味と内容，どちらで選ぶか班で話し合う。	・きわめて真剣に深く考える表情が見られた。 【発問5】ジュースを買うとき，あなたは味と食品表示，どっちで選ぶ？〈中心発問2〉 ・本音が多く出たことで，ジュースぐらい好きなもの派と身体にいいもの派の意見交換が教科にはないものとなった。	
終末	5　食品表示の存在と購入時の注意について考える。	【発問6】今日の学習から，気が付いたこと，考えたことついてワークシートにまとめよう。 ・深く考えたことが伝わる，文章が多く見られた。	

(2) 評価について（授業後のアンケート結果をもとに）

アンケートは，授業後，10項目について該当する内容に○をつける形式（複数回答可）で実施したが，「面白かった」，「わかりやすかった」，「ためになった」で高い評価を得た。一方，食品購入の際，食品表示を見てみたいと回答した生徒は29人と50％，「今後食品添加物に気を付けたい」は22人で37％であった。本授業のねらいである「食品を購入する際に食品表示を見る習慣を形成する」については，不十分であり，今後さらなる改善が検討されなければならないと考える。また，「もっと調べたい」という学習の継続意欲については9人と15％にとどまった。「よく考えた」についても8人，13.6％と低く改善が不可欠である。また，自由記述式のアンケートも実施したが，より深く考えを深めている記述も多く見られたので，今後は自由記述内容の分析や評価も必要と考えている。

選　択　肢	人数
面白かった	50
わかりやすかった	39
ためになった	34
買う前に原材料を見てみたい	29
またこんな授業を受けたい	25
自分でもやってみたい	23
今後食品添加物に気を付けたい	22
覚えやすいと思った	11
もっと調べてみたい	9
よく考えた	8

(3) 体験を取り入れた道徳科授業について

本実践においては読み物教材を使用せず，オレンジジュースの試飲から生徒が深く考え，議論する授業展開を実践したが，道徳科におけるアクティブ・ラーニングの視点からも評価できる。

7 本実践の価値とアドバイス

函館短期大学　藤井壽夫

　本実践事例は平成29年に告示された新学習指導要領の求める「主体的・対話的で深い学びの実現に向けた授業改善」と「特別の教科道徳」，及び「食育の推進」の三方を繋ぎ，学校教育における道徳科授業における新たな視点での「食育」の実践を目指したものである。

　平成17年7月15日に施行された食育基本法は，平成27年9月1日には最終改正がなされ，これまで内閣府にあった食育推進会議は農林水産省に移管された。また平成18年3月31日，同法に基づく食育推進基本計画が平成18年から向こう5年間を対象に決定され，平成22年の第二次推進基本計画の成果を経て，新たに平成28年から平成32年までのプロジェクトである第三次食育基本推進計画が決定・発出され（厚生労働省2016），平成18年度内に，栄養教諭の学校への配置も開始された。60年ぶりに改正された教育基本法，学校教育法，学校教育法施行規則とその背景を一にしている。この間科学技術の進歩による情報化，国際化の波は，社会の仕組み，価値観を大きく変貌させたが，学校，家庭ももちろん例外ではなかった（文部科学省2006）。特に世界中からもたらされる夥しい種類の食品は家庭における，「食」を大きく変え，社会構造の変化による朝食欠食，孤食と並んで，「何を，いつ，どのように食べるか」という問題は児童・生徒の生涯にわたる心身の健康と生き方の問題として重要な課題なのである。食育に関しては，今後の学校における食育の在り方の最終報告がなされ，視点として①食事の重要性，②心身の健康，③食品を選択する能力，④感謝の心，⑤社会性，⑥食文化が挙げられている（文部科学省2013）。

　新学習指導要領では，第1の2-(3)には学校における「食育」の推進に関して明記された（文部科学省2017a）。また各学校においては，「主体的・対話的で深い学びの実現に向けた授業改善を通して，創意工夫を生かした特色ある教育活動を展開する中で実現する…」とある。そして道徳科においては，A主として自分自身に関すること(イ)「節度，節制」について，自分の安全に気を付け，調和のある生活をすることを一層重視し，従前の1-(1)「調和のある生活」から「安全で調和のある生活」に改められた。アクティブ・ラーニングの視点に立ち，創意工夫された食育を実践する中で，前掲6つの視点について，生徒に育むことが明確に求められており，道徳科で食育の指導が実践されることが不可欠である。同時期，栄養教諭を中核としたこれからの学校の食育，同資料集が出され，新指導要領における食育の箇所が詳細に示された（文部科学省2017b）。長島（2014）は中国四国地域の食育シンポジウムにおいて学校教育における食育の果たす役割と課題について，子

供たちの生活習慣と食生活の現状から分析している。これまでも道徳科における食育の実践事例は見られるが，多くは「感謝の心」の醸成をねらいとしている。本事例は，食品を選択する能力に焦点を当てた授業計画案を作成し，函館市内の中学校2校において研究授業を数回実施し，改善を行った結果，多くの成果といくつかの課題を得ることができた。また主体的・対話的で深い学びと発展的に捉えられており，ア 主体的な学び（学習内容への興味や関心を持ち，それを単なる知識として受容するのではなく，自分の将来と関連づけ，長期的な見通しを持って継続させる学び），イ 対話的な学び（子供同士の協働的な相互作用），ウ 深い学び（学習で習得した知識や考え方をベースにして，身の回りの中に問題を見つけたり，問題に対する新たな視点や解決方法を考えること）の3つの視点が重視されている。これらの視点を考慮した食育の授業が今求められ，本実践ではオレンジジュースの試飲を導入とした道徳科の授業とした。

　本実践は①生徒によるジュースの試飲，②班による課題解決に向けた話し合い，③班ごとの予想発表と解答，④果汁の少ないジュースの内容物，⑤食品添加物，⑥自分はどのジュースを買うか，⑦まとめと振り返りの7つの段階に分かれているが，授業記録に示したように，生徒の興味・関心はすべての段階で極めて高い状態を維持していた。また班による話し合いは，すべての班で核心に迫る深く有意義なものとなっていた。試飲を経験した後の食品添加物の学びについても，原材料名を確認する生徒の真剣な態度に本実践の有効性が十分に確認されたと言える。そして「自分は何を買うか」では，100％が身体にいいのは理解できるが飲むなら美味しいのがよいという本音とできるだけ添加物の少ない方を買うという二派による話し合いが深い道徳的な価値判断と思考につながった。

［引用文献］
・厚生労働省『第三次食育基本推進計画』2016年
・文部科学省『今後の学校教育における食育の在り方について 最終報告』2013年
・長島美保子『学校教育における食育の果たす役割と課題，中国四国「食育シンポジウム」』2014年

Ⅲ① 一人の女性の生き方を追いかけて

1　主題名　生きる喜び
　　内容項目　よりよく生きる喜び　　　　対象学年　小学校第6学年～中学校第3学年
　　教材名　『お母さんは大学生』　　　　出典「中学生　キラリ☆道徳　2」正進社
　　　　　　　　　　　　　　　　　　　　『お母さんは大学生』東風安生（自作）

2　主題設定の理由

(1)　ねらいとする道徳的価値について

　小学校の高学年に今回初めて置かれた内容項目である。小中それぞれの学校が連携協力して発達の段階に応じた指導内容と方法について工夫を重ねる必要がある。よりよく生きる喜びとは人間だからこそ感じられる価値であり、教育基本法に定められた人格の完成の中核となる部分である。人間は生きていれば苦しみは当然やってくる。しかしこの苦しみに打ち勝って、恥とは何か、誇りとは何かを知り、自分に誇りをもつことができたとき、人間として生きる喜びに気付くことができると考える。そしてこの喜びに気付いたとき、人間は強く、また、気高い存在になり得ることを、道徳科の学習の集大成として指導していきたい。

(2)　児童生徒の実態について

　小学校高学年から中学校に入学した頃には、生きていく上で人間には弱さや醜さばかりが目立っていて、それを必要以上に憎んだりさげすんだり、ばかにしたりとややもすると差別につながりかねないような意識が強まることがある。しかし、人間にはそれを乗り越える強さや気高さを併せて持つことを理解するようになってくるのも、この頃である。学年が上がるにつれて、崇高な人生を送りたいという人間のもつ気高さを追い求める心が強くなり、決して人生に絶望することなく誰もが人間としてのよさをもち、前向きに生きようとすることの大切さを理解するようになる。自分の弱さを強さに、醜さを気高さに変えられるという確かな自信を持って自己肯定でき、よりよく生きる喜びを見出せるように育てていきたい。

(3) 教材について

　無免許で飲酒運転をしていた男が浪人して合格した大学に入学してからわずか8日後の，息子零(れい)君をはねた。きょう子さんは，癌でなくなった夫だけでなく最愛の息子までも奪われてしまった。悲しみに暮れる毎日。ボランティアと共に自動車運転の法律を厳しくする署名活動を始めるだけでなく，自分自身の夢として息子が学びたかった大学で彼の代わりに自分が学ぼうとする。息子が使った教科書，辞書，参考書。すべて同じ物を使って受験勉強を続けた。苦労の甲斐があって2浪したあと，めでたくお母さんは大学生となった。絶望のがけっぷちにいても，そこからでも夢を持ち続け生きていこうとする力強さに触れて，人間は弱さを超える強さをもっていることを実感して，よりよく生きようとする態度を培っていきたい。

(4) 授業構想の工夫

　文部科学省から示された「質の高い多様な指導方法」の中に，「読み物教材の登場人物への自我関与が中心の学習」が示されている。小中学校の教材では，現実の生活に身近な話題の場合には比較的に自我関与しやすいが，偉人や歴史上の人物についてその人の人生を追いかけていくことになると，どうしても他人ごとであり，知識として理解するが，自分自身がよりよく生きようとする上で，参考にしていくという態度の育成は見逃されやすい傾向にあるだろう。そこで，授業構想として小中合同でどちらの校種でも指導可能な授業構想を以下の2点で工夫した。

① 導入部分で，映画を見せて登場人物の背景をしっかり理解した上で，その人に自分自身を重ねて考えるような学習環境を設定する。キャリア教育の視点からの学びと連動させる。

② 終末の段階で，これからの自分の生き方にどのように本時の授業が反映されるかを考えて，ワークシート(道徳ノート)に書く活動の時間を設ける。

(5) 板書計画

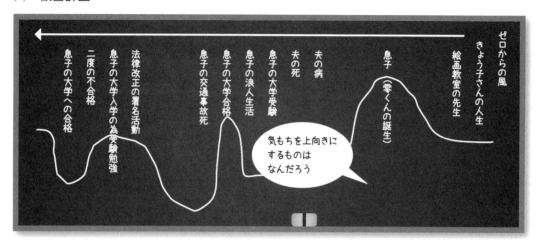

3 ねらい

相手との違いを広く受けとめる点を議論することを通して，謙虚な態度で，自他の生命を尊重して，よりよく生きようとする態度を育てる。

[引用文献]

①映画「ゼロからの風」 監督塩屋俊，主演田中好子，TC エンタテイメント株式会社，2011

②東風安生『小学校・生徒指導におけるキャリア教育の意義』北陸大学紀要第44号，2018，1-15.

③文部科学省『学生のための男女共同参画ワールドカフェ』，男女共同参画学習課，報告書(2016).

4 学習指導過程

	学習活動	主な発問と予想される児童生徒の反応	指導上の留意点
導入 5分	1 映画「ゼロからの風」を見た感想から学習課題をつくる。	【発問1】きょう子さんの生き方の，どんな点に興味をもったか。それはなぜか。 ・息子を亡くしても，なぜがんばろうと思えるか。 ・なぜ大学で勉強したいと思うようになったのか。	・事前に「朝読」などHR（学級活動）の時間を用いて映画のダイジェストを見せる。

展開 30分	2 『お母さんは大学生』を読み，学習課題を解決する糸口を見付けるために，考え議論する。 発問2（5分間）個人➡全体共有 発問3（10分間）班➡全体共有 発問4（25分間）ワールドカフェ方式 ➡引用文献③	【発問2】なぜ，息子を亡くしても立ち上がれるのだろうか。 ・息子が天国から応援していると思ったから。 ・このまま息子も私も人生を終らせたくない。 【発問3】どうして，大学受験を考えたのだろうか。 ・息子の代わりに大学生活を過ごしてみたい。 ・具体的に目の前にあった目標を息子からバトンタッチされたと思ったから。 【発問4】ゆるせないと思うような悲しみを乗り越えていくにはどうしたらよいだろうか。 ・悩むだけでなく，とにかく動いて行動する。 ・さんざん泣いて悲しんで見えてくることに挑む。 ・これまでの自分のキャリアをじっくり振り返る。 【発問5】自分のこれからの生き方で，どんなことが悩んだり落ち込んだりしたときに参考になったかを振り返る。 ・みんな悩んだ末に答えを見つけていくんだ。 ・落ち込んでもいい，でも次の一歩を踏み出す。	・導入で出された感想を学習課題として，この解決を展開で進めていく点を確認する。 ・悲しみから立ち上がる方法として，その他の方法はなかったのか考える。 ・ワールドカフェ方式で，何枚かの模造紙に書かれた「悲しみを乗り越える方法」に児童生徒の意見を寄せる。 ・「がんばる」のではなく，人間には弱さがあるが，それを乗り越える一歩の強さがある点に気付かせたい。
終末 10分	3 自己評価活動を行う。	【発問6】本時の授業を振り返り，これからの自分の役立つ点を考えよう。 ・失敗した時落ち込んでもいいんだ。そして次の一歩を踏み出せばいいのだから安心した。 ・泣いて気分転換して，心持ちをリセットする。	・過去の自分について考え，今日の授業で新しく発見した自分のよさや可能性を前向きにまとめていく。

5　評価

(1) ねらいについて

　人間はだれでも落ち込んだり悲しんだりする弱さを認めることが大事だという点に気付くことができたか。また，よりよく生きていくためには，そこから次の一歩をゆっくりでも自分の力で歩み出すことの大切さを考えることができたか。

(2) ねらいを達成できる授業構想であるか（検証・評価）

　考え，議論して，これまで考えていたよりよく生きることの喜びの概念を砕くような，新たな発見ができるような学習環境を整えることができたか。また，互いに意見の違いを認め，仲間の意見の中によさを見付けることができたか。

6　実践の手引き

(1) 授業づくりの工夫（自己の生き方についての考えをふかめる指導の工夫）

　本時の授業では，事前に一人の女性の生き方を振り返るためのDVD映像（映画「ゼロからの風」）を学級活動の時間等を利用して視聴しておくことを前提としている。山あり谷ありの人生を送ってきた一人の女性の生き方に光を当てて，その生き方について考えていく授業である。

　人間の弱さ・醜さは誰もがもつものであるという大前提を認めていくところからスタートするためには，ノンフィクションの事実を児童生徒に見せることで，誰もがみな悩んだり悲しんだりしたところから，歩み始めるという点に気付かせていく。

100人男子会×女子会！学生だけの本音ミーティング inとやま報告書（文部科学省）

　自己の生き方についての考えを深める指導の工夫の2つ目として，ワールドカフェ方式の話し合い活動を提案したい。文部科学省も学生の話し合い活動の方法として推奨しているやり方（図1参照）だが，模造紙1枚の真ん中に大きなテーマを掲げる。今回は，【発問4】「ゆるせないと思うような悲しみを乗り越えていくにはどうしたらよいだろうか。」について，いくつかの方法を模造紙1枚ずつに記す。（例：「尊敬する先輩に相談する」「親や先生に相談する」「参考になる小説や漫画を友達に紹介してもらう」「一番できそうなことから何かやってみる」）こうした模造紙をグループにした机の上に広げ，5〜10分程度このテーマで話し合い，自分の考えをその模造紙に落書き風に書き残す。時間が来たら，その模造紙のグループを「店」として，店長と呼ばれるリーダーのみ残り，他のメンバーは他のグループの模造紙の周りに集まる。そこで，同様に模造紙に書かれたテーマで話し

合う。話し合うスタートとしては，残留した「店」のリーダー（通称「店長」）が，先程まで話し合われていた内容を模造紙の落書き風の記録を紹介しながら説明していく。これにより，面と向かってコミュニケーションのとりにくい児童生徒でも，落書き風に模造紙に自分の思いをイラストとともに描き残すことで，他者との意見交換がしやすい。どうしても人生について考えるとなると固くなりがちな面を，こうした方法で自由に意見を交換し，安心してどうしたらよりよい人生を歩めるか考えることができる。

(2) 実際の授業の様子（異なる意見を尊重する態度の育成）

　人生は人の数だけ物語がある。どれ一つとして同じものはない。だからこそ尊いのであり，だからこそそこに優劣は生まれない。よりよく生きる喜びは，他者との比較からではなく，他者の生き方を尊重しながら，自分自身の生き方についても，よりよく生きようとする心持ちが大切なのである。大学生に対して，講義形式とワールドカフェ方式の話し合い形式の２種類で授業を行った。授業後に書いてもらう本時の振り返りには，明らかに学生同士で話し合った授業の方が次の２点において良かった。まずは，ねらいとする目標に向かって，講義によって知識を多く伝達しようと思っているよりも，理解している内容が多かった。講義の方が多くの知識を伝えられるのではないかと思ったが，学生自身が考え，理解しながら，次の学習内容を理解するので，理解度が高く，身に付いた部分も多くなったのではないかと想像する。もう１点は，実は学生も自分の意見とは異なる意見があるだろうと推察して，そんな意見はどういうものか知りたいという気もちが強いようだ。だから，他者の意見を学生同士のワールドカフェ方式で模造紙に書いてあるのを見て安心したり，異なる意見を聞いてなるほどと思ったりしたのだろう。児童生徒も発達段階に応じて，その表現する言葉は異なるが，自分と異なる考え方や思いを知りたいという願いは確かである。そんな機会を設けた道徳科の授業を実施することで，児童生徒はより高い価値観にふれることになる。

(3) 評価について

　指導と評価の一体化はこれからの道徳科の課題である。自己評価活動は，児童生徒の目に見えない内面の心の成長をいわゆる「見える化」するためには，とても大きな役割を果たす。しかし，それはあくまで評価者が教師であることを前提とした上での客観的な要素である。道徳科における児童生徒の道徳性の成長の様子や学習状況に関する評価は，評価者である教師の責任であることを忘れてはならない。一方で，自己評価は教師の評価だけでなく，児童生徒の指導としても大いに有効である。自分自身のよりよい生き方を目指したキャリア教育と関連した面でも，自分のこれからに本時の授業がどのように生きていくかを振り返る活動は「継続性」をキーワードに活用していくべき点である。

7　本実践事例の価値と活用へのアドバイス

北陸大学　東風安生

　本実践事例の価値は大きく３つある。

　１つ目は，一人の人間の生き様を追いかけていった点である。順風満帆と思っている人でも人生には何があるかわからない。確かなことは死を迎えることだけである。限りある生命を，それぞれが輝かせるために自分の人生をよりよく生きようとすることの大切さに気付くには，七転び八起きで生きてきた人の姿をモデルにすることは，児童生徒にとって大変にわかりやすいものとなるだろう。こうした人物に自分自身を関与させる教材は，まさに質の高い指導法の基となる。45分間や50分間でこうした教材が提示できない場合もある。そこで，ぜひともカリキュラムマネジメントの視点から，総合的な学習の時間や学級活動との連携を考える必要があるだろう。今回の道徳科の授業は，キャリア教育など特別活動の学級指導との連携を図ることが可能な内容となるだけに，今後は学校全体の道徳教育の視点で本時を見直すとよいだろう。

　２つ目には，他者の考え方や意見に注目して，多面的・多角的に考えることのできる指導法を工夫した点になる。多面的とは，ある価値に向かって，自分の外側に位置する仲間や外部講師（ゲストティーチャーを含む），保護者などの考え方を知り，自分の考え方と比較してあらたな価値観に気付く方法である。一方で，多角的とはある価値に向かって，自分の内面から考える方法である。内面から考えるためには，「もし〇〇だったらどうするだろう」「〇〇の立場ではどのように行動するか」など，立場を変えて考えることで，多様な角度から多様な価値観に気付くことができるものである。ワールドカフェ方式は，一つのテーマで仲間に意見を聞き合い，多面的な見方が培われる。その一方で，いくつものテーマで考えることで，自分自身の中で多角的な見方が培われる。この両者を並行して実践できる指導として評価できる。ただし，小学生や入学したばかりの中学生では，模造紙に示すテーマを教師が支えて考えていくようにすると，スムーズに話合いも進むだろうと予想される。

　３つ目には，自己評価を自分自身のキャリア教育の指導として活用している点である。中学生の場合，自己評価活動は終末に多くの指導者が実施している。教科化となり小学校でも道徳ノートに今日の授業で学んだことなどを記述する指導者も増えてきた。しかしそのねらいが，何を振り返るのか，何をねらいに実施しているのか不明確な実践も目にする。自分自身がよりよく生きていくために，本時の道徳科の学習で学んだことの中にそのヒントがある。それが何か，自分なりに発見して，そのことを記録してとどめていくことが大切になるだろう。

以下に，自作資料「お母さんは大学生」を添付する。

お母さんは大学生

　ここは，早稲田大学のキャンパス。新学期が始まって，大学生があふれています。それと同時に，若葉がたくさん伸び始めています。

　きょう子さんは，その中に元気だったころの息子に似た人を見付けると，つい立ち止まってしまいます。きょう子さんは，大学生ですがお母さんなのです。

　息子さんは生きていれば，今ちょうど大学を卒業して社会人になったところ。名前は零（れい）くん。一人息子でした。彼は念願の早稲田大学に2000年の春，合格しました。予備校に通っていた時代に夢見ていた大学生活。将来は，亡き父が途中でできなくなった新聞記者の仕事を，自分が実現したいと，そう考えていました。

　しかし，入学式から8日後の4月9日夜，零君は帰らぬ人となってしまいました。交通事故でした。事故をおこした運転手は，無免許でした。しかも，お酒を飲んでいたということです。酔った人が運転した車は暴走して，歩いていた零君をはねました。即死でした。

　お母さんのきょう子さんは，零君の事故の5年前，ご主人を病気でなくされています。だから，息子の零くんと2人，2人3脚で生きてきました。ところが，突然の不幸がおそってきたのです。きょう子さんには，すべてがなくなってしまったような気がしました。

　そんなある日のこと……。

　警察署に，事故のときに持っていた零君の物を引き取りに行ったときでした。血のついたバッグをかかえた瞬間，零君の声が聞こえたような気がしました。

「母さん，大学に行って，ぼくの友達によろしく言って。」

　その声に反応するように，きょう子さんはある決心をしたのです。

「ずっと，ずっと息子のことを忘れたくない。零のことをみんなにも覚えていてほしい。」

　そう思ったきょう子さんに，一つの夢がふくらみました。

「息子の通いたかった大学に行こう。わたしも零と同じように勉強しよう。」

　そうは言っても，きょう子さんは零君のお母さんです。お母さんということは，大学に行けば自分の息子と同じくらいの人がたくさんいます。その中に入って，一緒に勉強しようというのです。受験勉強だって大変です。勉強していたのは，もうすっと前のことです。そこをもう一度，受験生といっしょに勉強しようというのです。

　それでもきょう子さんは，10代の学生たちといっしょに勉強することは，少しもはず

かしいと思いません。夜おそくまで勉強することも，つらいと思いません。きょう子さんの目指すものは，零君と同じ早稲田大学に入学することだからです。

　毎朝４時に起きて，受験勉強をはじめます。零君が受験のために用いた参考書を使います。そこには，零君の勉強したあとが残っています。そんなとき，きょう子さんは思います。

「息子といっしょに勉強しているんだ。」
「零はこの問題でつまずいたけれども，よくやっていたわね。」
「私のできない問題を，彼は簡単に解いている。すごいな。」

　2001年，2002年と大学の入学試験を受けましたが，残念ながら２度とも失敗。それでも，夢は息子と同じ，早稲田大学で学生として勉強すること。この強い気もちは変わりません。2003年の春，めでたく大学からの合格通知が届きました。やっと念願がかなった大学での生活。

　きょう子さんの夢がかないました。大切な息子のいのちを失ったとき，絶望したお母さん。悲しみを胸にきざみながらも，前向きに生きていきたいと思っていたお母さん。そのお母さんの生き方は，大学生として学ぶことでした。

　お母さんは笑顔で言います。
「大学で学ぶことは，とても難しいことです。でも，わたしには夢が必要なんです。」

（文責　東風安生）

Ⅲ② 寛容の価値から，よりよく生きる喜びの価値へ迫る

1　主 題 名　よりよく生きる喜び
　　内容項目　D　生きる喜び　　　　対象学年　小学校第6学年
　　教 材 名　『青の洞門』　　出典「小学道徳　生きる力　6」日本文教出版株式会社
　　　　　　　『恩讐の彼方に』新潮社（菊池寛作）

2　主題設定の理由

(1)　ねらいとする道徳的価値について

　人の過ちを許すことの難しさと大切さに気付き，広い心で相手を受け入れようとする心情を育てたい。この心情を深めていくところに，人が人に対する憎しみの連鎖からは何も生まれない。人がよりよく生きるためには，この憎しみを越えたところにある寛容さを大切にしたい。

　教材にあるような，人間の力を超えるような行いに崇高さを覚えた場合，人間の多様性を認めていく寛容さが，よりよく生きる道とする道徳的な態度を育てていきたい。

(2)　児童の実態について

　高学年になると人と人との関係の中で，どうしても許せない出来事に遭遇する。アンケート調査では，その原因や結果において生命の価値に関連するトラブル（例：育てていたチューリップの花が折られていた等）の場合に，強い怒りや許すことのできないこだわりになっている。しかし，人として将来，高齢者や他国から来日した観光客，外国籍の労働者などのような価値をもった人々と共によりよく生きていく場合に，受け入れられない壁（例：宗教や世代による価値観のずれ，文化や風習等）に対して頭から自分と違うものだとしていては，やがてそこに差別の意識がはびこるようになってしまう。人が社会においてよりよく生きていくためには，多様な考えの中で異なる思いや差別観を超えたところにある寛容さをもって生きていく態度を育てたい。

(3)　教材について

　一方は父のかたきをとろうとやってきた若侍の実之助。他方は，罪を償って人の役に立ちたいと願い，やせ衰えた腕でつちをふるい続けた僧侶の了海。実之助はすぐにでも敵討

ちをしようとするが，村人がそれを遮り，結局は共に洞門を掘り終えてからにすることとなる。こうして1年半が過ぎたある日，穴は開き了海の願いは成就する。2人が手を握り合い，涙を流して許す姿は感動的である。作者・菊池寛の思いを通して，父を殺された息子が，憎しみを越えて寛容の気もちを深め，恩讐の彼方にある，よりよく生きようとする態度を育てたい。

(4) 授業構想の工夫

いわゆる「考え，議論する道徳」を実践することは，「特別の教科　道徳」（以下，「道徳科」）で育成すべき資質・能力について指導することであると考える。今回の実践編では，道徳科における主体的・対話的で深い学びを実践する指導方法のうち，とりわけ「自己の（人間としての）生き方について考えを深める」という点に注目して，授業の構想を立てた。新学習指導要領の趣旨を反映した道徳科の指導の中でも，とりわけ大きな視点であるところの「生き方」について考えを深めるような指導の工夫を検討した。工夫した点は2つである。

1　終末の段階で，自らの本時の学びを振り返る活動に十分な時間を設ける。
2　終末の段階で，これからの自分の生き方にどのように本時の授業が反映されるかを考えて，ワークシート（道徳ノート）に書く活動の時間を設ける。

以上の2点は，指導と評価の一体化から自己評価の活動としても捉えることができる。

(5) 板書計画

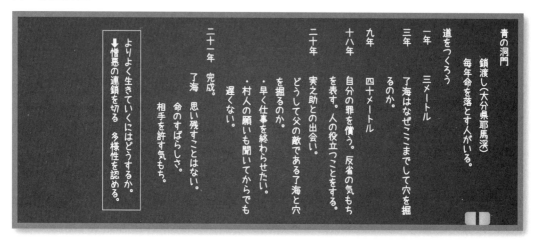

3　ねらい

相手との違いを広く受けとめる点を議論することを通して，謙虚な態度で，自他の生命を尊重して，よりよく生きようとする態度を育てる。

[引用文献]
・東風安生『寛容を基盤においた生命尊重の教育に関する研究』冨山房インターナショナル，2018年，p.136-142, p.188-196.
・東風安生『イングランドの道徳教育から「生命尊重の教育」の核心を探る』昭和女子大学大学院生活機構研究科紀要 vol.25, 2016年, p.122-123.

4 学習指導過程

	学習活動	主な発問と予想される児童の反応	指導上の留意点
導入 5分	1 アンケート結果から許せないのはどういう場合かを考える。	【発問1】小学校6年生200名のアンケート結果から，許せないと思う場合は何が原因か。 ・植物や動物など，生命を奪われたこと。 ・努力してがんばってきた事や物を壊されたこと。	・許せないと思った経験を振り返る。 ・事前に実施したアンケート結果を示す。
展開 30分	2 『青の洞門』を読み，よりよい生き方を探るため，考え，議論する。 【発問2】 個人➡全体共有 ※5分間 【発問3】 班 ➡全体共有 ※15分間 【発問4】 個人➡仲間と共有 ※7分間 発問5 個人➡全体共有 ※3分間	【発問2】なぜ，実之助は仇である了海と一緒に，洞門の穴をほったのだろうか。 ・早く穴が完成すればその分早く仇討ちができる。 ・20年間掘っていたから完成させてからでもよい。 【発問3】どうして穴が完成したとき，実之助は了海を討たなかったのだろうか。 ・もう十分に了海は罪を償っていると思ったから。 ・村人の為に命をかけている人を，討てないから。 ・仇だがその変容に父も許していると思ったから。 【発問4】許せないと思うことを乗り越えていくにはどうしたらよいだろうか。 ・自分にも同じようなことがあるから許す。 ・罪を償った人に対しては，優しくしていく。 ・自分自身の怒りや苦しさを乗り越える。	・教材を読んだあとに，実之助が登場するまでの歴史的背景を確認しておく。 ・ホワイトボードを用いて，班の仲間の意見を聞き，自分の考えとの違いに気付くようにする。 ・席を立って教室中の仲間から，自分の考え方と異なる意見をもつ仲間を発見する。

		【発問5】自分の考え方と異なる意見の仲間の意見を比べて，気付いたことはどんなことか。 ・許せないことを乗り越えるためには自分を自分が許せるかどうかなんだということがわかった。	・自分と異なる意見の仲間のよさを考える。 ・多様な意見を大切できる態度を育てる。
終末 10分	3 「自分にプラス1」を考える。	【発問6】本時の授業を振り返り，これからの自分にやくだつ点を考えよう。 ・すぐに怒ってしまって許せないと決めつけないように，自分自身とよく相談していきたい。 ・怒ってばかりだと自分自身が成長しないと思う。	・過去の自分について考え，今日の授業で新しく発見した自分のよさや可能性を前向きにまとめていく。

5 評　価

(1) ねらいについて

　謙虚で生命を尊重する態度が，人間としてよりよく生きる上で大切な点であることに気付くことができたか。よりよく生きるためには，相手との違いを受け入れ，それを受ける止めるための寛容さが必要であることを考えることができたか。

(2) ねらいを達成できる授業構想であるか（検証・評価）

　考え，議論するために，班や仲間との意見交換を自由にできる学習環境を整えることができたか。また，互いに意見の違いを認め，仲間の意見の中によさを見付けることができたか。

6 実践の手引き

(1) 授業づくりの工夫（自己の生き方についての考えをふかめる指導の工夫）

　本教材では，学習過程の工夫として終末の指導時間を多くとるタイムマネジメントをしている。およそ一般的には，終末は教師の説話や本時のねらいを端的に表現した格言など，短時間で本時をまとめるねらいの活動が多かった。

　ところが，毎週これだけで終わってしまうことで，せっかく考えを深めた点を自分自身のことに生かす部分での学習活動が不十分になりやすい点が多かった。小学校では，45分間の授業で用いてきた教材とは全く異なる副教材が示されたりすることがあった。中学校でも，ワークシートで本時を振り返って書くという活動で，毎回書くことがねらいと

なってしまい，やらされている感じが残るような指導が多く見られた。

「振り返る」という言葉は，指導過程において2つの場面で用いることができる。1つは，これまで展開後段と言われる場面で用いてきた「登場人物の立場から離れて，あなただったらどうする

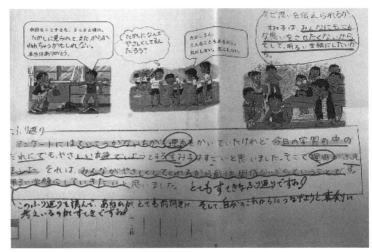

金沢市立泉小学校　佐藤哲先生の実践より

でしょうか」とか「同じようなことがあなたにもなかった，これまでの経験を振り返ってみましょう」など，一般化と呼ばれていた自分に置き換えてみる指導である。もう1つは，本日の授業で学習してきたことを，ねらいに照らしてみて振り返ることである。

　今回は，2つ目の本時の学習を振り返る際に，自分自身を自己評価する点を強調したい。小学校の高学年はもちろん，低学年の児童においても「本時の45分間で学んだことを振り返って考えたことを道徳ノートに書きましょう」と指導すれば，しっかりとねらいに照らして自分自身がどうだったかを記述する。ここで，小学校高学年の内容項目に視点Dの22番目として「よりよく生きる喜び」が加わった。教材を通してねらいとする価値について考えただけでなく，実践的な態度として育成するためには，道徳ノートやワークシート（上図）を用いて，自分自身がこれから将来に向かって，どのように生きていくか，よりよく生きるためのヒントとなるように本時の学習を生かしていく，そのような考え方を生かす指導を終末段階で実施したい。

(2) 実際の授業の様子（異なる意見を尊重する態度の育成）

　憎しみや恨みをずっと抱えていることが信念をもった生き方として素晴らしいというような概念をくだくには，教師から寛容の価値を押し付けられても，児童にとっては十分ではない。児童本人が，自分の生き方として腑に落ちたと言えるためには，45分間の活動の中でクラスの仲間との多様な話合い活動を通して，異なる考え方に触れることが必要である。自分自身の中でひらめいたり，気付いたりする児童の姿が見られた。

　発問4の段階で「許せないと思うことを乗り越えていくにはどうしたらよいか」をまずは自分の道徳ノートに書いて，書けた人から席を立ち，教室内を巡る姿に，参観した教師

には，微笑ましさと共になるほどという納得した表情が見られた。児童は恥ずかしさの中でも思い切って仲間に話しかけ，自分はこういう方法があると思うんだけど君はどうかと話しかける姿に，コミュニケーション能力の育成にも関わる大切な学習活動だということが理解できた。また，直接話し合って他者の考え方を聞くことで，文字で読んでみても納得できない異なる意見に対して，直接説明をされて考えることで異なる意見に対しても心を開いて受け入れられるような自分自身の寛容な態度も，教材と重なるような実践的な活動として評価できた。

(3) 評価について

　指導と評価の一体化はこれからの道徳科の課題である。単なる学習状況の評価や，多面的・多角的に考えたか，自分自身のこととして考えることができたかをワークシートや道徳ノートで評価するだけでは不十分と言えよう。小学校高学年から中学校にかけて，自分の本時の学習状況を自分で評価することが大切となってくる。なぜなら，児童生徒の内面について教師は見ることができない。外に現れた行動や記述された文章，発言された言葉などしか評価する対象にはできないのである。そこで，児童生徒が自分の学習状況を評価する中で，ねらいにかかわって十分に考えることができたか，自分だったらどうしたか，本時の学びをこれからの生活にどういかしていくか，将来どのように役立てるか等の思いを自由に記述させることが大事である。指導者は本時の学習で学んだことを項目ごとに整理したいと思う。しかし児童生徒は，本時の学習で強く印象に残ったことから記述する。その記述をまるごと受け止める必要がある。

　　　　　　　　　　　　　　　　　　　　　　　　　　　　　　　　　　（東風安生）

7　本実践事例の価値と活用へのアドバイス

北陸大学　東風安生

　本実践事例の価値は大きく３つある。

　１つ目は，小学校の道徳授業において教科化に伴い，新しい内容項目「生きる喜び」が加わった。このねらいは，すでに中学校では指導している価値ではあるが，小学校教員にとっては非常に難解なねらいとなると想像される。それは視点Dにおいて，畏敬の念の項目を実践する研究授業がなかなか見られない中で，こうした日々の生活場面で目にしないような価値に関わる場合に，どうしても児童がわかりにくいと敬遠してしまいがちである。しかし教科化して未履修では許されない。中学校の「生きる喜び」につながる指導として，小学校での実践の積み重ねもある「相互理解・寛容」の指導から，これを深めていくところに位置付けた内容項目にしている点に価値がある。ぜひ中学校との連携を意識して積極的に実践してほしい。

　２つ目には，指導と評価の一体化を図った自己評価の活用である。中学校ではこれまでも自己評価活動を授業の終末に用いている場面も多くあった。しかしその評価のねらいは，単なるワークシートの記述した部分を後日しっかりやっているかどうかの確認の意味で用いていた。今後は教科化となり，中学校でもこの自己評価の部分は，生徒の内面を「見える化」する大きな役割を担う。ただし，それだけでない。自己評価は，これまでの「振り返り」の活動が，展開後段での登場人物の立場を自分に置き換えて振り返ることと，終末での本時の授業について学習者である児童生徒が振り返ること２種類があることを整理した点に価値がある。この点を使い分け，今後指導者は大いに児童生徒が「振り返り」できるしかけを工夫する必要がある。

　３つ目には，「考え，議論する道徳」における自分との関わりで捉えて考えることや多面的・多角的に考えることと並んで重視されている点である「自分（人間として）の生き方について考える」という部分の指導についての工夫を提案している点である。教科化される以前の道徳の終末段階で「これからの決意を尋ねてはならない」という先輩の先生方のご指導があったことを記憶している。生徒指導と道徳の区別を図っていた時代に，これからの生活について決意を表明させたり，目標を掲げさせたりすることは生徒指導そのものになるという恐れがあったからだろう。教科化になった現在，こうした点も児童生徒に「人としてよりよく生きるためにどのようにしたらよいか」を考えていく場合に，「本時の学びをどのように生かしていくか」について，自己評価の活動で考えることは大いに意義がある。自分自身をもう一人の自分が眺めて，評価する。いわゆるメタ認知の力が，育成すべき資質・能力として触れられている。メタ認知能力の育成には，道徳科が果たす役割は極めて大きいと想像される。実践を期待する。

友達関係から異性理解へ

東京都江東区立大島南央小学校　6年1組

1　主題名　異性についての正しい理解
内容項目　異性について理解しながら、人間関係を築こうとする心情を育てる。
対象学年　小学校6年生
教材名　言葉のおくり物（日本文教出版）

2　主題設定の理由

(1)　ねらいとする道徳的価値について

　児童にとって、友達関係は最も重要な人間関係の一つであり、友達関係の状況によって学校生活が充実するか否かが方向付けられることも少なくない。よりよい友達関係を築くには、互いを認め合い、学習活動や生活の様々な場面を通して理解し合い、協力し、助け合い、信頼感や友情を育んでいくことができるように指導することが大切である。また、異性についても互いに理解し合いながら人間関係を築いていくことが必要である。

(2)　児童の実態について

　この段階においては、これまで以上に友達を意識し、仲のよい友達との信頼関係を深めていこうとする。また、流行などにも敏感になり、ともすると趣味や傾向を同じくする閉鎖的な仲間集団を作る傾向も生まれる。そのため、疎外されたように感じたり、友達関係で悩んだりすることが今まで以上に見られるようになり、このことが不安な学校生活につながる状況も見られる。このことから、友達同士の相互の信頼の下に、協力して学び合う活動を通して互いに磨き合い、高め合うような、真の友情を育てるとともに、互いの人格を尊重し合う人間関係を築いていくようにすることが求められる。

(3)　教材について

　本教材は、ある日、たかしにからかわれた一郎が、それまで仲の良かったすみ子に対して、冷たい態度を取るようになる。しかし、一郎の誕生日のとき、すみ子が、これまで一郎に親切にされてきたことを感謝の気もちで話をしたところ、教室のあちらこちらから拍手が起こった。そして、みんなが一郎に拍手を求めた。

(4) 授業構想について

　本教材は，男女の友達関係を扱った教材である。異性に対しての意識が芽生え始めた主人公が，たかしにからかわれたことで，それまで意識していなかったすみ子の存在を意識し始めるようになった。しかし，すみ子自身は，異性というよりも，これまでお世話になったことに対して，一郎に感謝の気もちを抱いていた。

　授業では，友達であれ，異性であれ，どちらも相手に対して感謝の気もちや尊敬の気もちがあって，はじめて成立することを考えられるようにしたい。

(5) 板書計画

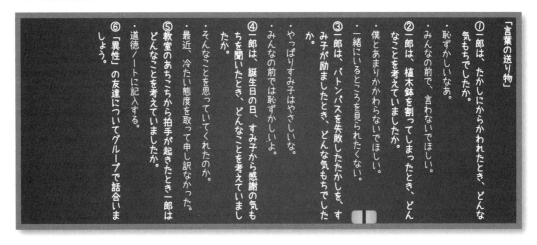

3　ねらい

　互いに理解し合いながら人間関係を築いていく態度を養う。

4 学習指導過程

	学習活動	主な発問と予想される児童の反応	指導上の留意点
導入 5分	1 「友達」について考える。	○「友達」と聞いて，どのようなことを思い浮かべますか。 ・思い思いに発言する。	○思い思いの発言ができるよう雰囲気づくりを行う。
展開 35分	2 教材を読んで話し合う。 ★主人公の心情の変化を通して，授業のねらいに迫る。	【発問1】一郎は，たかしにからかわれたときどんな気もちでしたか。 ・恥ずかしいなあ。 ・みんなの前で，言わないでほしい。 【発問2】一郎は，植木鉢を割ってしまったとき，どんなことを考えていましたか。 ・僕とあまりかかわらないでほしい。 ・一緒にいるところを見られたくない。 【発問3】一郎は，バトンパスを失敗したかしを，すみ子が励ましたとき，どんな気もちでしたか。 ・やっぱりすみ子はやさしいな。 ・みんなの前では恥ずかしいよ。 【発問4】一郎は，誕生日に，すみ子から感謝の気もちを聞いたとき，どんなことを考えていましたか。 ・そんなことを思っていてくれたのか。 ・最近，冷たい態度を取って申し訳なかった。 【発問5】教室のあちこちから拍手が起きたとき，一郎はどんなことを考えていましたか。 ・道徳ノートに記入する。	・主人公の恥ずかしい気もちとゆううつな気もちに共感させる。 ・主人公の恥ずかしい気もちとゆううつな気もちに共感させる。 ・たかしたちから，からかわれることにゆううつな気もちを抱いていた主人公の心情にふれる。 ・うれしい気もちと恥ずかしい気もちが入り混じっている主人公の心情にふれる。 ・すみ子の純粋な気もちに心が洗われた主人公の心情にふれる。
	★グループで話し合う。	【発問6】「異性」の友たちについてグループで話合いましょう。	・思い思いに発言できるよう配慮する。
終末 5分	3 教師の話を聞く。	教師の体験を聞き，学習全体を振り返る。	・教師の経験談を説話とする。

5 評価
自分なりに，互いに理解し合いながら人間関係を築いていく態度を養うことができたか。

6 実践の手引き
(1) 授業づくりの工夫
導入では，「友達」について，でどのようなことを思い浮かべるのかを聞く。それを踏まえて「異性」の友達については，どのようなことを思い浮かべるかも聞く。導入時には，あまり深入りしないように配慮する。

展開では，たかしからからかわれた一郎が，当初はすみ子に対して距離をおこうとしたが，すみ子の純粋な発言に心が洗われ，これまでどおりすみ子と付き合っていこうと考えるようになった心情の変化を考えさせる。

終末では，「異性」の友達についての教師の説話や児童からの発言を紹介し，余韻をもって終わらせるようにしたい。

(2) 実際の授業の様子
展開後半では，グループに分かれ，「異性」の友達について，どのようなことを思い浮かべるのかを話し合わせる。友達として成立するのか，しないのか，なぜ成立するのか，しないのかを主体的に考え，議論できるようにする。

教師：一郎は，たかしにからかわれたとき，どんな気もちでしたか。
S1：みんなの前で恥ずかしいな。
S2：僕はすみ子と仲がいいわけじゃないよ。
教師：一郎は，恥ずかしかったり，ゆううつな気もちだったりしたのですね。皆さんは，そんな一郎の気もちは分かりますか。
S3：何となく分かります。
S4：よく分かります。
教師：そんな複雑な気もちの中で，主人公は，植木鉢を割ってしまいました。このときは，どんなことを考えていましたか。
S5：すみ子と一緒にいるところをみんなに見られたくない。
S6：僕にあまり近寄らないでくれよ。
S7：だれかが見てるじゃないか。
教師：一郎は，そんな気もちだったのですね。でも，心から，そう思っていたのでしょうか。
S8：本心は，そうではなかったと思いますが，みんなにからかわれるのが嫌だったのだと思います。
教師：なるほど。S8さんは，どうしてそう思ったのですか。
S8：多分，すみ子とは，これまで仲良く，付き合ってきたからだと思います。

教師：だから，本心は違ったということなのですね。
S8：そうです。一郎は，みんなにからかわれるのが嫌だったから，わざとみんなの前で，すみ子を遠ざけるような態度をとったのだと思います。
教師：なるほど，他の人はどうですか。
S9：僕もS8さんと同じ意見です。
教師：では，一郎は，バトンパスを失敗したとき，すみ子から励まされたとき，どんな気もちでしたか。なぜ，そう思ったのですか。
S9：すみ子に助けてもらった。
教師：すみ子に助けてもらったというと，やっぱり一郎は，すみ子に対して，信頼というか，信じている気もちがあったということですか。
S9：はいそうです。
教師：ほかの人はどうですか。
S10：私も，一郎は，心の中では，特別な気もちをもっていたと思います。
教師：そうですか。そんな気もちを抱えている一郎が，誕生日に，すみ子から感謝の気もちを聞いたとき，どんなことを考えていましたか。
S10：すみ子は，僕に対して，そんな気もちをもっていてくれたのか。
教師：なるほど。他にはありますか。
S10：最近，すみ子に冷たい態度を取って，自分が情けない。
教師：では，教室のあちこちから拍手が起きたとき，一郎はどんなことを考えていましたか。
S11：すみ子が，また僕を助けてくれた。
教師：なるほど。他の人はどうですか。
S12：僕は，今まで通り，もっと堂々としていればいいんだ。
教師：なるほど。そんな考えもあるのですね。では，道徳ノートに，自分の考えをまとめてみましょう。
S全：道徳ノートにまとめる。
教師：それでは，グループになって，それぞれの意見を交換してください。
S全：グループで話し合う。

(3) 評価について

　教材の中での主人公をはじめ，先輩や母親は，みんな相手のことを大切にしようと考えている。この気もちは，否定されるべきものではない。授業では，安易に，主人公を否定するのではなく，「相手を大切にすることとは，どんなことなのか。」を児童の経験を踏まえて意見交換させたい。そのときの発言やワークシートの記入から，児童の前向きな考えを評価していきたい。

7　本実践事例の価値と活用へのアドバイス

江東区立大島南央小学校校長　松原好広

　好きな異性や意識してしまう異性がいることは自然なことである。男女間の友情や交際も，同性の間における友情と同じように，相手に対する理解を深め，信頼と敬愛の念を育て，互いに向上してくるものでなければならない。なぜなら，互いに相手の良さを認め合うことが，一方では生きるエネルギーとなっていくからである。そこで，異性のもつ見方や考え方を知ることにより，自分の異性に対する姿勢を見直すきっかけをつくり，相手の人格を尊重する態度を身に付けさせる必要がある。

　ベネッセ教育情報サイトが「男女交際の経験」について調査したところ，「男女交際の経験がある」と答えた割合は小学4年生2.7％，小学5年生5.0％，小学6年生13.7％と学年が進むに従って高くなっている。小学校5，6年生では，平均，10％近くの児童が男女交際の経験者であるということである。仮に1学年が100人だとすると，10人が交際経験ありというわけである。

　また，現在の児童は，インターネットやSNS，テレビなどのメディアで育っている。たとえ，自分の学校で男女交際の話がなくても，同年代の男女交際についての情報を手に入れることができる。また，恋愛に関するドラマや漫画などを見ることで，憧れる人がいることを価値あるものと単に感じてしまうこともある。

　このように，異性についての正しい理解を深めることは，小学生の学習指導要領の内容における本価値に関わる発達段階や実際の実情をしっかり捉えていくことが重要である。特に，道徳科の授業では，児童の意識や実態を見極め，的確に本内容の価値のねらいを定めた授業実践を試みたい。そのためには，児童同士の話し合いや教師の実体験等を忌憚なくオープンにできる人間関係が大切である。

　前回の学習指導要領の小学校高学年の道徳科では，男女の違いを知るという内容理解であったが，異性理解と発展したことをしっかり受け止め，男女の理解は友情と同じと安易な指導にならないようにしたい。

　人間として生きる上では異性理解は友情とかかわりの強い価値であるが，そこには友情とは異なる理解や自覚が求められることを丁寧に指導していくことが求められる。

自作教材を活用した異性理解（中学校）

東京都江東区中学校第2学年

1 主題名　異性についての正しい理解
内容項目　異性に対する理解を深め，信頼の念をはぐくみ，互いに向上していこうとする心情を育てる。

対象学年　中学校第3年生

教材名　『憧れの先輩』　出典中学校道徳「自作資料集」No.3

2 主題設定の理由

(1) ねらいとする道徳的価値について

　異性についての正しい理解を深めるとは，互いの相手のよさを認め合うということである。男女間における相互の在り方は，基本的に同性間におけるものと変わるところがない。すなわち，互いに独立した一個の人格としてその尊厳を重んじ，人間としての成長と幸せを願うことである。

(2) 生徒の実態について

　中学生の時期は，一般に異性に対する関心は強くなるが，生徒の心身の発達には個人差が大きく，学年が上がるにつれ，異性に対する感情や考え方にも大きな差異が見られる。また，異性に対する関心やあこがれは，様々な形で現れる。

(3) 教材について

　本教材は，バスケット部に所属する中学2年生の女子生徒が，3年生の先輩に憧れる。念願がかない，その先輩と付き合うようになるが，自分が目にする高校生のような付き合いとは程遠かった。異性に対する意識が，先輩とかけ離れていた主人公は，今後に不安を覚える。

(4) 授業構想について

・主人公と先輩は，互いのことを思っているのに，なぜ，意見が合わないのかについて考えさせたい。

・先輩ばかりでなく，母親からも考えを否定されて，この先どう付き合っていくのか，まったく見当がつかなくなった主人公の心情について考えさせたい。

(5) 板書計画

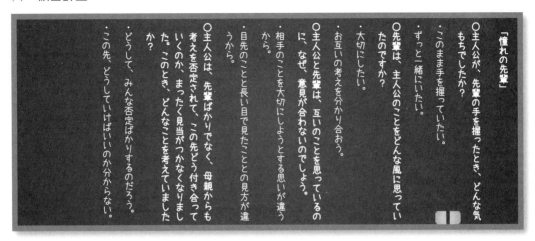

「憧れの先輩」
○主人公が、先輩の手を握ったとき、どんな気もちでしたか。
・このまま手を握っていたい。
・ずっと一緒にいたい。
○先輩は、主人公のことをどんな風に思っていたのですか？
・大切にしたい。
・お互いの考えを分かり合おう。
○主人公と先輩は、互いのことを思っているのに、なぜ、意見が合わないのでしょう。
・相手のことを大切にしようとする思いが違うから。
・目先のことと長い目で見たこととの見方が違うから。
○主人公は、先輩ばかりでなく、母親からも考えを否定されて、この先どう付き合っていくのか、まったく見当がつかなくなりました。このとき、どんなことを考えていましたか？
・どうして、みんな否定ばかりするのだろう。
・この先、どうしていけばいいのか分からない。

3 ねらい

異性についての正しい理解を深め、相手の人格を尊重する態度を養う。

4 学習指導過程

	学習活動	主な発問と予想される生徒の反応	指導上の留意点
導入 5分	1 「異性」について考える。	【発問1】「異性」と聞いて、どんなことを思い浮かべますか。 ・思い思いに発言する。 ・意識してしまう。 ・はずかしい、あこがれ	・発言がなくても、あまり無理強いしないように配慮する。
展開 40分	2 教材を読んで話し合う。 ★主人公の心情の変化を通して、授業のねらいに迫る。	【発問2】主人公が、先輩の手を握ったとき、どんな気もちでしたか。 ・このまま手を握っていたい。 ・ずっと一緒にいたい。 【発問3】先輩は、主人公のことをどんな風に思っていたのですか。 ・大切にしたい。 ・お互いの考えを分かり合おう。 【発問4】主人公と先輩は、互いのことを思っているのに、なぜ、意見が合わないのでしょうか。 ・相手のことを大切にしようとする思いが違うから。	・先輩に愛情を示す主人公の心情にふれる。 ・先輩も先輩なりに主人公に愛情を示していたことにふれる。 ・互いのことを思うとは、どんなことなのかをじっくり話し合わせたい。

		・目先のことと長い目で見たこととの見方が違うから。 【発問5】主人公は，先輩ばかりでなく母親からも考えを否定されて，この先どう付き合っていくのか，まったく見当がつかなくなりました。このとき，どんなことを考えていましたか。 ・どうして，みんな否定ばかりするのだろう。 ・この先，どうしていけばいいのか分からない。	・自分の考えと周りの人の考えにギャップを感じ始める主人公の心情にふれる。
	★資料のその後のシナリオを考える。	【発問6】「道徳シート」に，その後，主人公が先輩と会ったとき，どんな会話をしたのか，シナリオを書いてみましょう。	・道徳シートに記入して発表する。
終末 5分	3 教師の話を聞く。	・教師の話を聞き，学習全体を振り返る。	・教師の経験談を説話とする。

5 評 価

・異性についての正しい理解を深めることの大切さを理解することができたか。
・自分とのかかわりで，異性についての正しい理解を深めることをとらえることができたか。
・異性についての正しい理解を深める思いや課題を培うことができたか。

6 実践の手引き

(1) 授業づくりの工夫

　導入では，「異性」について，どのようなことを思い浮かべるか聞く。発達段階に応じて，あまり発言がないときは無理強いせず，教師の体験談を話すようにする。

　展開時の「先輩は，主人公のことをどんな風に思っていたのですか。」という発問に対して，生徒の中には，「何とも思わなかった。」と考える生徒もいるかもしれない。そのように考えることも一つの考えではあるが，先輩の「大切にしたい。」「お互いの考えを分かり合いたい」などの気もちを考えさせ，信頼と敬愛の念で主人公と関わっていきたいと考えていたことに着目させたい。このような活動を通して，異性について，互いに尊重し合い，高め合うことが大切であることを考えさせるようにする。

(2) 実際の授業の様子

　展開後半では，以下のような道徳シートを活用し，その後のシナリオを生徒一人一人に考えさせ，本時で深めた価値を整理できるようにすると効果的である。

その後のシナリオをつくってみよう！
　　　　　　　　年　　組　　番

　お母さんに文句を言われた翌日，私は，思い切って先輩に話をすることにしました。お母さんから，「受験が終わったら交際しなさい！」と言われたからです。私は，昨日から，ずっとそのことを考えていました。そして，先輩に，このことだけは，絶対に伝えようと思っていたことがあったのです。それは・・・。
　　　　（この後のシナリオを各自で考えよう）

　終末時には，次のような，ねらいに即した教師の説話を紹介すると効果的である。

　異性との交際について，よく，「中学生らしい交際をしましょう！」と言われます。「中学生らしい」のらしいとは，どんなことを言うのでしょうか。例えば，「話をするだけ」「デートはしない」「家には遊びに行かない」「こそこそしない」など，様々な交際があると思います。人それぞれに，価値基準は異なりますから，何を「していい」とか，「いけない」とか，決め付けることは無理なのかもしれません。

　でも，一つだけ言えることがあります。それは，付き合うことによって「互いがそれぞれ高まっていく」ことが，「中学生らしい」交際だということです。例えば，「彼女に勉強を教えるために自分もがんばろう」「テスト前だから，お互い，今は勉強に専念しよう」「彼のよいところをたくさん見つけて応援してあげよう」・・・。そんな気もちで，互いのよさを伸ばして，互いが高まっていけたら，どんなにすばらしいことでしょう。「中学生らしい」交際とは，こんなことを言うのではないでしょうか。

(3) 評価について

　異性についての授業においては，中学生の発達段階においては，個人的な内容について発表しなければならないかのように捉え，ときに沈黙することが多くなってしまうことがある。そんなとき，教師は，無理強いするのではなく，自らの体験談を提示したり，道徳シートでシナリオを考えさせたりするなど，生徒の気もちを最大限に配慮していくことが必要不可欠である。とくに，中学生の発達段階では，人前で発表することを恥ずかしがる場面もあるため，道徳ノートやワークシートの記述から，異性についての生徒の前向きな考えを評価していきたい。

(松原好広)

7 本実践事例の価値と活用へのアドバイス

東京都江東区立大島南央小学校　松原好広

　異性についての正しい理解を深めるとは，互いの相手のよさを認め合うということである。男女間における相互の在り方は，基本的に同性間におけるものと変わるところがない。すなわち，互いに独立した一個の人格としてその尊厳を重んじ，人間としての成長と幸せを願うことである。

　しかし，一方，中学生の時期は，一般に異性に対する関心は強くなる。そして，生徒の心身の発達には個人差が大きく，学年が上がるにつれ，異性に対する感情や考え方にも大きな差異が見られる。また，異性に対する関心やあこがれは，様々な形で現れる。

　平成20年，北海道学校保険審議会がまとめた「生徒の性に関するアンケート調査のまとめ」によると，異性の友人の有無については，男子では「グループで付き合うような異性の友人がいる」，「個人的に親しく付き合う」，「異性の友人がいる」と回答した者の割合は中学1年生62.6％，中学2年生69.7％，中学3年生73.0％と学年が進むに従って高くなっており，女子では中学3年生で他の学年に比べ低くなっている。平成13年調査と比較すると，中学3年生の女子を除いて「グループで付き合うような異性の友人がいる」，「個人的に親しく付き合う異性の友人がいる」と回答した者の割合が高くなっている。

　その一方で，男女交際について保護者がどのように考えているかについては，1対1の交際について「無条件で認めてくれる」，「責任がもてるなら認めてくれる」及び「一応認めてくれるが何かと意見を言う」と回答した者の割合は，男女ともに高校生が約75％，中学生が約50％となっている。また，「わからない」と回答した者の割合は中学生が高校生より高くなっている。

　このように，異性についての正しい理解を深めることは難しい面もあるが，中学生という発達段階を見極めると，大切な課題である。

　今回の中学校学習指導要領の内容から，男女の理解が消えた。そして，友情，信頼の文脈へ「異性への理解」として組み入れられた。小学校高学年の内容も同様となった。

　以上，道徳科の授業は，大人が考えているよりも，生徒の意識や実態の方が先行していることを十分考慮したい。そして，教師は，照れくさい等の理由から，避けたり，先送りしたりしてしまわぬよう，しっかりとした気もちで，授業を実践してもらいたい。教師自身の経験を生徒の前でさらけ出すぐらいの強い気もちで臨む必要がある。

特別支援学級における道徳科授業実践
～個別の指導計画の活用～

Ⅲ⑤

東京都北区立滝野川第二小学校　中塩絵美

1　主題名　役に立てる喜び

　　内容項目　C 勤労，公共の精神　　　　対象学年　小学校特別支援学級

　　教材名　『ぼくのおしごと』出典「あたらしいどうとく」1年　東京書籍

2　主題設定の理由

(1)　ねらいとする道徳的価値について

　勤労観や職業観を育むことは，将来の社会的自立へつながる。そのためには，働くことの意義について考えたり，自分の仕事に誇りや喜びを見出したりして，みんなのために働こうとする意欲をもつことが大切である。また，自分のよさを自覚し，それをみんなのために役立てようとすることは，将来的な自己実現にもつながる。児童一人一人が，自分の役割を自覚し，みんなの役に立つことのうれしさや，やりがいを基に，進んで学級の清掃や給食などの当番活動に取り組もうとする実践意欲を育てたい。

(2)　児童の実態について

　特別支援学級において，児童は発達の段階が多様であり，それぞれの課題も様々である。児童一人一人の特徴を見極め，それぞれの児童に即したねらいをもって授業を展開し，そのうえで，一人一人の児童の実態から，成長を見取って評価していくことが，価値の自覚を深めることになる。学級の当番活動には，日直や清掃，給食などがあるが，決まった流れに沿って仕事をすることを得意とする児童は，強いこだわりをもって細部にわたって仕事をやりとげることができるが，多動傾向があり，集中力の持続が難しい児童にとっては，つい他のことに気を取られ，仕事をおろそかにしてしまう傾向がある。みんなの役に立つ喜びとともに，集団の一員として役割を果たすことについて考えを深めたい。

(3)　教材について

　主人公のひろきがお母さんにお風呂掃除を教えてもらい，自分の仕事として担うお話である。お手伝いと仕事は違う。「お手伝い」には，本来は他者の仕事であるが，少し代わりにやるという意味合いがあり，「仕事」には自分が責任をもって全うしなければならないという意味があり，仕事は自分が怠ると他の人に迷惑をかけることにもなる。その点を

踏まえて，役割を担うことと責任について考え，高学年には集団の一員として，みんなのために働こうとする心情を育てたい。低学年には日頃どのような仕事を分担しているか振り返り，みんなの役に立つことの喜びに気付かせたい。

(4) 授業構想の工夫

① 主体的な学びの工夫

　自己との関わりで考えるために，自分が日頃どのような仕事を担っているのか振り返り，どのような思いや考えで仕事をしているのかを見つめ直す。その際，発達の段階を考慮して，一人一人が自分の仕事を振り返れるように，事前に各家庭での役割分担について把握し，その様子をヒントとして伝える。仕事の仕方や家族から寄せられた情報を参考に，どのような思いで仕事をしているのか考えさせる。

② 対話的な学びの工夫

　身近な集団である学級での仕事に考えを広げ，みんなのために仕事をすることの意義について話し合う。低学年は自分の得意な仕事について考え，その理由を基にみんなのために働こうとする心情へつなげる。高学年は自分の役割を果たすことや，集団生活の向上のために仕事をすることについて話し合い，進んでみんなのために働こうとする心情を育てる。特別支援学級は複数担任で授業を行う。そのため，各グループに教員が入り，教員が日頃の実践を振り返らせることで，価値の自覚を深められるようにする。

(5) 板書計画

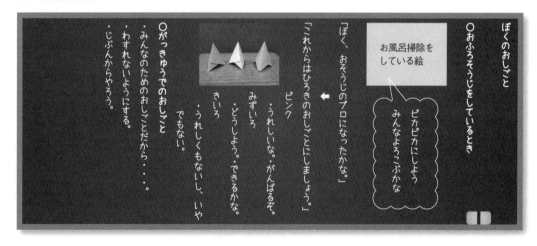

3　ねらい

　「これからはあなたのお仕事です。」と言われたときの気もちについて自分事として考えることを通して，働くことに関心を持ち，みんなのために働くことの喜びについて考えを

深め，進んでみんなのために働こうとする実践意欲を育てる。

4　学習指導過程

	学習活動	主な発問と予想される児童の反応	指導上の留意点
導入 5分	1 「仕事」と「手伝い」の違いについて話し合う。	【発問1】仕事と手伝いにはどんな違いがありますか。 ・仕事は当番活動みたい。自分でやらないといけない。 ・手伝いは誰かの仕事を少しやる。	・仕事とはみんなのために役割を担うことであり，自分の責任のもとに行うことについて言及する。
展開 35分	2 「ぼくのしごと」を読み，主人公に自我関与して話し合う。	【発問2】ひろきはどんな気もちでお風呂を洗っていたのでしょうか。 ・みんなのために頑張るぞ。 ・ピカピカにしよう。 ・今度からは自分でやろう。 【発問3】「これからはひろきのお仕事にしましょう。」と言われて，どんなことを考えたでしょう。 ・僕がやらなきゃいけない。 ・みんなのためにがんばろう。 ・毎日やるぞ。 ・褒められて嬉しいな。	・ひろきに自我関与して，家族のために仕事をしている時の気もちを考える。
	3 自分事として考える。	【発問4】自分が「これからはあなたのお仕事です。」と言われたらどう思いますか。 ・みんなの役に立てて嬉しい。頑張るぞ。（ピンク） ・ちょっと心配。できるかな。毎日続けられるか心配。（水色） ・嬉しくもないし，どうしよう，という不安もない。仕事ならやらなきゃいけないからやる。（黄色）	・色付きのコーンを各自に持たせ，その色で意思表示をさせる。気もちや理由をたずね，ねらいとする価値について考えを深められるように促す。
	4 自分を振り返って考え，話し合う。	【発問5】日々の日直や給食，掃除当番などの学級での仕事をするとき，どんな気もちで取り組んだらよいのか話し合いましょう。 ・がんばるぞ。 ・やらないとみんなが困る。 ・みんな喜んでくれるかな。 ・僕の仕事だから，ちゃんとやろう。	・日頃の当番活動の様子を動画で振り返り，どんな気もちで取り組んでいたのか，実践をもとに話合い，どのような気もちで取り組んだらよいの

		・教室がきれいになったら嬉しいな。	か，それぞれの考えを伝えあって，対話的に考えを深める。
終末 5分	5 実践意欲につなげる。	【発問6】家族やみんなの役に立って嬉しかったことはありますか。 ・お掃除をいつも最後まで頑張っている。 ・お母さんに「ありがとう」と言われて嬉しかった。	・日頃の様子や保護者から聞いていることから，みんなのために頑張っていることを伝え，役に立つ喜びに気付かせる。

5 評価

(1) ねらいについて

　特別支援学級の将来的な目的の一つに就労があげられる。児童の学力の定着に加え，身に付けた各種の力を活用して，将来どのような仕事に就くのか，その素地となるキャリア教育が重要な教育課題となっている。キャリア形成とは，社会の中で自分の役割を果たしながら，自分らしい生き方を実現していくための働きかけで，その連なりや積み重ねを意味する。キャリア形成を図るために，働くことのよさを知り，みんなの役に立つ喜びを知り，自己実現の場として，進んでみんなのために役立とうとする実践意欲や態度を育てたい。

(2) ねらいを達成できる授業構想であるか（検証・評価）

　自分事として，仕事を任されたときの心情を深めるにあたり，色コーンによる発達段階の見極めを指針とした。色コーンの活用が，みんなのために役立とうとする実践意欲へとつなげる指導にとって有効であったか。

6 実践の手引き

(1) 自分事として考えるための工夫（色コーンによる発達段階の見極め）

　本教材では，主人公の「ひろき」がお風呂掃除を覚えて，仕事として役割を担うことになって喜ぶ様子が書かれているが，実際は仕事として役割を担うことには責任も伴ってくる。その認識が仕事として受け止めたとき，心情にも表れるのではないかと考えた。そのため，色コーンを用いて心情の違いを視覚化することで，キャリア発達の段階を見極めることにした。自分事として考えたとき，主に低学年では認められた嬉しさについて言及する発言が多く見られた（ピンク）。中学年では，役割を担った経験もあり，その役割を全う

できずに後悔したことなどもあったためか,「ちゃんとできるか心配。」など不安に思う気もちがうかがえた(水色)。高学年は仕事としての認識は「やるべきこと」であり,嬉しいという感情や不安な気もちなどと分けて考えていることが分かった（黄色）。それぞれのキャリア発達の段階から,役に立つ喜びを深める段階なのか,仕事に責任をもつことを考える段階なのかを見極めた。

(2) 実際の授業の様子（児童の思考を促す展開）

【発問2】では働くことに関心をもつという段階にアプローチした。「みんなのために頑張って,役に立ちたい」といった,「役に立つ喜び」について気が付いている児童もいた。

【発問3】ではみんなのために働くことについて考えを深めるために,児童のキャリア発達の段階を考慮した。「これからはひろきのお仕事にしましょう」と言われて考えたことを尋ねると,「やったぁ」「嬉しい」と褒められて嬉しいと感じる児童もいれば,「なんで」と疑問に思う児童もいた。仕事としての責任について負担に思っているのではないかと考えられたため,次に自分だったらどう思うかを考えさせた。自分事として考えさせキャリア発達の段階を見極めた後,【発問5】で実際の自分たちの当番活動の様子を動画で見せた。「どんな気もちで取り組んだらよいか」と発問すると,児童の発言からは,「みんなのために役に立ちたい」という心情や,「もっと当番活動を頑張りたい」といった実践意欲がうかがえた。

(3) 評価について

特別支援学級では,児童の発達の段階が多様であるため,個々の児童の実態を個別に見極め,その変容についても個別に見取らなければならない。色コーンによる実態把握と,自己への振り返りの発言から,役に立つことの喜びに気が付いた児童や,みんなのために働くことについて考えを深めている児童の様子がうかがえた。実践意欲を促すために,日頃の当番活動や家庭で役割を担う様子を伝え,実際にみんなの役に立っていることを伝えたことも有効であった。

7 本実践事例の価値とアドバイス

東京都青梅市立第六小学校　中野和人

　ここに出てくる「多面的・多角的に考え」とはどういうことであろうか。改めていうまでもなく，道徳科の目標は「……自己を見つめ，物事を多面的・多角的に考え，自己の行き方についての考えを深める学習を通して，道徳的な判断力，心情，実践意欲と態度を育てる」とされている。一般的に言えば「多面的・多角的に考える」とは，物事を一面的に捉えるのではなく，様々な視点から考えるということであり，「多面的」とは，ある事象が様々な面をもっていることを，そして「多角的」とは，ある事象を様々な角度から見ることを意味している。

　道徳科の授業に置き換えてみると，「多面的・多角的に考える」とは，教材に登場する様々な人の立場で考え，登場人物を客観的に捉えながら，様々な面をもつ道徳的な諸事象を，様々な角度から考察して捉えることであると考える。児童は道徳科の授業で道徳的価値を自分事として考える。そこで，自分の感じ方や考え方をより明確にするためには，道徳的価値を多面的・多角的に考えて，多様な感じ方や考え方と出合う必要がある。「多面的・多角的に考える」ことは，思考力，判断力，表現力等を育成する上でも大切なことであり，これまで以上に児童は対話を通して様々な捉え方ができるようにすることが求められる。

　本授業は「いじめを許さない心情を多面的・多角的な見方を通して育てる」という実践である。多面的・多角的に考えさせるために，授業の前にアンケートをとることで，いじめに対しての一人一人の考えをしっかりと把握することができ授業構想に生かすことができている。いじめの被害者である主人公の気もちだけでなく，傍観者や仲裁者，加害者の気もちにも考えを及ぼすことで，1つの事象を「多面的・多角的に考える」ことができている。それだけではなく，グループ分けをして登場人物を分担させたことも効果的であった。さらに児童から出てきた考えを共有するために，短冊を用いて黒板に掲示したことも効果的であった。「多面的・多角的に考える」ためには児童が相互に考えを共有しながら，考えを広げたり深めたりする場が必要であるからである。板書計画にもあるように，それぞれの立場での考えを整理することで，鳥瞰図的に眺めることができ，そのことにより，考えの共通点や差異に児童は気付くことができ，ここでも多面的・多角的に考えることができていた。児童の考えを分かりやすく整理することも多面的・多角的に考える上で大切なポイントである。

　いじめの問題を道徳科で考える際には，様々な立場で考えさせることが必要であり，それぞれの立場を鳥瞰図的に眺めて話合いができたことも効果的であった。児童がより多面的・多角的に考えられるようにしていくためにも，指導の工夫が重要である。

特別支援学級の「考える道徳」

東京都渋谷区立渋谷本町学園　上田郁子

1　主題名　ともだちに　やさしくしよう

内容項目　B　友情・信頼(低・中学年)　　　　対象学年　特別支援学級

教材名　『こんなとき，どうする？』出典　自作劇台本

2　主題設定の理由

(1)　ねらいとする道徳的価値について

内容項目「友情」では，「友情」という言葉を多面的・多角的に捉えると「友達」「仲良くする」「優しくする」「親切にする」「思いやりのある行動をとる」「友達がいるとうれしい」など多くの言葉の意味が含まれている。

この中で，「優しくする」という言葉に焦点を当てて授業を行う。授業では，この言葉の意味について理解を促せるように，資料を劇化するなどの工夫を施して具体的に考えさせながら指導する。さらに，ゲームなどの活動を通して，「友達と仲良くする」「友達に親切にする」ことを体験的に理解させることをプロセスとして大切にする。

そして，授業の終わりに，学習活動を振り返り，めあてとしての内容項目「友情」を自分なりの言葉で表現することで，言葉の理解を深め，広げられるようにしていく。

(2)　児童の実態について

特別支援学級は，1〜6年生の児童が在籍している上，個々の発達差が大きく，特性が異なるため，全員が同じように考え，活動することは難しい。しかし，自他ともに，それらの「差」を「違い」と受け止め，認め合うことで，受容的・共感的な学習集団に育てようと努めている。そのために，教員も補助員も共通理解のもとで指導に当たり，児童同士が温かな関わり方をする場面が増えるようになってきた。とはいえ，自分本位に行動したり，こだわりが強く出たりして，不適切な関わりをする場面も時折見られる。

道徳科の授業を楽しみにしている児童も多く，主に，日常の中で起こる場面について，立ち止まって考える時間にしている。教材を紙芝居にして提示したり，簡単な劇にして大人が登場人物を演じて見せたりしている。そうすることで，児童が自分事として考えたり，登場人物に自我関与して考えたり，客観的に自分の行動を振り返ったりすることがしやす

いようにしている。

　本時の学習では，日常生活でよく見られる場面を劇化して考えさせることにする。場面の内容について，客観的に理解できる児童もいるが，自分に置き換えて考えたり，登場人物の心情を考えたりすることは難しい段階の児童もいる。

　展開後段で，具体化した活動として遊びの場を設けている。授業以外の生活の場面で，学んだことが深化・統合され，児童が「友達に優しくする」ことを心にとめ，温かな友達関係を築いていこうとする心情を育んでいきたい。

(3) 教材について

　本教材は，劇化教材である。長いストーリーや言葉では，イメージをもったり，理解することが困難な児童のために，大人が劇にして見せることで具体的に理解できるようにしている。

　児童の実態として，善悪を考えることはしやすいが，相手の気もちを想像することは難しい様子が見られる。さらに，自分の考えや思いを表現し，理解し合うことも，困難なことがある。

　そこで，劇の内容は，児童同士が共通理解の上で考え，話し合えるよう，日常生活の場面を題材にしている。本時は，「友達が使っている遊び道具を使いたいときの伝え方」を考えさせる劇である。遊び道具を使いたいのにうまく伝えられず，怒られたり，無視されたり，「いやだ」と言われてしまったりする。このような場面は，児童の日常生活でよく起こりうることであり，その場面を劇にすることで，児童が自分事として考えられるようにしている。

　劇を見た後，少人数のグループに分かれて考えることで，劇の内容を理解させたり，気もちを考えさせたりする。そうすることで，友達に優しくすること，親切な気もちをもつこと，思いやりのある関わりをすることなどについて，具体的に考えさせることをねらっている。

(4) 授業構想について

　本学級では，「考える道徳」を「言葉の勉強」と関連させて捉えている。

　主題である「優しくする」という言葉についての理解を深めるにあたり，展開前段では**劇化資料**，展開後段では**具体化した活動**，終末のまとめでは**自分の言葉で言語化する**ことを1時間の授業の中で行う。

　複数の教師で指導できるため，児童の特性や趣向，思考の偏りなどに配慮した**少人数でのグループ学習**も取り入れる。前段では，劇化資料の内容についての理解を促す。そして後段では，前段での学習を生かして，活動に取り組んでいる児童の言動を褒めたり，価値付けたりするなど即時評価することで，体験的に理解を深めさせることねらう。さらに，まとめの振り返りにおいて，めあてを自分の言葉で言語化することで，一人一人の理解の内容に違いはあるものの，一人一人がそれぞれに理解を深めることを大切にする。

(5) 板書計画・場面劇資料

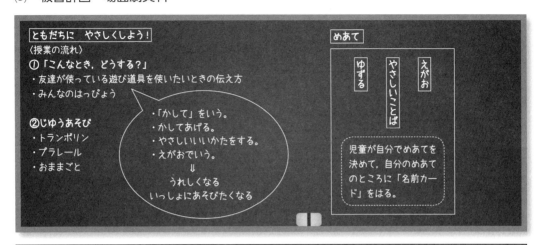

```
「こんなとき，どうする？」場面劇　台本
〈友達が使っている遊び道具を使いたいときの伝え方〉
ナレーター：休み時間になりました。〇組のみんなは，プレイルームに遊びに行きます。
　　　　　　「みなさん，友達に優しくして，仲良く遊びましょう。さあ，どうぞ。」と，先
　　　　　　生が言いました。みんなは，すぐに遊び始めました。
　　　　　　あれ，あれ‥‥金さんは，友達に優しくして，仲良く遊べているかしら？
金さん：青さん→桃さん→緑さん　の所に行くが，仲良く遊べない。
青さん：(ビー玉)いきなり横取りされたので，怒る。
桃さん：(ぬいぐるみ)「貸してよ」と言って取ろうとされたが，無視して遊び続ける。
緑さん：(電車)「一緒に遊ぼう」と強引に割り込まれたので，「いやだ！」と追い払う。
ナレーター：(児童に向かって)さあ，みなさん！　こんなとき，どうする？

※金，青，桃，緑の色紙カードを胸に提げることで，登場人物の呼び名にしている。
```

3　ねらい

「こんなとき，どうする？」の劇の登場人物に自我関与して考えたり，具体化した活動をしたりする中で，友達に優しくすることはお互いの喜びであり，友達と仲良く生活していこうとする道徳的心情を育てる。

Aグループ：優しい言葉や笑顔で接すると嬉しいことに気付く。
Bグループ：友達に優しい声掛けをすると，友達が嬉しい気もちになることに気付く。
Cグループ：友達に優しい言動をとったり，時には，我慢したりすることで，友達が嬉しい気もちになることに気付く。また，友達が嬉しい気もちになると，自分もまた，嬉しい気もちになることに気付く。

4　学習指導過程

	学習活動	主な発問と予想される児童の反応	指導上の留意点
導入 5分	1　本時のめあてと学習内容を知り，自分のめあてを決める。	【発問1】今日は，「友達に優しくする」とは，どういうことかお勉強しましょう。「優しくする」とは，どういうことでしょうか。 ・一緒に遊ぶ。 ・優しく言う。 ・ゆずってあげる。	・児童が学習活動に見通しをもち，安心して主体的に学べるようにする。 ・自分でめあてを決めることで，本時の課題を意識して学習に取り組めるようにする。
展開 前段 20分	2　『こんなときどうする？』〈友達が使っている遊び道具を使いたいときの伝え方〉の劇を見て，グループに分かれて考える。	【発問2】Aグループ：金さんのしたことをどう思いますか。どうするとよいでしょう。 ・いきなり取っては，だめ。 ・「貸して」を言う。 Bグループ：金さんのしたことを青さんや桃さんはどう思いましたか。金さんはどうするとよいでしょう。 ・嫌な気もちになる。 ・（嫌な気もちの絵カードを指さす。） ・「貸して」を言う。 ・「貸して」と言われたら，貸してあげる。 Cグループ：金さんや青さんはどうすると良かったでしょう。 ・金さん→順番を待つ。 ・「次に貸して」と言う。 ・青さんたち→優しい言い方をする。 ・黙っていては伝わらない。 ・笑顔で言う。	・全体で劇を見た後，3グループに分かれて考え話し合う。 A　劇の場面について，理解できたか確認してから考えさせる。 B　気もちも考えさせる。言葉で説明できない児童は，「○・×」「嫌な気もち・嬉しい気もち」などの絵カードを頼りに答えられるように支援する。 C　具体的にどうするとよいかを考えさせる。また，行動の結果，相手がどんな気もちになり，それを受けて自分がどんな気もちになるか，考えるようにさせる。
展開 後段 10分	グループごとに発表する。	【発問3】3つのグループでどんなことを話し合ったのか，聞いてみましょう。 ※それぞれのグループが発表する。	・話し合いのときに，補助員が画用紙に記録したものを見ながら発表させる。

	3 自由遊びをする。 ・トランポリン ・プラレール ・おままごと それぞれの遊び場を分けて，みんなで遊ぶ。	【発問4】みんなで，お互いに優しくして，仲良く遊びましょう。さあ，どうぞ。 ・「順番に並ぼうね。」 ・「次，貸して。」 ・「一緒に遊ぼう。」→「いいよ。」 ・「ありがとう。」 など，友達に優しい関わり方をする。	・子供同士の関りを生む3種類の遊びにする。 ・教員，補助員の配置を決めておく。 ・学習した内容を踏まえた活動ができていたら褒める。 ・即時評価することで，学習した内容が具体的に理解でき，定着するように支援する。
終末 10分	4 自分のめあてを振り返る。	【発問5】自分のめあては，できましたか。 ※挙手する。 「友達に優しくする」とは，どういうことでしょう。 ・「貸して」と言われたら，貸してあげる。 ・優しい言い方をする。 ・仲良く遊ぶ。 ・譲ってあげる。がまんしてあげる。	・自分のめあてを確認させて，課題を意識付ける。 ・板書を手掛かりに，自分の言葉で表現させる。
	5 「自分にプラス1」を考える。(学習内容をより深める。)	【発問6】友達に優しくされると，どんな気もちになりますか。 ・うれしい気もち ・「ありがとう」と思う。 友達に優しくすると，どんな気もちになりますか。 ・いい気もち。 ・うれしい気もち。 ・もっと仲良くしたくなる。	・優しく「される」と，優しく「する」の違いが明確になるよう，教師が役割演技をして考えさせる。 ・優しくされた時も，優しくした時も，「うれしい気もち」になることを抑える。 ・相手に優しさが伝わると「ありがとう」という言葉が返ってくること，逆に，相手の優しさを受け止めたら「ありがとう」を言うことを押さえる。

5　評価
(1)　ねらいについて
　本時の学習のねらいとして、「『こんなとき，どうする？』の劇の登場人物に自我関与して考えたり，具体化した活動をしたりする中で，友達に優しくすることはお互いの喜びであり，友達と仲良く生活していこうとする道徳的心情を育てる。」と設定したが，適切であったか。

　そして，個に応じためあてとして，以下のように設定したが，適切であったか。
Aグループ：優しい言葉や笑顔で接すると嬉しいことに気付くことができたか。
Bグループ：友達に優しい声掛けをすると，友達が嬉しい気もちになることに気付けたか。
Cグループ：友達に優しい言動をとったり，時には，我慢したりすることで，友達が嬉しい気もちになることに気付く。また，友達が嬉しい気もちになると，自分もまた，嬉しい気もちになることに気付くことできたか。

(2)　ねらいを達成できる授業構想であるか
　資料を劇化して見せたことで，ねらいと学習内容の理解，自分事として考えることができたか。また，3つのグループに分かれて考え話し合ったことが，主体的に学び，理解を深めることに生かせたか。さらに，具体化した活動の中で，即時評価をすることが，児童の意欲と理解を高めることに有効だったか。

6　実践の手引き
(1)　授業づくりの工夫（教師と補助員，みんなでつくる道徳授業）
　本学級は，複数の教師と補助員で事前に授業の打ち合わせを行い，互いに共通の課題認識をもって授業を行っている。そして，児童の必要に応じた支援が，以下の工夫である。
　①教材の工夫
　　　劇化教材　児童同士が共通理解して考え話し合えるよう，日常の場面を劇にして見せる。
　②学習形態の工夫
　　　一斉　学級全体が同じ土俵で学び，互いの共通理解を促す。
　　　特性・課題別グループ（教師主導）　学習内容の理解を深める。
　　　趣向別グループ（児童主体）　学習内容を日常生活につなげる。
　③指導法の工夫
　　　絵カード　考えを言葉で表現したり，気もちと表情を結び付けたりすることが難し

　　　　い児童の支援として活用する。
　　　児童同士の関わりを生む遊び　順番を待つこと，会話，協力を必要とする３種類の
　　　　遊びを選んだ。
　④評価の工夫
　　　即時評価　児童が自信をもって学習し，学習内容の理解と定着を図る。
　　　自己評価　学習のはじめにめあてを決め，終わりに振り返りをもつことで，児童が
　　　　自己評価できるようにする。
(2)　実際の授業の様子(劇化によって理解を深める授業)
　展開前段での劇化教材の提示により，児童は意欲的に劇を見て内容を理解していた。その後，３グループに分かれることで，全員が話し合いに参加して考えを表現することができ，自分なりの考えをもつことができた。
　展開後段での遊びの場面では，児童が「並んで待っててね。」や「先にどうぞ。」などと，学習したことを意識した声掛けをし合って活動していた。また，教師から自分たちの言動を認められ，褒められることで，理解が深まり自信をもって活動する姿が見られた。
　終末での「優しくする」という言葉の意味を深める学習では，自分の言葉で表現し，友達の発表を聞いて理解しようとすることができた。最後の優しく「される」，優しく「する」という２つの立場について，教師が二人で劇化して教えたことで，客観的に整理して考えることができた。
(3)　評価について
　評価方法は先にも述べたが，大きく分けて「自己評価」と「即時評価」の２つである。
　ア　学習課題を定着させる「自己評価」〈「自分自身にプラス１」〉
　　児童が自分で決めためあてに対する自己評価である。授業の終わりに，学習内容を自分で振り返ることによって，学習課題を定着させることができる。また，自分で自分を肯定的に評価することにより，「自分自身にプラス１」の意識を芽生えさせたい。
　イ　学習内容の理解を深める「即時評価」〈「明日の自分にプラス１」〉
　　児童のよい言動をその場ですぐに評価することで，児童が自信をもって学習し，理解を促すことに，大変有効である。とりわけ，日常の場面を学習の題材にしているため，道徳の授業で評価されることは，即普段の生活に生かすことができる。そのため，児童にとって大きな自信になり，授業以外でもやってみようとする意欲が芽生え，「明日の自分にプラス１」と自分自身に希望をもつことにつながる。

7　本実践事例の価値と活用へのアドバイス

東京純心大学　神山直子

　特別支援学級おいては，児童の障害の程度や学級の実態等を考慮の上，特別の教育課程を編成することができる。小学校学習指導要領（平成29年告示）解説総則編（平成29年7月）においても，「障害のある児童などについては，特別支援学校等の助言または援助を活用しつつ，個々の児童の障害の状態等に応じた指導内容や指導方法の工夫を組織的かつ計画的に行うものとする。」と示されている。特別支援学級の児童生徒にとっても，魅力ある道徳科の授業作りは重要な課題であり，その意味において本実践の価値がある。

(1) 言葉に着目した発想と実践

　道徳科の授業には，道徳的な言葉が様々に用いられている。それぞれが，具体的にはどのような行為を指し，その背景にはどのような心情等があるのかを児童と共に考えることに意義がある。本実践においては，「優しくする」が取り上げられているが，ねらいには，優しさの他に「お互いの喜び」，「友達と仲良く」などの内容が含まれている。道徳科の年間指導計画や個別指導計画，さらには週の指導計画等に，どの言葉を，どのように取り上げるのかなどを記録を残し，計画的・継続的に指導を行うことが欠かせない。取り上げる言葉については，学習指導要領の解説等に，内容項目を端的に表す言葉が示されている。例えば「節制＝もったいない」と捉えるなど，児童や学級の実態に応じた学習内容を選択することが必要となる。

(2) 複数担任制の利点を生かした体験的な活動

　本事例では，特別支援学級の複数担任制が効果的に機能している。板書には，1時間の学習の流れが児童に分かりやすく示され，グループ別の活動になっても，児童は見通しを持ち，主体的に学習活動に集中することができる。

　「優しくすること」について学んだことを発揮する場として，自由遊びを設定したことも有効である。ただし，児童にとっては，あくまでも「遊び」であって，「優しくするための遊び」ではないことに留意したい。遊びの活動中に，児童自ら気付いた優しさや，遊びの活動を支え見守る教師が見取った児童一人一人の優しさを，振り返りの中で交流し，共有したい。

　なお，冒頭の「こんなとき，どうする？」の劇は，改善点を含む内容であるため，教師が演じている。そこで，終末の「自分にプラス1」において，自由遊びの活動の振り返りを生かし，台本の改善・充実を図った上で，A・B・Cそれぞれのグループの児童が演じる活動を設定するよう提案したい。体験的な活動は，児童のものの見方・考え方に強い影響を与える。改善点を修正しモデルとなる質の高い経験を繰り返し行わせることが，道徳性を高める上で重要である。

Ⅲ⑦ 「生命の尊さ」の教材を「よりよく生きる喜び」の授業に活かす

東京都町田市立町田第四小学校　橋本結

1　主題名　自分らしく生きる

内容項目　D よりよく生きる喜び　　　対象学年　小学校第5学年

教材名　『カザルスの鳥の歌』出典「かがやけみらい6年」学校図書

2　主題設定の理由

(1) ねらいとする道徳的価値について

　人生は一度きりである。人それぞれ長さは違うが，誰もがたった一度の自分の人生を生きている。その全てが尊いものであるということは，言うまでもない。人は本来，たった一度の人生をよりよく生きたいと願うものである。よりよく生きるということは，自分自身に誠実でいることであり，また，自分自身の生に意味や可能性を感じられることである。それができたとき，人は喜びを感じる。

　しかしながら，ほとんどの人にとって生きていることは「当たり前」であり，生きることの尊さに気付いたり，人生の重みを実感したりすることは難しい。人生経験の少ない小学生の児童にとってはなおさらである。

　したがって，自分以外の人の気高い生き方や力強い生き方に触れさせ，限りある命を懸命に生きることの尊さ，生きることの意義を追い求める高尚さを感じさせることが大切であると考える。それによって自分の人生の価値や尊さに気付かせ，誇りある生き方，夢や希望のある生き方を目指そうとする心情を育てたい。

(2) 児童の実態について

　発問に対して，素直に自分の意見を言うことができる児童たちである。どの内容項目に関しても，自分の身近な生活に関連させて振り返りをする姿がある。「生命の尊さ」の学習では，教材を通して命の尊さを理解することができた。命の有限性や連続性に気付いたり，「命」と「生き方」を関連させて振り返りをしたりする児童も数名見られた。

　本学習を通して，死を目の前にした主人公の力強い生き方に触れさせ，「命」そのものだけではなく「生きること」の尊さを感じ取らせたい。

(3) 教材について

　世界的なチェロ奏者，徳永兼一郎の最後のコンサートを扱った実話である。兼一郎は，チェロ奏者として世界で活躍する真最中にガンの宣告を受けた。病に倒れながらも新しい楽器に挑戦し，死の間際まで自分の演奏を極めようと練習に打ち込んだ。

　兼一郎のような人生，力強い生き方は，誰もができるわけではないが，教材を通してそのような生き方に触れることで，自分の人生の価値や尊さに気付かせたい。

(4) 授業構想について

① ねらいとする価値に迫るための発問構成

　「生や死」ではなく，主人公の「生き方」に着目させる発問構成とする。発問時の教師による説明を精選し，補助発問で深めさせる。

② 展開後段の前に教師の説話

　教材の内容が児童の生活から離れているため，教師の説話で展開前段と後段をつなぐ。教師が教材を通して考えた「生き方」について語り，児童の思考のモデルとする。

③ 書きたくなるワークシート

　展開後段ではワークシートを活用し，十分に時間をとって児童に考えさせる。ワークシートはカラーで印刷し，角を落とすことにより，親しみやすい雰囲気を作る。罫線はなくして，書くことへの心理的負担を軽減させる。

(5) 板書計画

3　ねらい

　最後までよりよい演奏をしようという強い意志を貫いた兼一郎の生き方について考えることを通して，限りある人生を前向きに生きようとする道徳的心情を養う。

4　学習指導過程

	学習活動	主な発問と予想される児童の反応	指導上の留意点
導入 2分	1　教材の概要を知る。	・世界的なチェロ奏者，徳永兼一郎さんの，最後のコンサートの話をします。	・教材への導入。徳永兼一郎について紹介する。
展開前段 23分	2　「カザルスの鳥の歌」の範読を聞き，話し合う。	【発問1】チェロ奏者として世界で活躍する最中にガンの宣告を受けた兼一郎。「あと，どのくらい，生きられるのですか!」と言ったときの気もちはどうだったでしょう。 ・死ぬなんて嫌だ。 ・これからどうしたらいいんだ。 ・まだ生きたい。もっとチェロを弾いていたい。 【発問2】死を目前にした兼一郎が使ったのは，アマティではなく新しいチェロでした。どんな思いで新しい楽器を選んだのでしょう。 ・僕の生きた証を，このチェロに残したい。 ・音楽家として，最後まで挑戦したい。 ・絶対に弾きこなすぞ。 ・どこまでできるだろうか。不安。 【中心発問】演奏後,「おじちゃん，素晴らしかったよ!」と男の子が飛び出してきました。兼一郎の演奏が聴く人の心を打つのはなぜでしょう。 ・チェロや音楽を愛する気もちが強いから。 ・支えてくれた人への感謝の思いがこもっているから。 ・残された時間，体力，全てを捧げた演奏だから。	・教材提示ではBGMを活用する。 ・絶望・悲しみ，演奏家としての未練・生への執着心を捉えさせる。 ・生きることへの前向きな気もちを捉えさせる。 ・「夜になると一人でじっと考え込む兼一郎は，どんなことを思っていたのでしょう。」を補助発問とし，兼一郎の不安に気付かせる。 ・「兼一郎にとっての『最高の演奏』とは，どんなものだったのでしょう。」を補助発問とし，最後の演奏に込めた兼一郎の思いに気付かせる。
展開後段 15分	3　教師の説話を聞く。 4　自分を振り返る。	(内容)兼一郎の生き方を通して，教師が考えたこと。 【発問4】最後まで演奏を続けた兼一郎の生き方から，あなたはどんなことを感じましたか。自分の生き方について考えたことも書きましょう。 ・立派な生き方だと思った。辛いことがあってもあきらめないで努力したい。	・ワークシートを活用する。 【評価】兼一郎の力強い生き方に感動し，自分自身の「生き方」に関する考えを深めることができたか。

		・自分の生き方を貫いて幸せだったと思う。私も習い事の○○をずっと続けたい。 ・一度しかない人生を大切にしたい。感謝の気もちはすぐに言葉で伝えようと思った。	
終末 5分	5 「鳥の歌」の演奏を聴く。	○兼一郎が人生最後の演奏に選んだ曲,「鳥の歌」を聴きましょう。	・余韻をもたせて終わる。

5 評　価
(1) ねらいについて
　兼一郎の力強い生き方に感動し，自分自身の「生き方」に関する考えを深めることができたか。（ワークシートの記述，発言）
(2) ねらいを達成できる授業構想であるか
　登場人物の生き方について考えさせることを通して，自分自身の生き方に関する考えを深めさせることができる発問構成であったか。補助発問によって，児童の思考をねらいとする価値に向けることができたか。

6　実践の手引き
(1) 年間指導計画における位置付け
　「D　よりよく生きる喜び」という内容項目は，様々な内容項目・価値の土台の上に成り立っている。展開前段では教材を通して主人公の生き方について考えさせた。展開後段では，それぞれの児童が自己の経験や考え方に即して様々な内容項目と関連させながら振り返りをする様子が見られた。したがって，年間指導計画に本授業を位置付ける際は年度の後半にし，なるべく全ての内容項目を学習した後に設定することが望ましいと考える。合わせて教材理解の難しさもあるため，児童の実態に合わせて第6学年に設定することも検討するとよい。

(2) 教材理解について
　本教材では，死を目の前にした主人公が「名器アマティ」を捨て「新しいチェロ」に挑戦したところに「よりよく生きる喜び」の価値が表れている。授業では，第2発問でその点を児童に理解させる必要があり，補助発問を用いて十分に深

める必要がある。プロの演奏家にとって楽器の選択がどれだけ重要なのか，歴史ある名器と新しい楽器の違いはどこにあるのかなど，丁寧に説明をする必要があるが，それを道徳の授業の中だけで行うことは全体の流れや雰囲気を崩すおそれがあり，望ましいとは言えない。可能であれば，音楽やホームルームの時間を利用して事前に学習しておくことを推奨したい。また，児童の発言（「新しい人生」「最後の挑戦」「若い人に託す」など）を整理して掘り下げることで，「死の絶望」を「希望」に変えたものは何だったのかを深めることが可能である。

(3) 中心発問，説話について

中心発問は「兼一郎の演奏が聴く人の心を打つのはなぜでしょう。」とし，「兼一郎にとっての『最高の演奏』とは，どんなものだったのでしょう。」を補助発問として用意した。実際は，この発問では児童の発言があまり出なかった。「なぜ」という問い方で，児童の思考が止まってしまった。主人公の視点から一歩離れて客観的に考えさせることも大切だが，今回の教材は内容の難しさを考慮すると，主人公に自我関与させる問い方にした方が児童の実態に即したものになっていた。例えば，「『ありがとう，ありがとう。』とつぶやいたときの兼一郎の気もち」などである。そうすると，主人公や自分自身の「生き方」のみにとどまらず，「生きる喜び」にまで児童の考えをより深めることができたものと考える。

教師の説話は通常，終末に設定することが多いが，今回はあえて展開前段と展開後段の間に設定した。これは非常に有効であった。内容は，病気で亡くなった義母に関するエピソードである。児童はとても真剣に教師の話を聞いていた。「死」に関わる内容のため，児童の思考が「生命の尊さ」に流れてしまうのではないかという心配があったが，実際はあまり影響は見られなかった。教材を通して教師自身が考えた「よりよく生きる喜び」について語ることによって，児童に思考のモデルを示すことができた。展開後段のワークシート記述では，説話の内容に引っ張られることなく，一人一人が自分の考えた「よりよい生き方」について書くことができていた。

(4) 評価について

展開後段では，それぞれの児童が自己の経験や考え方に即して様々な内容項目と関連させながら振り返りをする様子が見られた。例えば，「自分の好きなことを全力でやりたい。あえて難しい方を選んでいろいろなことに挑戦したい。（A　希望と勇気，努力と強い意志）」「私も好きなピアノをやり続けようと思った。（A　個性の伸長）」「当たり前のことにも感謝したい。（B　感謝）」「大切な物や家族を大切にしたい。（C　家族愛，家庭生活の充実）」などである。通知表等の所見では，多面的・多角的に考えることや，自分との関わりで捉え考えること，自己の生き方についての考えを深めることなどの視点から評価できる。

7　本実践事例の価値と活用へのアドバイス

北陸大学　東風安生

　本実践事例の価値は，高学年の児童に対して今回の学習指導要領の改訂から新しく小学校に加わった内容項目である「よりよく生きる喜び」をねらいとする道徳的価値にしたところである。教材に示された内容項目以外の価値をねらいとして授業で用いる場合に，気を付けなければならない点が2つある。1つ目は，本来の教材がねらいとするところの道徳的価値と，指導者がねらいとする価値との関連性である。本時は，「よりよく生きる喜び」のねらいで5年生に対して実施した実践が報告されている。しかし，教材を確認すると，『かがやけみらい』（学校図書）では，この教材の対象が6年生であり，視点Dの「生命の尊さ」をねらいとするものになっている。そこで，指導者はねらいとする道徳的価値について次のように説明している。

　「ほとんどの人にとって生きていることは『当たり前』であり，生きることの尊さに気付いたり，人生の重みを実感したりすることは難しい。（中略）したがって，自分以外の人の気高い生き方や力強い生き方に触れさせ，限りある命を懸命に生きることの尊さ，生きることの意義を追い求める高尚さを感じさせることが大切であえると考える。」単なる生命を大切にする心情ではなく，いま生きているということが当たり前ではなくとても尊いことだと気付き，そこからさらに一歩進める。そして，この限りある命を懸命に生きるという生き方に思考を深める授業を目指している。また，その中で人としてよりよく生きるとはどういうことかという，ねらいに到達させようと計画している。2つ目は，教科化された道徳科において35週間の年間指導計画にしたがった履修をすることが大切である。視点Dの生命尊重の教材として検定教科書に掲載されている『カザルスの鳥の歌』が異なるねらいで実施された場合には，生命尊重についてはどういう教材を補うのかがポイントである。単なる生命尊重というのではなく，高学年の生命尊重のねらいを十分に満足するものでならなければ，公教育において履修漏れとなる点に十分配慮しなくてはならない。

　活用へのアドバイスとして，教師の説話について考える。45分間の授業で終末の段階で教師の説話を聞くということが，これまでは児童にとって事後の指導と関連させて，道徳的実践にむすび付ける指導法として評価されてきた。ところが本時の授業では，教材について話し合う段階と児童が自分たちのことを考える段階の橋渡しとして，教師の説話を用いている。これが非常に有効な指導法だったと指導者は自己評価している。筆者も同じような実践経験をもつ。教師は，よりよく生きるとはどういうことなのかを児童と共に考え，探し求めていく「同行（どうぎょう）」の姿勢をもった人である。児童は，そんな存在に対して安心感や共感をもつことができる。自分自身のことを振り返り，自分の体験を語る場合にも，十分に深く考えることができる。

Ⅲ⑧ １つのテーマを複数の内容項目を通じて考える道徳科授業

東京都江東区立深川第三中学校　柿沼治彦

1　主題名　周りの人とよい関係を築くために必要なこと
内容項目　C 家族愛，家庭生活の充実　　　対象学年　中学校第3学年
教材名　『一冊のノート』　出典『中学校　読み物資料とその利用「主として集団や社会とのかかわりに関すること」』　文部省

2　主題設定の理由
(1)　ねらいとする道徳的価値について

　新学習指導要領解説の，「家族愛，家庭生活の充実」に関する内容項目の指導の観点には，「父母，祖父母を敬愛し，家族の一員としての自覚をもって充実した家庭生活を築くこと」とある。自分のことを大切に思ってくれる人がいるのは，人にとってとても幸せなことである。だからこそ，人は無私の愛を注いでくれる人に対して，敬愛や感謝の念を抱くようになる。そのことを生徒に気付かせることによって，家族に対して敬愛の念を深め，家族の一員としての役割を果たそうとする態度を育てるようにする。

　家族関係が年々複雑化する近年，先生方から「家族愛，家庭生活の充実」に関する授業がやりづらい，という声を耳にすることがある。確かに，生徒によっては配慮が必要だと感じる場合もあるが，だからといって授業で取り上げないというわけにはいかない。仮に，家族から十分に愛情を注いでもらっていない生徒がいたとしても，その生徒が将来家庭を築いたときに，充実した家庭生活が送れるようになってほしいという願いをもって，授業を行うことが大切である。むしろ，家族愛の大切さを知らないまま，将来家庭を築くことの方が問題である。これらの理由から，教材を通じて「家族愛，家庭生活の充実」に関する理解を深め，家族の一員としての役割を果たそうとする態度を育てたいと考え，本主題を設定した。

(2)　生徒の実態について

　多くの生徒が，日々家族からたくさんの愛情を注いでもらっている。ただ，それが当たり前だと思っていて，家族に感謝の気もちをあまり感じていない生徒もいる。

　よって，家族だからこそ無私の愛を注いでくれることに気付かせ，家族に対して常に感謝の気もちをもって，家族の一員としての役割を果たそうとする態度を，本授業を通じて

育てていきたい。

(3) 教材について

　主人公の少年は，祖母の記憶が日に日に弱まっていくことに，苛立ちを覚えている。少年はそんな祖母の病状を両親に相談するが，逆にこれからは必要以上に祖母に頼らず，自分でできることはするようにと諭されてしまう。そんなある日，少年は偶然祖母の日記を見付ける。見てはいけないと思いつつそれを開くと，そこには記憶が弱まっていくことへのもどかしさや不安と共に，孫に対する祖母の強い思いが綴られていた。そして，最後のページに祖母の涙でにじんだインクの跡があるのを見て，少年はいたたまれなくなって部屋を後にする。ふと庭を見ると，そこには草取りをする祖母の姿がある。少年は祖母と並んで一緒に草取りを始める。少年の変化を通じて，家族愛についての考えを深められる教材である。

(4) 授業構想について

　いじめ防止のためには，「公正，公平，社会正義」だけでなく，様々な内容項目の授業を繰り返し行う必要がある。それと同様のことが本主題でも言える。よって，主題名にある内容を，3週に渡って継続的に深く考えさせる授業を企画した。（後述：6 実践の手引き）これは，新しい形の問題解決的な学習を取り入れた授業でもある。また，主題が誰もが興味のある内容のため，多面的・多角的な見方や考え方もいつも以上に深まる。今後より多くの学校で実践されることを期待したい。

(5) 板書計画

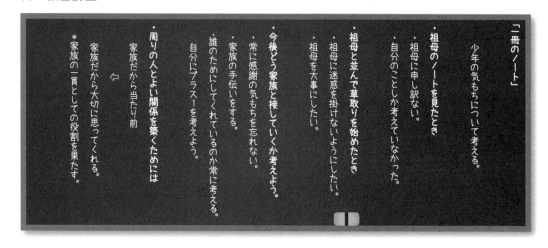

3　ねらい

　家族の無私の愛に気付くことによって，家族に対して敬愛の念を深め，家族の一員としての役割を果たそうとする態度を育てる。

4 学習指導過程

	学習活動	主な発問と予想される生徒の反応	指導上の留意点
導入 5分	1 教材のあらすじを理解する。		・教材に関する導入を行う。
展開 前段 20分	2 『一冊のノート』を読み、「なぜ家族が大切なのか」や、「周りの人と良好な関係を築くために必要なこと」を考える。	少年の気もちについて考える。 【発問1】少年が祖母のノートを見たとき、思ったことを考えてみよう。 ・祖母に申し訳ないことをした。 ・自分のことばかりで、祖母の気もちを全く考えていなかった。 ・祖母の気もちに、全く気付かなかった。 【発問2】少年が祖母と並んで草取りを始めたときの気もちを考えてみよう。 ・これからは少しでも祖母の手助けをしていきたい。 ・これからは自分のことは自分でして、祖母に迷惑をかけないようにする。 ・久しぶりに祖母の笑顔が見られてよかった。	・「思いやり、感謝」の授業を振り返らせることによって、自分中心でなく相手のことを考える大切さに気付かせる。 ・おばあちゃんごめんなさいという意見が出たら、「少年はそう思った後、どう変わっていったのか」、「なぜ少年は草取りを始めたのか」、という問いかけをして、考えをより深めさせる。
展開 後段 20分	3 教材から離れて、自分への振り返りをする。 ★自分の考えを基にして、4人グループで話し合う。	【発問3】これからあなたは、どんな気もちで家族と接していきたいか。 ・家族だから当たり前ではなく、たくさんの愛情を注いでくれるのは家族しかいないことを、決して忘れないようにする。 ・常に家族に対して、感謝の気もちを忘れない。 ・家族に心配や迷惑を、かけないようにしていきたい。 ・家族の負担を減らすために、自分のことは自分でやるようにしていきたい。	・「家族とよい関係を築くために必要なことは何か」問いかける。
終末 5分	4 「自分にプラス1」を考える。	【発問4】自分の周りにいる人とよい関係を築くために必要なことを、「自分にプラス1」として、ワークシートに記入しよう。	・そう思った理由も、書かせるようにする。

5 評価

(1) ねらいについて

　家族に対して，思いやりや感謝の気もちをもつだけで終わるのではなく，自分に無私の愛を注いでくれる家族に対して，どんな気もちで接することが大切なのかまで，考えが深められたかを，授業中の生徒の活動を通じて評価する。

(2) ねらいを達成できる授業構想であるか

　ねらいを達成するためには，発問構成の熟考が必要である。本授業では教材の少年の心情の変化に着目させ，その理由を考えさせる。そして，それら教材を通じて学んだことを，発問3や自分にプラス1など，自分への振り返りをする場面でどれだけ生かしているかを，生徒の発言やワークシートの記述などから見取るようにする。

6 実践の手引き

(1) 授業づくりの工夫

　本授業は「家族愛」だけでなく，「周りの人とよい関係を築くために必要なことを考える」ことを目標としている。心理学者のアドラーは，「人のあらゆる悩みは対人関係の悩みだ」，教育実践家のペスタロッチは，「人は愛されたい，信頼されたいという衝動的な欲求をもっている」という言葉をそれぞれ遺している。特に思春期で多感な年代の中学生の場合，周りの人とのトラブルが大きな悩みをもたらす。だからこそ，周りの人とよい関係を築く方法を考えさせることが重要であると考え，内容項目を通じて別の主題について考える授業を，3週に渡って以下のように実践した。

　第1週目「思いやり，感謝」では，自利利他という言葉にもあるように，自分のことも大切だが，それ以上に他者を思うことが相手と良好な関係を築き，それが人に幸せをもたらすことを学んだ。

　第2週目「友情，信頼」では，自分が傷付きたくない，こんなことを言ったら友達に嫌われる，という自分中心の考えではなく，常に友達にとって何がよいのかを考えながら接することを心掛ける。そのためには，こんなことを言っても嫌われないという信頼関係が，友情を育むために必要であることを学んだ。

　そして3週目の本授業では，家族だから当たり前ではなく，家族だからこそ無私の愛を注いでくれるのであり，家族とよい関係を築くためには，感謝の心を忘れず家族の一員としての役割を果たすことが大切であることを学んだ。また生徒には，「どうすれば周りの人とよい関係を築くことができるのか」を，3週に渡って共通のテーマとして考えることを事前に伝えておき，各授業の終末の自分にプラス1の場面で，考えさせるようにした。

(2) 実際の授業の様子

　祖母のノートを見たことによって，祖母に対する謝罪と共に，感謝の気もちが少年の心の中に芽生える。それが祖母の草取りの手伝いをするという行為へとつながる。そのことを【発問１】や【発問２】を通じて，生徒に理解させる必要がある。しかし，実際の授業では【発問２】で，「おばあちゃんごめんなさい」という意見が出た。そこで，「なぜ少年は草取りを始めたのか」という問いかけをした。それによって，「これからはおばあちゃんの手伝いをして，おばあちゃんを大事にしたい」という意見が返ってきた。このように，随時適切な問いかけをすることが，生徒の考えをより深めていくことにつながっていく。

　また，教師が内容項目の価値の理解を，一つずつ十分に行うことが大切である。例えば，「思いやり，感謝」と「家族愛，家庭生活の充実」とでは価値が違う。仮に本授業で，「おばあちゃんごめんなさい，おばあちゃんありがとう」，という意見しか出なかったとしたら，それは「思いやり，感謝」であり，「家族愛，家庭生活の充実」の価値が，生徒にきちんと伝わったことにはならない。例えば，「家族愛，家庭生活の充実」は，家族の無私の愛に気付くことによって，家族に対して敬愛の念が生まれ，それが家族の一員としての役割を果たそうとする心を育む。それがよい関係をもたらし，充実した家庭生活を築くことへとつながっていく。そのことを教師がしっかり理解していれば，「思いやり，感謝」や「相互理解，寛容」に流れないで，本授業を行うことができる。

(3) 評価について

　３週に渡って終末のプラス１で，「周りの人とよい関係を築くために必要なことは何か」という発問を，繰り返し行ってきた。それによって，同じ発問でも，１週目では「相手を思うことによって相手から感謝される，このように思い思われることが人との関係をよくしていく」，２週目では「相手に嫌われることを心配する以上に，相手を信頼して何でも話せることが，真の友情を育むために必要である」，そして３週目の本授業では，「家族が大切に思ってくれることを当たり前と思わずに，家族のためにできることをしていく」というように，発問に対する考えに違いが見られるようになった。これは授業を通じて教材の登場人物の心情や，他の生徒の意見を知ったからである。その際の学習の様子を見取ることが評価へとつながる。また，３つの授業が「思いやり，感謝」と根底でつながっているため，実際２，３週目の授業においても，１週目の内容を振り返っている場面が数多く見られた。このように，過去に学んだ内容をその後の授業に生かしていることがあり，その際の様子を見取ることも，評価をする際の重要な材料になる。

7　本実践事例の価値とアドバイス

北陸大学　東風安生

「テーマ」とは何であろうか。辞書（広辞苑）で調べると，「主題」「題目」とある。つまり，道徳科の場合は学習指導案の1に示された「主題名」に該当する部分であろう。「主題名」と「主題」は，以下のように区別している。つまり，本時の道徳科の授業実践を大きく一まとまりにして「主題」として，それに名前をつけたものを「主題名」と呼ぶ。各教科では「単元」と呼ばれており，辞書（同上）で調べると，学習計画における教材や学習活動の一つのまとまった学習を行うこと・ユニットと示されている。

本実践事例の価値は，道徳が「特別の教科　道徳」として教科化されたことに伴い，以前には，1時間の授業を主題として，それが35回あるという捉え方が，学習単元のねらいに関して複数時間の主題によって構成されていて，その1主題が1つの道徳科の授業という捉え方に変化している点である。教科化に伴い，カリキュラム・マネジメントの面から道徳科の年間指導計画をどのように編成するかに注目があつまっている。道徳科を中心にしたカリキュラムを管理する場合には，単なる主題が35回継続されるという発想ではなく，他教科や領域との連携を考え，そのコア（中核）に道徳科を配置して，これについて多角的・多面的に考えていくことができる。こうした方向への可能性を感じる実践例である。

もう1つの価値は，生徒自身がよりよく生きるにはどうしたらよいかという生徒自身の悩みやもやもやとした気もちから生まれた課題を活用している点である。この課題を「共通のテーマ」という言葉で指導者は捉え，3週間にわたる単元学習の課題を「どうすれば周りの人とよい関係を築くことができるのか」と設定した。その3つの主題が「思いやり，感謝」「友情，信頼」「家族愛」という柱になった。道徳科を中学校で進めていくには，中学生一人一人が，道徳的価値について，**わかっちゃいるけれどもやめられない**，という生きる上での人間としての弱さを共有する必要がある。しかし，それを乗り越えていく人間の強さ・気高さを信じて，よりよい生き方を目指していくために，考え議論することが大切である。本指導実践の「家族愛」についても，家族の一員として家族を大事にすることは誰しもがわかっている。わかっている価値内容について，くりかえし授業で考えても，中学生にとってはわかっていることを説教の様に聞かされる思いが募ってしまう。そこで，よりよく生きるための「自分にプラス1」という視点をもって，共に生きていく一番の身近な家族に対してどのように接していくかは，中学生にとって，考えてみるに値するような学習への変化するのである。こうした「よりよい生き方を目指す」ことを基本にした中学生に対する授業が今後も増えていくことを多いに期待する。

Ⅳ 実践的な指導力を身に付ける大学教職課程の学修

神山直子

1 大学の教職課程で学ぶ学生に身に付けさせたい力

　道徳教育は、自己の生き方や人間としての生き方を考え、主体的な判断の下に行動し、自立した人間として他者と共によりよく生きるための基盤となる道徳性を育成する教育活動である。子供たちにとって実り多き授業を行うためには、大学の教職課程の授業自体の改善を図ることが重要である。教職を目指す学生の必修科目である「道徳指導論」において、実践的な指導力を育むことができるよう、授業の改善と工夫を行った。

　平成29年11月に、教職課程コアカリキュラムの在り方に関する検討会が発表した「教職課程コアカリキュラム」を踏まえ、「道徳指導論」の目標、内容、学修計画を立案した。

(1) 目標

・道徳の意義や原理等を踏まえ、学校の教育活動全体を通じて行う道徳教育及びその要となる道徳科の目標や内容、指導計画等を理解する。

・「特別の教科 道徳(以下、「道徳科」という。)」の授業の教材研究や学習指導案の作成、模擬授業等を通して、実践的な指導力を身に付ける。

(2) 学修方法

ア　授業中に提示されたテーマについて自身の経験を振り返り意見交換を行うとともに、情報を基に自身の課題意識を明確にし、正しい理解と認識を深める。

イ　教育に携わる者に必要とされる知識や情報を身に付ける。

ウ　学修内容や協議等を通して得られたものを学習指導案に具現化することを通して、課題意識を明確にするとともに、今後の自身の生き方や在り方に役立てる。

(3) 教科書等

中学校学習指導要領解説　道徳編　平成29年7月(文部科学省)　教育出版

(4) 学修対象者

中学校教員の免許取得を目指す大学生(大学2年生が主として履修)

・一つの班を5・6名の学生で構成した。班単位で、模擬授業等を実施する。

(5) 学修計画

文部科学省(2013)は，現行の道徳教育における課題として，次の4点を挙げている。
① 歴史的経緯に影響を受け，いまだに道徳教育そのものを忌避しがちな風潮がある。
② 道徳教育の目指す理念が関係者に共有されていない。
③ 教員の指導力が十分でなく道徳の時間に何を学んだかが印象に残るものになっていない。
④ 他教科に比べて軽んじられ，道徳の時間が実際には他の教科に振り替えられている

「道徳指導論」のシラバスを作成にするに当たっては，先に挙げた課題の解決に資するような内容とすることを意識した。

回	内　容	☆1～☆5
1	ガイダンス，道徳の時間の授業の経験の振り返り	
2	「道徳とは何か」，道徳についての考えの交流と深化	☆1 二わのことり
3	道徳教育の変遷(「修身」，「特設道徳」～「道徳科」)※様式例提示	
4	道徳教育の課題(いじめ・情報モラル等)の理解と解決のための方策	☆2 しあわせの王子
5	最近の中学生の生活意識と行動，子供の心の成長と道徳性の発達	
6	道徳教育の目標及び各教科・総合的な学習の時間等における指導内容	☆3 泣いた赤おに
7	道徳科の授業の開始，今後の道徳教育と在り方と課題	
8	道徳教育の全体計画・年間指導計画，学習指導案の作成①	☆4 手品師
9	教材研究の視点や授業展開，学習指導案の作成②	
10	学習活動と教師の役割，学習指導案の作成③	☆5 二通の手紙
11	模擬授業準備①　学習指導案の選択，導入・展開・終末)決定	
12	模擬授業準備②　役割分担の決定，ワークシート等の作成	
13	模擬授業の実施①	
14	模擬授業の実施②	
15	まとめと評価	

☆1～☆5は，道徳教材の紹介　※網掛け部分は「2　特色ある学修の内容」で取上げる授業

2　特色ある学修の内容

(1) 第4回授業「道徳教育の課題(いじめ・情報モラル等)」

平成25年1月31日に公表された「大津市立中学校におけるいじめに関する第三者調査委員会『調査報告書』の事件概要」をまとめた資料を作成し，授業内で提示した。この問題が，社会全体及び道徳教育に与えた影響について学生間で協議し，学びを深めることとした。

〈調査報告書が指摘する問題点〉

No.	問題点	問題点・考察等
1	教員による認知の遅れ	教員のいじめ理解の不十分だったため，子供たちからの訴えに対する担任の対応が不適切。他の教員やSCなどの専門家に助力を求めるべき。被害者が教員ら大人に対して真実を語らない傾向が強いことは，教育現場の常識。
2	実現しなかった教員間における情報の共有化	情報共有ができず，有効な対策がとれない。諸会議において，教員間の意見交換を活発に行い，その内容を校長に報告。校長は問題点を自ら整理・質問し，実態把握に努める。
3	情報の共有化の基礎としてのチームワーク不足	複数の生徒からの重要な情報が担任の所で停留。情報共有の基盤として教員間の人間的な信頼関係が不可欠。
4	生かせなかった副担任制度	副担任（副副担任）が機能せず。副担任ならではの業務，学級運営についての協議が必要。
5	学級運営上の問題点	グループ化による学級の連帯感の喪失傾向は，いじめを許し増幅させる環境をつくる。
6	いじめ対応と学校・教員の評価	いじめの認知に対する消極性は，子供の権利侵害につながる。いじめを早期に発見し有効な対応をした学校，教員こそが積極的に評価されるべき。
7	いじめ防止教育（道徳教育）の限界	文部科学省の指定校として道徳教育を実践。道徳教育，命の教育等の限界を認識すべき。教員が一丸となって創造的な実践を行い，他人の心への共感する力を，事実をもって繰り返し執拗に指導することが必要。
8	校長等の管理職の役割	校長は判断を教員に丸投げせず，積極的な情報の収集，積極的な介入を行うべき。
9	大規模校が孕む問題点	教員集団体対生徒集団との教育作用の側面を重視。教員全体が全生徒に関する最低限の情報を持つことは必要不可欠。学校選択性の廃止を視野に入れる。
10	実現しなかった教員と保護者との情報共有	子供の養育を助け，子供への認識をより正確にするために学校が保護者に多様な情報を提供することは不可欠。家庭を含めた複眼的観点から子供を観察することが必要。
11	教員の多忙	連日の深夜までの残業，行事や試験等の連続などにより，多忙感が充満。職務上優先すべき子供の心と安全の確保に，教員が積極的な姿勢を持てるよう，負担の軽減と子供たちに向き合うための改革を優先的に推進。
12	講師身分の固定化	臨時教員の中で，経験知・センスの部分で有能と思われる者については，例外的措置を講じて正教員として採用。身分と地位を保障し十分に能力を発揮させる。
13	まとめ	

授業においては，上記の資料のNo.7「いじめ防止教育（道徳教育）の限界」に着目した。

　当該校は，文部科学省の指定校として道徳教育を推進し，計画的に研究活動を進めてきた実績をもっていた。数年の道徳教育で全ての生徒の心の育成が図られるわけではない。道徳教育の限界を認識したうえで，学校の教職員が一丸となり，学校の特色や生徒の実態を踏まえた創意工夫の有る道徳教育を進め，授業の質的な向上を図っていくことが重要である。

　「道徳指導論」を受講している学生は，事件発生当時，被害生徒とほぼ同年代の中学生としてこの事件をリアルタイムで捉えていた。しかし，事件発生以降，あの事件が，現在の教育界に，様々な影響を与えて続けてきたことを理解している者は少数であった。

　この事件を契機に，当時の学校や教育委員会の在り方が問われるようになり，結果として，「いじめ防止対策推進法」の成立，教育委員会制度の改革，道徳の教科化等へとつながっていったことを学ぶ授業として位置付けた。

(2)　学習活動と教師の役割，学習指導案の作成「各回の授業で教材を紹介」

　小・中学校における道徳の時間の学習経験は，学生により多様である。学生の道徳の時間の授業のイメージをまとめると次のような内容となる。

・『心のノート』を使って，教師に言われた内容を確かめたり話し合ったりした。
・席決めや係活動，行事等の準備をしていた。
・道徳の時間はあったと思うが，何を学んだか具体的に覚えていない。
・物語風の資料を読んで話合い，教員からの話を聞いた。

　これらは，1の(5)で述べた文部科学省(2013)が指摘する課題とほぼ合致していることが分かった。学生の中には，私立学校に通い道徳の授業を全く経験したことがない者もおり，個人差が大きいことも明らになった。学修計画終盤の「模擬授業」に備え，学生間の共通理解を深めるために，学修計画に基づき授業を進める過程において，小・中学校の道徳教材の中から以下の5点を取り上げ，範読，教材分析の方法，教材の取扱い等について指導した。

①「二わのことり」　B「友情，信頼」　小1　株式会社学研教育みらい
②「しあわせの王子」　D「感動，畏敬の念」　小2　教育出版株式会社
③「ないた赤おに」　B「相互理解，寛容」　小3　株式会社光文書院
④「手品師」　A「正直，誠実」　小4　学校図書株式会社
⑤「二通の手紙」　C「遵法精神，公徳心」　中3　日本文教出版株式会社

　①～⑤の教材の提示を通して，教師が範読することの意義を指導した。さらに，道徳の

教科化に当たり，内容項目の視点が，「1・2・3・4」から「A・B・C・D」へと変わったことを確認した。また，①〜③の教材では，主たる発問の内容と発問のタイミングについて，学生と協議し学びを深めた。特に，④「手品師」，⑤「二通の手紙」については，教材を途中で切り提示する指導方法もあることを伝え，その是非について議論した。

今回の学習指導要領の改訂のポイントに，「小・中学校の系統性を踏まえること」，「考え議論する道徳」が挙げられる。中学校の教員を目指す立場にあっても，小学校の教材に触れ系統性を理解すること，教材分析等を通して，自分自身の教材観や指導観を確立することをねらいとした。

(3) 第13・14回授業「模擬授業の実施」
① 模擬授業の意図

本科目の最大の目標に「模擬授業等を通して，実践的な指導力を身に付ける」ことが挙げられる。初回の授業から，目指す目標を明示し，5・6人のグループを構成し，各回の学修活動に取り組んできた。中学校の教員として，担当する教科に加え道徳教育とりわけ道徳科が自分の専門教科であると自負できるような指導力の基礎を身に付けることを意図した。

② 全員が学習指導案を作成し，模擬授業で実施する指導案を選択する

学習指導案とは，指導の内容や方法等を考え，実際に授業を展開していく上での，企画書・計画書である。授業を行う責任者として，指導の意図や工夫，予想される生徒の反応等を記していくものである。教師としての専門性や教育者としての人間性が表れる学習指導案は，授業研究そして授業改善を進める上で極めて重要な役割をもっていることを踏まえ，実践的な指導力を身に付けられるよう，受講生全員の必須の課題とした。さらに，一人一人が作成した学習指導案を，発問，生徒の反応，指導上の留意点，板書計画などを視点として分析し，模擬授業で用いるものを選択させている。複数の学習指導案を比較・検討し，絞り込む過程において，よりよい授業の具体像や授業改善の視点を明らかにすることが可能となる。

場面絵や板書を活用し，授業を進めていく学生

③ 4・5人で一人の教師役を担い，20分間の模擬授業を行う

限られた授業時間を効果的に活用するため，模擬授業の時間は，1グループあたり20分間とした。各グループでは，学習過程の中から，「導入」「展開」「終末」のどの部分の授業を実施するか選択

し，グループ内で「範読・発問」，「板書」「机間指導」「計時」の役割分担決めて，授業に臨んだ。

以下に，教師役を担った学生の振り返りを紹介する。

（範読・発問）事前にどのような説明や発問を，どのタイミングで話すかなどを，グループで打ち合わせしていたので，スムーズに進めることができた。予想以上に，生徒の反応が薄いのが気になった。机間指導を行う際に意図的に声掛けをした方がよかったと思う。

（机間指導）机間指導を通して，皆がどのような意見を持っているかが分かった。この意見がいいなあと思っても，グループの発表でその意見が出てくるとは限らないので，難しいと思った。座席表がとても役に立った。

（計時・記録）考えやすい身近なテーマを設定したので，みんな積極的に発言してくれた。全体のバランスを考えると，考える時間がもう少し短くても良かったかなと思った。教師役の進め方が穏やかで，発言しやすい雰囲気だったと思う。机間指導も効果的だった。グループではなく個人で指名したので，普段あまり発言しない人も当てることができた。

（板書）上手によい流れで授業を進めていくのは難しかった。板書を一人で書いていくのは大変だった。グループの6人でしていることを，先生になったら一人でしなければならないと思うと，板書については，最も重要な部分を取り上げて簡潔にまとめることが大切だと思った。なるべく大きな字で見やすく，早く書くことを心掛け，それはできたと思う。

学生の多くは，特に，机間指導の難しさとその重要性を実感していた。生徒一人一人の声に耳を傾け，考える甲斐のある授業づくりができる教師を，今後も育成していきたい。

[引用文献]
① 「道徳に係る教育課程の改善等について」（答申）平成26年10月21日中央教育審議会
② 「今後の道徳教育の改善・充実方策について」（報告）～新しい時代を，人としてより良く生きる力を育てるために～
③ 平成25年12月26日道徳教育の充実に関する懇談会（文部科学省）

3 大学における道徳教育の指導事例について

麗澤大学　鈴木明雄

　本研究会では，多様な立場や場所，教育委員会や大学等で後輩の指導にあたっておられる方々がいる。道徳は教科化されたが，教員免許取得の必修単位でありながら，教育学部の学生以外は 15 時間の 2 単位の取得が多い。道徳教育の充実に関する懇談会等でも，道徳科の免許の必要性や教員免許としてせめて 4 単位必修が必要と論議されたが，道徳科の特質や現在の大学で道徳の指導者等の問題等から現状維持となっている。

　現在，高校及び大学でも「道徳科の授業」を 10 時間程度必修としているところもあるが，この 15 時間 2 単位取得で，道徳科・道徳教育の基礎基本を学び，多くの教員が小・中学校の教壇に立つのである。

　そこで，現在実施されている大学の学部における「道徳教育」の指導内容について，概説していただいた。この事例は，道徳教育・道徳科の特質，教材論，いじめ等の喫緊の課題，模擬授業の実施等，教育現場をよく理解されている実践的な指導内容になっている。

　大学の道徳教育に関わるシラバスを参考に，現役の先生方は新規採用の先生方への指導の指針，ベテランの先生方はもう一度，道徳科の指導を中心に，その特質を考え，児童・生徒によりよい道徳科授業が展開されることに活用いただくことを期待するものである。

資料編

> 中央教育審議会
> **幼稚園，小学校，中学校，高等学校及び特別支援学校の学習指導要領等の改善及び必要な方策等について（答申）〈抄〉**
> 平成 28 年 12 月 21 日

15．道徳教育

(1) 現行学習指導要領の成果と課題を踏まえた道徳教育の在り方

①現行学習指導要領の成果と課題

○これからの時代においては，社会を構成する主体である一人一人が，高い倫理観をもち，人間としての生き方や社会の在り方について，多様な価値観の存在を認識しつつ，自ら考え，他者と対話し協働しながら，よりよい方向を模索し続けるために必要な資質・能力を備えることが求められている。子供たちのこうした資質・能力を育成するために，道徳教育はますます重要になっていると考えられる。

(小・中学校学習指導要領等の一部改正と「考え，議論する道徳」への転換)

○道徳教育については，平成 27 年 3 月に，学校教育法施行規則及び小・中学校の学習指導要領の一部改正が行われ，従来の「道徳の時間」が「特別の教科 道徳」（以下「道徳科」という。）として新たに位置付けられた。

○戦後我が国の道徳教育は，学校の教育活動全体を通じて行うという方針の下に進められてきた。小・中学校に関しては，各学年週 1 単位時間の「道徳の時間」が，昭和 33 年告示の学習指導要領において設置され，学校における道徳教育の「要」としての役割を果たしてきた。

　しかし，これまでの間，学校や児童生徒の実態などに基づき充実した指導を重ね，確固たる成果を上げている学校がある一方で，例えば，歴史的経緯に影響され，いまだに道徳教育そのものを忌避しがちな風潮があること，他教科に比べて軽んじられていること，発達の段階を踏まえた内容や指導方法となっていなかったり，主題やねらいの設定が不十分な単なる生活経験の話合いや読み物の登場人物の心情の読み取りのみに偏った形式的な指導が行われていたりする例があることなど，多くの課題が指摘されてきた。

○このような状況を踏まえて行われた「特別の教科」化は，多様な価値観の，時には対立がある場合を含めて，誠実にそれらの価値に向き合い，道徳としての問題を考え続ける姿勢こそ道徳教育で養うべき基本的資質であるという認識に立ち，発達の段階に応じ，答えが一つではない道徳的な課題を一人一人の児童生徒が自分自身の問題と捉え，向き合う「考え，議論する道徳」への

転換を図るものである。小学校で平成 30 年度から，中学校で 31 年度から全面実施されることに向けて，全国の一つ一つの学校において，「考え，議論する道徳」への質的転換が，着実に進むようにすることが必要である。

(高等学校の道徳教育の充実) （略）

②課題を踏まえた道徳教育の目標の在り方

○小・中学校学習指導要領においては，今回の改正により，道徳教育と道徳科の目標を「よりよく生きるための道徳性を養う」ものであると統一した。その上で，道徳科の目標は「道徳性を養う」ための学習活動を更に具体化して示す観点から，「道徳的諸価値についての理解を基に，自己を見つめ，物事を（広い視野から）多面的・多角的に考え，自己の（人間としての）生き方についての考えを深める学習を通して，道徳的な判断力，心情，実践意欲と態度を育てる」と規定した（括弧内は中学校学習指導要領における表記）。

○道徳教育・道徳科で育成することを目指す資質・能力と，今回の学習指導要領改訂において整理する資質・能力の三つの柱（「知識・技能」「思考力・判断力・表現力等」「学びに向かう力・人間性等」）との関係については，人格そのものに働き掛け，道徳性を養うことを目的とする道徳教育の特質を考慮する必要がある。このため，「道徳教育に係る評価等の在り方に関する専門家会議」（以下「専門家会議」という。）の報告（平成 28 年 7 月 22 日）では，資質・能力の三つの柱との関係について，道徳科の学習活動に着目した捉え方を示している。

○学習指導要領の一部改正により，小・中学校の道徳科においては，目標の中で，「道徳的諸価値についての理解を基に，自己を見つめ，物事を（広い視野から）多面的・多角的に考え，自己の（人間としての）生き方についての考えを深める」学習を通して道徳性を養うことが明確に示された。この道徳性を養うために行う道徳科における学習は，「道徳的諸価値の理解」と「自己の（人間としての）生き方についての考え」といった要素により支えられている。道徳科の学習の中で，これらが相互に関わり合い，深め合うことによって，道徳教育・道徳科で育成することを目指す資質・能力である「道徳性」を養うことにつながっていく（別添 16-2）。

（略）

○また，小・中・高等学校のいずれにおいても，各教科等において，学びを人生や社会に生かそうとする「学びに向かう力・人間性等」を育成することは，自立し

た人間として他者と共によりよく生きるための基盤となる道徳性を育てることに深く関わっている。

○こうしたことを踏まえると、道徳教育と資質・能力の三つの柱との関係については、道徳教育・道徳科の学習の過程に着目して、道徳性を養う学習を支える重要な要素である「道徳的諸価値の理解と自分自身に固有の選択基準・判断基準の形成」、「人間としての在り方生き方についての考え」及び道徳教育・道徳科で育成することを目指す資質・能力である「人間としてよりよく生きる基盤となる道徳性」の三つが、各教科等で育成することを目指す資質・能力の三つの柱にそれぞれ対応するものとして整理することができる。ただし、前述のような道徳教育の意義、特質から、これらの要素を分節して観点別に評価を行うことはなじまないことに留意する必要がある。(別添16-1)

○これらのことは改訂後の小・中学校の道徳科の目標等に示されているものと言えるため、改めて小・中学校の道徳科の目標を改訂し直すのではなく、指導資料の作成等を通じて周知していく中で分かりやすく示していくことが必要である。

(略)

③道徳科における「見方・考え方」

○各教科の特質に応じた「見方・考え方」は、それぞれの教科等の学びの「深まり」の鍵となるものである。生きて働く知識・技能を習得したり、思考力・判断力・表現力を豊かなものとしたり、社会や世界にどのように関わるかの視座を形成したりするために重要なものである。すなわち、資質・能力の三つの柱全てに深く関わる、各教科等を学ぶ本質的な意義の中核を成すものであり、教科等の教育と社会をつなぐものである。

○「考え、議論する道徳」を目指す今回の小・中学校学習指導要領の改訂の趣旨に照らして考えると、道徳科における「深い学び」の鍵となる「見方・考え方」は、今回の改訂で目標に示されている、「様々な事象を、道徳的諸価値の理解を基に自己との関わりで(広い視野から)多面的・多角的に捉え、自己の(人間としての)生き方について考えること」であると言える。

(2) 具体的な改善事項

①教育課程の示し方の改善

ⅰ) 資質・能力を育成する学びの過程についての考え方

○先に述べたように、小・中学校の道徳科において資質・能力を育成する学習過程は、道徳科の目標に示された「道徳的諸価値の理解を基に、自己を見つめ、様々な物事を(広い視野から)多面的・多角的に考え、自己の(人間としての)生き方についての考えを深める学習」である。(別添16-2)

○道徳的諸価値の理解を図るには、児童生徒一人一人が道徳的価値の理解を自分との関わりで捉えることが重要である。「道徳的諸価値の理解を基に」とは、道徳的諸価値の理解を深めることが自分自身の生き方につ

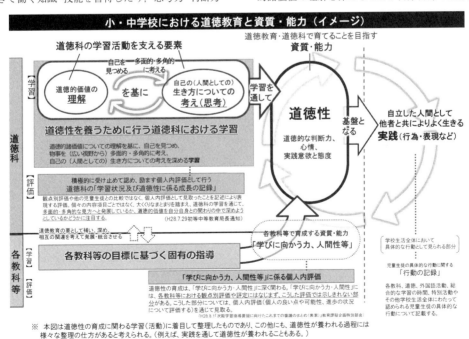

いて考えることにつながっていくということだけでなく，自分自身の生き方について考えたり，体験的な学習を通して実感を伴って理解したり，道徳的問題について多面的・多角的に捉えその解決に向けて自分で考えたり他者と話し合ったりすることを通じて道徳的諸価値の理解が深まっていくことも含まれている。

○このため，特定の道徳的価値を絶対的なものとして指導したり，本来実感を伴って理解すべき道徳的価値のよさや大切さを観念的に理解させたりする学習に終始することのないように配慮することが大切である。児童生徒の発達の段階等を踏まえ，例えば，社会のルールやマナー，人としてしてはならないことなどについてしっかりと身に付けさせることは必要不可欠であるが，これらの指導の真の目的は，ルールやマナー等を単に身に付けさせることではなく，そのことを通して道徳性を養うことである。

○学校における道徳教育は，道徳科を要として学校の教育活動全体を通じて行うこととなっており，道徳科は，道徳教育としては取り扱う機会が十分でない内容項目に関する指導を補うこと，児童生徒や学校の実態等を踏まえて指導をより一層深めること，内容項目の相互の関係を捉え直したり発展させたりすることに留意して指導する必要がある。

（略）

ⅱ）指導内容の示し方の改善（略）

②教育内容の改善・充実（略）

③学習・指導の改善充実や教育環境の充実等

ⅰ）「主体的・対話的で深い学び」の実現

○現在検討されている学習指導要領全体改訂の中では，社会で生きて働く知識や力を育むために，子供たちが「何を学ぶか」という学習内容の在り方に加えて，「どのように学ぶか」という，学びの過程に着目してその質を高めることにより，学習内容を深く理解し，資質・能力を身に付け，生涯にわたって能動的（アクティブ）に学び続けるようにしていくことが重要である。「どのように学ぶか」の鍵となるのがアクティブ・ラーニングの視点，すなわち子供たちの「主体的・対話的で深い学び」をいかに実現するかという学習・指導改善の視点である。道徳教育においては，他者と共によりよく生きるための基盤となる道徳性を育むため，答えが一つではない道徳的な課題を一人一人の児童生徒が自分自身の問題と捉え，向き合う「考え，議論する道徳」を実現することが，「主体的・対話的で深い学び」を実現することになると考えられる。

○専門家会議では，「考え，議論する道徳への転換」に向けて求められる質の高い多様な指導方法の例示として，読み物教材の登場人物への自我関与が中心の学習，問題解決的な学習，道徳的行為に関する体験的な学習を指導方法の例を挙げている。これらは独立した指導の「型」を示すわけではなく，それぞれに様々な展開が考えられ，またそれぞれの要素を組み合わせた指導を行うことも考えられることとしている。

○道徳科における学習・指導改善における工夫や留意すべき点については，専門家会議における質の高い多様な指導方法の例示や，既に一部改正がなされた学習指導要領及びその解説等を，踏まえつつ，「主体的・対話的で深い学び」の視点に沿って整理すると，概ね以下のように考えられる。

○なお，道徳科における具体的な学習プロセスは限りなく存在し得るものである。様々な工夫や留意点を三つの視点に分けることが目的ではなく，これらの視点を手掛かりに，教員一人一人が，子供たちの発達の段階や発達の特性，指導内容などに応じた方法について研究を重ね，ふさわしい方法を選択しながら工夫して実践できるようにすることが重要である。

（「主体的な学び」の視点）

- 「主体的な学び」の視点からは，児童生徒が問題意識を持ち，自己を見つめ，道徳的価値を自分自身との関わりで捉え，自己の生き方について考える学習とすることや，各教科で学んだこと，体験したことから道徳的価値に関して考えたことや感じたことを統合させ，自ら道徳性を養う中で，自らを振り返って成長を実感したり，これからの課題や目標を見付けたりすることができるよう工夫することが求められる。このため，主題やねらいの設定が不十分な単なる生活経験の話合いや，読み物教材の登場人物の心情理解のみに終始する指導，望ましいと思われることを言わせたり書かせたりすることに終始する指導などに陥らないよう留意することが必要である。例えば，児童生徒の発達の段階等を考慮し，興味や問題意識を持つことができるような身近な社会的課題を取り上げること，問題解決的な学習を通して一人一人が考えたことや感じたことを振り返る活動を取り入れること，我が国や郷土の伝統や文化，先人の業績や生き方に触れることや，自然体験活動など美しいもの・気高いものなどに出合う機会を多様に設定し，そこから感じたことを通じて自己を見つめ，自分自身の生き方について考え，多様な考えを持つ他者を相互に認め合い広い心で異なる意見や立場を尊重し，共によりよく生きようという意欲などを高めるようにすることも重要である。また，年度当初

に自分の有様やよりよく生きるための課題を考え，課題や目標を捉える学習を行ったり，学習の過程や成果などの記録を計画的にファイル等に集積（ポートフォリオ）したりすること等により，学習状況を自ら把握し振り返ることができるようにすることなどが考えられる。

- 上記のような「主体的・対話的で深い学び」を実現するためには，多様な意見を受け止め，認め合える学級の雰囲気がその基盤としてなくてはならず，学級（ホームルーム）経営の充実が大変重要である。このことは，道徳的価値を自分との関わりで捉え考えを深める時間である道徳においては特に求められると言える。一方で，道徳の時間を通して，児童生徒理解を深め，これを学級経営に生かすということも考えられる。

- なお，前述のとおり高等学校には道徳の時間が設けられておらず，「公共」及び「倫理」並びに特別活動が中核的な指導場面として期待されている。したがって，これらの科目等においても，道徳教育において育成を目指す資質・能力及び上記の視点を意識した学習が求められる。

（「対話的な学び」の視点）

- 「対話的な学び」の視点からは，子供同士の協働，教員や地域の人との対話，先哲の考え方を手掛かりに考えたり，自分と異なる意見と向かい合い議論すること等を通じ，自分自身の道徳的価値の理解を深めたり広げたりすることが求められる。例えば，教材や体験などから考えたこと，感じたことを発表し合ったり，「理解し合い，信頼や友情を育む（友情，信頼）」と「同調圧力に流されない（公正，公平，社会正義）」といった葛藤や衝突が生じる場面について，話合いなどにより異なる考えに接し，多面的・多角的に考え，議論したりするなどの工夫を行うことや，日頃から何でも言い合え，認め合える学級の雰囲気を作ることが重要である。また，資料を通じて先人の考えに触れて道徳的価値の理解を深めたり自己を見つめる学習につなげたりすることができるような教材の開発・活用を行うことや，様々な専門家や保護者，地域住民等に道徳科の授業への参加を得ることなども「対話的な学び」の視点から効果的な方法と考えられる。

- また，児童生徒同士で話し合う問題解決的な学習を行うに当たっては，そこで何らかの合意を形成することが目的ではなく，そうした学習を通して，道徳的価値について自分のこととして捉え，多面的・多角的に考えることにより，将来，道徳的な選択や判断が求められる問題に対峙した時に，自分にも他者にとってもよりよい選択や判断ができるような資質・能力を育てることにつなげることが重要である

ことに留意する必要がある。なお，発達の段階や個人の特性等を踏まえれば，教員が介在することにより「対話的な学び」が実現できる場合も考えられ，その実態を踏まえた適切な配慮が求められる。言葉によって伝えるだけでなく，多様な表現を認めることも大切である。

特に，特設の道徳科の時間がない高等学校においては，特別活動，特にホームルーム活動における話合いを通して，人間としての在り方生き方に関する考えを深めることが重要である。

（「深い学び」の視点）

- 「深い学び」の視点からは，道徳的諸価値の理解を基に，自己を見つめ，物事を多面的・多角的に考え，自己の生き方について考える学習を通して，様々な場面，状況において，道徳的価値を実現するための問題状況を把握し，適切な行為を主体的に選択し，実践できるような資質・能力を育てる学習とすることが求められる。

そのためには，単に読み物教材の登場人物の心情理解のみで終わったり，単なる生活体験の話合いや，望ましいと分かっていることを言わせたり書かせたりする指導とならないよう留意し，道徳的な問題を自分事として捉え，議論し，探究する過程を重視し，道徳的価値に関わる自分の考え方，感じ方をより深めるための多様な指導方法を工夫することなどが考えられる。深い学びにつながる指導方法としては，例えば以下のような工夫が考えられる。

― 読み物教材の登場人物への自我関与を中心とした学習において，教材の登場人物の判断と心情を自分との関わりにおいて多面的・多角的に考えることを通し，道徳的価値の理解を深めること。

― 様々な道徳的諸価値に関わる問題や課題を主体的に解決する学習において，児童生徒の考えの根拠を問う発問や，問題場面を自分に当てはめて考えてみることを促す発問などを通じて，問題場面における道徳的価値の意味を考えさせること。

― 道徳的行為に関する体験的な学習において，疑似体験的な活動（役割演技など）を通して，実際の問題場面を実感を伴って理解することで，様々な問題や課題を主体的に解決するために必要な資質・能力を養うこと。

- 道徳的な問題場面には，道徳的諸価値が実現されていないことに起因する問題，道徳的諸価値についての理解が不十分又は誤解していることから生じる問題，道徳的諸価値のことは理解しているが，それを実現しようとする自分とそうできない自分との葛藤から生じる問題，複数の道徳的価値の間の対立から生じる問題などがあり，これらの問題構造を踏まえた場面設定や学習活動の工夫を行うことも大切である。

ⅱ）教材や教育環境の充実

○教材については，小・中学校学習指導要領において「特に，生命の尊厳，自然，伝統と文化，先人の伝記，スポーツ，情報化への対応等の現代的な課題など」を題材とすることが示されている。

○例えば「生命の尊厳」は，生命のもつ偶然性，有限性，連続性から，生命の尊重や感謝，よりよく生きる喜びなど様々な道徳的な問題を考えることができる言わば道徳の内容全体に関わる事項である。身近な人の死に接したり，人間の生命の尊さやかけがえのなさに心を揺り動かされたりする経験が少なくなっていると考えられる現代において，例えば動植物を取り上げた教材の提示により，生や死など生命の尊さについての考えを深めていくことができるような教材の工夫が考えられる。

○また，「スポーツ」では，例えばオリンピック・パラリンピックなど，世界を舞台に活躍している競技者の公正な態度や苦悩，努力などに触れて，道徳的価値の理解を深めたり，自己を見つめたりすることも効果的であると考えられる。

○教材の活用に当たっては，地域や学校，児童生徒の実態や発達の段階，指導のねらいに即して，適切に選択することが求められる。教科書や教材について，学校に置いておくのではなく，持ち帰って家庭や地域でも活用できるようにすることも重要である。

○環境整備については専門家会議において提言されたように，道徳教育の質的転換に向けて，それぞれの立場から積極的な取組を進めることが求められる。

- 文部科学省においては，道徳教育・道徳科で育成を目指す資質・能力など基本的な考え方について分かりやすく情報発信をすること，モデル事業の推進や学習指導要領解説の改訂，教師用指導資料の作成，教育委員会等の積極的な取組について全国へ発信すること等を進めること
- 各教育委員会や研究団体においては，質の高い多様な指導方法，特に問題解決的な学習や体験的な学習に関する研究をこれまで以上に進めること
- 各学校，特に管理職には，道徳科を学校教育全体で行う道徳教育の真の「要」となるようにカリキュラム・マネジメントを確立すること
- 道徳科の指導を行う一人一人の教員には，学級や児童生徒の実態から柔軟に授業を構想し，道徳教育推進教師と協働しつつ，家庭や地域との連携を深め，主体的・能動的に道徳教育を実践すること
- 家庭や地域においては，例えば「親子道徳の日」の設定や教科書などを通じて保護者と児童生徒が一緒に道徳について考えたり，道徳の授業にゲストティーチャーとして関わったりすること

（略）

○なお，道徳教育推進教師には，例えば，児童生徒の実態把握に基づいて道徳教育に係る全体計画を作成することや，その実施のための各教員に対する支援，校内研修や授業研究の実施，家庭や地域，近隣の学校等との連携など，カリキュラム・マネジメントの視点から，学校教育全体における道徳教育を推進するための取組を実施するに当たって，中心的な役割を果たすことが求められる。そのためには，教育委員会等においても，道徳教育推進教師に対する研修の実施などを通じて，道徳教育推進教師に求められる資質・能力の育成とともに，管理職や他の教員の理解が得られるような取組の推進が求められる。

○学校・地域によっては，独自に道徳教育のための時間を確保し，必修化するなどの取組や，そうした時間等や各教科等で活用できる教材の作成，道徳教育を担当する教員に対する研修など積極的な取組を行っている例がある。国や都道府県教育委員会には，そうした高等学校における道徳教育の充実に関する取組に対する支援や成果の共有などを積極的に進めることが求められる。

○道徳教育の質的転換に向けては，「社会に開かれた教育課程」の視点から，道徳教育で育成を目指す資質・能力などについて，専門家同士での理解を前提としたものではなく，全ての教員はもとより，保護者や地域の理解も得られるような示し方，伝え方としていき，社会全体で共有できるようにしていくことが重要である。例えば道徳性の諸様相についての説明は昭和30年代から大きく変わっていないが，今後，関係する諸分野における科学的知見や資質・能力に関する研究等の進歩を踏まえながら，より分かりやすく適切な示し方について研究がなされることが期待される。

中央教育審議会道徳教育に係る評価等の在り方に関する専門家会議
「特別の教科 道徳」の指導方法・評価等について（報告）〈抄〉
平成28年7月22日

○今後，道徳科の指導については，その実質化を図るとともに質的転換が求められるところであり，そのためには，以下のとおり，質の高い多様な指導方法の確立と評価の工夫・改善を行う必要がある。

4．質の高い多様な指導方法

○道徳教育の質的転換のためには，質の高い多様な指導方法の確立が求められており，本専門家会議においては多様な指導方法の実践的な取組についてヒアリングを行った。そこで出された道徳科の質の高い多様な指導方法は「別紙1」に示すとおりであり，それぞれの特長は以下のとおりである。

①読み物教材の登場人物への自我関与が中心の学習

教材の登場人物の判断や心情を自分との関わりにおいて多面的・多角的に考えることを通し，道徳的諸価値の理解を深めることについて効果的な指導方法であり，登場人物に自分を投影して，その判断や心情を考えることにより，道徳的価値の理解を深めることができる。

②問題解決的な学習

児童生徒一人一人が生きる上で出会う様々な道徳的諸価値に関わる問題や課題を主体的に解決するために必要な資質・能力を養うことができる。

問題場面について児童生徒自身の考えの根拠を問う発問や，問題場面を実際の自分に当てはめて考えてみることを促す発問，問題場面における道徳的価値の意味を考えさせる発問などによって，道徳的価値を実現するための資質・能力を養うことができる。

③道徳的行為に関する体験的な学習

役割演技などの体験的な学習を通して，実際の問題場面を実感を伴って理解することを通して，様々な問題や課題を主体的に解決するために必要な資質・能力を養うことができる。

問題場面を実際に体験してみること，また，それに対して自分ならどういう行動をとるかという問題解決のための役割演技を通して，道徳的価値を実現するための資質・能力を養うことができる。

○このような質の高い多様な指導を展開するに当たっては，道徳科の授業としての「質」の確保・向上の観点から，道徳科の特質を踏まえるとともに，発達の段階を考慮することが重要である。

○また，道徳的な問題には，例えば，①道徳的諸価値が実現されていないことに起因する問題，②道徳的諸価値について理解が不十分又は誤解していることから生じる問題，③道徳的諸価値のことは理解しているが，それを実現しようとする自分とそうできない自分との葛藤から生じる問題，④複数の道徳的価値の間の対立から生じる問題などがあり，これらの問題構造を踏まえた場面設定がなされることが求められる。

○なお，「別紙1」に示した指導方法も例示に過ぎず，それぞれが独立した指導の「型」を示しているわけではない。それぞれに様々な展開が考えられ，例えば読み物教材を活用しつつ問題解決的な学習を取り入れるなど，それぞれの要素を組み合わせた指導を行うことも考えられる。重要なことは，指導に当たっては，学習指導要領の趣旨をしっかりと把握し，指導する教師一人一人が，学校の実態や児童生徒の実態を踏まえて，授業の主題やねらいに応じた適切な工夫改良を加えながら適切な指導方法を選択することが求められるということである。

5．道徳科における評価の在り方
（評価の基本的な考え方）

○そもそも評価とは，児童生徒の側から見れば，自らの成長を実感し，意欲の向上につなげていくものであり，教師の側から見れば，教師が目標や計画，指導方法の改善・充実に取り組むための資料となるものである。

○教育において指導の効果を上げるためには，指導計画の下に，目標に基づいて教育実践を行い，指導のねらいや内容に照らして児童生徒の学習状況を把握するとともに，その結果を踏まえて，学校としての取組や教師自らの指導について改善を行うPDCAサイクルが重要であり，このことは道徳教育についても同様である。したがって，道徳科の評価においても，指導の効果を上げるため，学習状況や指導を通じて表れる児童生徒の道徳性に係る成長の様子を，指導のねらいや内容に即して把握する必要がある。

○一方で，答申では「道徳教育に関しては，指導要録に固有の記録欄が設定されていないこともあり，必ずしも十分な評価活動が行われておらず，このことが，道徳教育を軽視する一因となった」と指摘されており，さらに，このような実態の改善を図る観点から「道徳教育全体の充実を図るためには，これまでの反省に立ち，評価についても改善を図る必要がある」とされた。

中央教育審議会道徳教育に係る評価等の在り方に関する専門家会議（報告 別紙1）
道徳科における質の高い多様な指導方法について（イメージ）

平成28年7月22日

※以下の指導方法は，本専門家会議における事例発表をもとに作成。したがってこれらは多様な指導方法の一例であり，指導方法はこれらに限定されるものではない。道徳科を指導する教員が学習指導要領の改訂の趣旨をしっかり把握した上で，学校の実態，児童生徒の実態を踏まえ，授業の主題やねらいに応じた適切な指導方法を選択することが重要。

※以下の指導方法は，それぞれが独立した指導の「型」を示しているわけではない。それぞれに様々な展開が考えられ，例えば読み物教材を活用しつつ問題解決的な学習を取り入れるなど，それぞれの要素を組み合わせた指導を行うことも考えられる。

		読み物教材の登場人物への自我関与が中心の学習	問題解決的な学習	道徳的行為に関する体験的な学習	
ねらい		教材の登場人物の判断や心情を自分との関わりで多面的・多角的に考えることなどを通して，道徳的諸価値の理解を深める。	問題解決的な学習を通して，道徳的な問題を多面的・多角的に考え，児童生徒一人一人が生きる上で出会う様々な問題や課題を主体的に解決するために必要な資質・能力を養う。	役割演技などの疑似体験的な表現活動を通して，道徳的価値の理解を深め，様々な課題や問題を主体に解決するために必要な資質・能力を養う。	×
		学習指導要領においては，道徳科の目標を「道徳性を養うため，道徳的諸価値についての理解を基に，自己をみつめ，物事を（広い視野から）多面的・多角的に考え，自己（人として）の生き方についての考えを深める学習を通して，道徳的な判断力，心情，実践意欲と態度を育てる」と定めている。この目標をしっかり踏まえたものでなければ道徳科の指導とは言えない。			
具体例	導入	**道徳的価値に関する内容の提示** 教師の話や発問を通して，本時に扱う道徳的価値へ方向付ける。	**問題の発見や道徳的価値の想起など** ・教材や日常生活から道徳的な問題をみつける。 ・自分たちのこれまでの道徳的価値の捉え方を想起し，道徳的価値の本当の意味や意義への問いを持つ（原理・根拠・適用への問い）。	**道徳的価値を実現する行為に関する問題場面の提示など** ・教材の中に含まれる道徳的諸価値に関わる葛藤場面を把握する。 ・日常生活で，大切さが分かっていてもなかなか実践できない道徳的行為を想起し，問題意識を持つ。	主題やねらいの設定が不十分な単なる生活経験の話合い
	展開	**登場人物への自我関与** 教材を読んで，登場人物の判断や心情を類推することを通して，道徳的価値を自分との関わりで考える。 【教師の主な発問例】 ・どうして主人公は，○○という行動を取ることができたのだろう（又は取れなかったのだろう）。 ・主人公はどういう思いをもって△△という判断をしたのだろう。 ・自分だったら主人公のように考え，行動することができるだろうか。 **振り返り** 本時の授業を振り返り，道徳的価値を自分との関係で捉えたり，それらを交流して自分の考えを深めたりする。	**問題の探究（道徳的な問題状況の分析・解決策の構想など）** ・道徳的な問題について，グループなどで話合い，なぜ問題となっているのか，問題をよりよく解決するためにはどのような行動をとればよいのかなどについて多面的・多角的に考え議論を深める。 ・グループでの話合いなどを通して道徳的問題や道徳的価値について多面的・多角的に考え，議論を深める。 ・道徳的な問題場面に対する解決策を構想し，多面的・多角的に検討する。 【教師の主な発問例】 ・ここでは，何が問題になっていますか。 ・何と何で迷っていますか。 ・なぜ，■■（道徳的諸価値）は大切なのでしょう。 ・どうすれば■■（道徳的諸価値）が実現できるのでしょう。 ・同じ場面に出会ったら自分ならどう行動するでしょう。 ・なぜ，自分はそのように行動するのでしょう。 ・よりよい解決方法にはどのようなものが考えられるでしょう。 **探究のまとめ（解決策の選択や決定・諸価値の理解の深化・課題発見）** ・問題を解決する上で大切にした道徳的価値について，なぜそれを大切にしたのかなどについて話し合い等を通じて考えを深める。 ・問題場面に対する自分なりの解決策を選択・決定する中で，実現したい道徳的価値の意義や意味への理解を深める。 ・考えた解決策を身近な問題に適用し，自分の考えを再考する。 ・問題の探究を振り返って，新たな問いや自分の課題を導き出す。	**道徳的な問題場面の把握や考察など** ・道徳的行為を実践するには勇気がいることなど，道徳的価値を実践に移すためにどんな心構えや態度が必要かを考える。 ・価値が実現できない状況が含まれた教材で，何が問題になっているかを考える。 **問題場面の役割演技や道徳的行為に関する体験的な活動の実施など** ・ペアやグループをつくり，実際の問題場面を役割演技で再現し，登場人物の葛藤などを理解する。 ・実際に問題場面を設定し，道徳的行為を体験し，その行為をすることの難しさなどを理解する。 **道徳的価値の意味の考察など** ・役割演技や道徳的行為を体験したり，それらの様子を見たりしたことをもとに，多面的・多角的な視点から問題場面や取り得る行動について考え，道徳的価値の意味や実現するために大切なことを考える。 ・同様の新たな場面を提示して，取りうる行動を再現し，道徳的価値や実現するために大切なことを体感することを通して実生活における問題の解決に見通しをもたせる。	
	終末	**まとめ** ・教師による説話。 ・本時を振り返り，本時で学習したことを今後どのように生かすことができるかを考える。 ・道徳的諸価値に関する根本的な問いに対し，自分なりの考えをまとめる。 ・感想を聞き合ったり，ワークシートへ記入したりして，学習で気付いたこと，学んだことを振り返る。			

	×	読み物教材の登場人物への自我関与が中心の学習	問題解決的な学習	道徳的行為に関する体験的な学習	×
指導方法の効果	登場人物の心情理解のみの指導	・子供たちが読み物教材の登場人物に託して自らの考えや気持ちを素直に語る中で，道徳的価値の理解を図る指導方法として効果的。	・出会った道徳的な問題に対処しようとする資質・能力を養う指導方法として有効。 ・他者と対話や協働しつつ問題解決する中で，新たな価値や考えを発見・創造する可能性。 ・問題の解決を求める探究の先に新たな「問い」が生まれるという問題解決的なプロセスに価値。	・心情と行為とをすり合わせることにより，無意識の行為を意識化することができ，様々な課題や問題を主体的に解決するために必要な資質・能力を養う指導方法として有効。 ・体験的な学習を通して，取り得る行為を考え選択させることで内面も強化していくことが可能。	主題やねらいの設定が不十分な単なる生活経験の話合い
		道徳的諸価値に関わる問題について多様な他者と考え，議論する中で，多面的・多角的な見方へと発展し，道徳的諸価値の理解を自分自身との関わりで深めることが可能。			
指導上の留意点		・教師に明確な主題設定がなく，指導観に基づく発問でなければ，「登場人物の心情理解のみの指導」になりかねない。	明確なテーマ設定のもと， ・多面的・多角的な思考を促す「問い」が設定されているか。 ・上記「問い」の設定を可能とする教材が選択されているか。 ・議論し，探求するプロセスが重視されているか。 といった検討や準備がなければ，単なる「話合い」の時間になりかねない。	明確なテーマのもと ・心情と行為との軋轢や葛藤を意識させ，多面的・多角的な思考を促す問題場面が設定されているか。 ・上記問題場面の設定を可能とする教材が選択されているか。 といった検討や準備がなければ，主題設定の不十分な生徒・生活指導になりかねない。	
評価		・個人内評価を記述式で行う。 ※児童生徒のよい点を褒めたり，さらなる改善が望まれる点を指摘したりするなど，児童生徒の発達の段階に応じ励ましていく評価。 ・道徳科の学習において，その学習活動を踏まえ，観察や会話，作文やノートなどの記述，質問紙などを通して，例えば， ○他者の考え方や議論に触れ，自律的に思考する中で，一面的な見方から多面的・多角的な見方へと発展しているか ○多面的・多角的な思考の中で，道徳的価値の理解を自分自身との関わりの中で深めているか といった点に注目する必要。 ・学習状況や道徳性に係る成長の様子を把握するための工夫が必要。 ・妥当性・信頼性の確保のため組織的な取組が必要。			

○また，「道徳性の評価の基盤には，教師と児童生徒との人格的な触れ合いによる共感的な理解が存在することが重要である。その上で，児童生徒の成長を見守り，努力を認めたり，励ましたりすることによって，児童生徒が自らの成長を実感し，更に意欲的に取り組もうとするきっかけとなるような評価を目指すべき」との方向性も示された。

○これらを踏まえ，これまでの道徳の時間が道徳科として特別教科化されたことにより，より一層意識され実効性のある評価としていかなければならない。また，道徳科の評価は，個々の児童生徒の道徳性に係る成長を促すとともに，学校における指導の改善を図ることを目的としており，他者と比較するためのものではないことは論を俟たない。

(学習指導要領全体の改訂の議論における学習評価の在り方)

○「3」に示したように，学習指導要領全体の改訂についての中央教育審議会の審議においては，各教科等で育成する資質・能力を三つの柱で整理し，教育課程全体を構造化することが目指されている。

○各教科の学習評価についても，この資質・能力の三つの柱（「何を理解しているか，何ができるか（知識・技能）」，「理解していること・できることをどう使うか（思考力・判断力・表現力等）」，「どのように社会・世界と関わり，よりよい人生を送るか（学びに向かう力，人間性等）」）に基づき構造化された各教科の目標・指導内容を踏まえて行うこととされている。特に，資質・能力の三つの柱のうち，「学びに向かう力，人間性等」については，①「主体的に学習に取り組む態度」として観点別評価（学習状況を分析的に捉え評価する）を通じて見取ることができる部分と，②観点別評価や評定になじまず，こうした評価では示しきれないことから個人内評価（一人一人のよい点や可能性，進歩の状況について評価する）を通じて見取る部分があるとされている。道徳科の評価を検討するに当たり，このことに留意する必要がある。

(学校の教育活動全体を通じて行う道徳教育で養われる道徳性の評価)

○学校の教育活動全体を通じて行う道徳教育で養われる

道徳性については，小・中学校学習指導要領総則の「児童（生徒）のよい点や進歩の状況などを積極的に評価するとともに，指導の過程や成果を評価し，指導の改善を行い学習意欲の向上に生かすようにすること」との規定を踏まえ，指導要録上「各教科，道徳，外国語活動，総合的な学習の時間，特別活動やその他学校教育全体にわたって認められる」児童生徒の具体的な行動に関する「行動の記録」の一つの要素として位置付けている。

○今後の具体的な在り方については，学習指導要領全体の改訂における教育課程の構造化の中で，整理・検討されることが求められる。

○その際，各教科や総合的な学習の時間に関する所見，特別活動に関する事実及び所見，行動に関する所見，児童生徒の特徴・特技，部活動，学校内外におけるボランティア活動など社会奉仕体験活動，表彰を受けた行動や活動，学力について標準化された検査の結果等指導上参考となる諸事項，児童生徒の成長の状況にかかわる総合的な所見などを記入する「総合所見及び指導上参考となる諸事項」については，「小学校，中学校，高等学校及び特別支援学校等における児童生徒の学習評価及び指導要録の改善等について（通知）」（平成22年5月11日）において，「児童生徒の優れている点や長所，進歩の状況などを取り上げることに留意する。ただし，児童生徒の努力を要する点などについても，その後の指導において特に配慮を要するものがあれば記入する」となっていることを踏まえ，整理・検討する必要がある。

（道徳科の評価の在り方）

○これまで，道徳の時間の評価に関しては前述したとおり指導要録上「行動の記録」の一つの要素とされてきたところであるが，今回の学習指導要領の改正により，道徳科における評価として「児童生徒の学習状況や道徳性に係る成長の様子」を把握することが明示されたことから，「1」で述べた道徳の時間の評価の課題等を踏まえた評価の在り方を検討する必要がある。

○小・中学校学習指導要領第3章の「児童（生徒）の学習状況や道徳性に係る成長の様子を継続的に把握し，指導に生かすよう努める必要がある。ただし，数値などによる評価は行わないものとする」との規定の趣旨や，資質・能力の三つの柱の観点から教育課程の構造化を図っている学習指導要領全体の改訂の動向を踏まえた場合，

① 道徳性の育成は，資質・能力の三つの柱の土台であり目標でもある「どのように社会・世界と関わり，よりよい人生を送るか」に深く関わること，

② したがって，道徳科で育むべき資質・能力は4ページのような構造で捉えられるが，資質・能力の三つの柱や道徳的判断力，心情，実践意欲と態度のそれぞれについて分節し，観点別評価（学習状況を分析的に捉える）を通じて見取ろうとすることは，児童生徒の人格そのものに働きかけ，道徳性を養うことを目的とする道徳科の評価としては，妥当ではないこと，

③ そのため，道徳科については，「道徳的諸価値についての理解を基に，自己を見つめ，物事を（広い視野から）多面的・多角的に考え，自己（人間として）の生き方についての考えを深める」という学習活動における児童生徒の具体的な取組状況を，一定のまとまりの中で，児童生徒が学習の見通しを立てたり学習したことを振り返ったりする活動を適切に設定しつつ，学習活動全体を通して見取ることが求められること，

④ その際，個々の内容項目ごとではなく，大くくりなまとまりを踏まえた評価とすること，

⑤ また，他の児童生徒との比較による評価ではなく，児童生徒がいかに成長したかを積極的に受け止めて認め，励ます個人内評価として記述式で行うこと，

⑥ その際，道徳教育の質的転換を図るという今回の道徳の特別教科化の趣旨を踏まえれば，特に，学習活動において児童生徒がより多面的・多角的な見方へと発展しているか，道徳的価値の理解を自分自身との関わりの中で深めているかといった点を重視することが求められること，

に留意する必要がある。

○したがって，これらの学習活動における「児童（生徒）の学習状況や道徳性に係る成長の様子」を，観点別評価（分析的に捉える）ではなく個人内評価として丁寧に見取り，記述で表現することが適切であり，具体的には，個人内評価を記述で行うに当たっては，道徳科の学習において，その学習活動を踏まえ，観察や会話，作文やノートなどの記述，質問紙などを通して，例えば，

・他者の考え方や議論に触れ，自律的に思考する中で，一面的な見方から多面的・多角的な見方へと発展しているか

・多面的・多角的な思考の中で，道徳的価値の理解を自分自身との関わりの中で深めているかといった点に注目することが求められる。

(個人内評価として見取り，記述により表現することの基本的な考え方)
○道徳科において，児童生徒の学習状況や道徳性に係る成長の様子をどのように見取り，記述するかということについては，学校の実態や児童生徒の実態に応じて，指導方法の工夫と併せて適切に考える必要がある。
○児童生徒が一面的な見方から多面的・多角的な見方へと発展させているかどうかという点については，例えば，道徳的な問題に対する判断の根拠やその時の心情を様々な視点から捉え考えようとしていることや，自分と違う意見や立場を理解しようとしていること，複数の道徳的価値の対立が生じる場面において取り得る行動を多面的・多角的に考えようとしていることを発言や感想文や質問紙の記述等から見取るという方法が考えられる。
○道徳的価値の理解を自分自身との関わりの中で深めているかどうかという点についても，例えば，読み物教材の登場人物を自分に置き換えて考え，自分なりに具体的にイメージして理解しようとしていることに着目したり，自らの生活や考えを見直していることがうかがえる部分に着目したりするという視点も考えられる。また，道徳的な問題に対して自己の取り得る行動を他者と議論する中で，道徳的価値の理解をさらに深めているかや，道徳的価値を実現することの難しさを自分事として捉え，考えようとしているかという視点も考えられる。
○また，発言が多くない児童生徒や考えたことを文章に記述することが苦手な児童生徒が，教師の話や他の児童生徒の話に聞き入り考えを深めようとしている姿に着目するなど，発言や記述ではない形で表出する児童生徒の姿に着目するということも重要である。
○さらに，学期や年間を通じて，当初は感想文や質問紙に，感想をそのまま書いただけであった児童生徒が，回を追うごとに，主人公に共感したり，自分なりに考えを深めた内容を書くように変化が見られたり，既習の内容と関連づけて考えている場面に着目するなど，一単位時間の授業だけでなく，児童生徒が長い期間を経て，多面的・多角的な見方へと発展していたり，道徳的価値の理解が深まったりしていることを見取るという視点もある。
○ここに挙げた視点はいずれについても例示であり，指導する教師一人一人が，質の高い多様な指導方法へと指導の改善を行い学習意欲の向上に生かすようにするという道徳科の評価の趣旨を理解したうえで，学校の状況や児童生徒一人一人の状況を踏まえた評価を工夫することが求められる。

(評価のための具体的な工夫)
○これまでも学習指導要領解説においては，道徳教育，道徳の時間の評価について，その具体的な方法の記述がなされてきたところであり，例えば平成20年8月の学習指導要領解説では，「学校生活における教師と児童の心の触れ合いを通して，共感的に理解し評価する」ことを前提として，観察や会話による方法，作文やノートなどの記述による方法，質問紙などによる方法，面接による方法などの例示がなされている。
○道徳科における学習状況や道徳性に係る成長の様子を把握するため，児童生徒が学習活動を通じて多面的・多角的な見方を発展させていることや，道徳的価値の理解を深めていることを見取るためには，上記に加え，様々な工夫が必要である。
○本専門家会議においては，「別紙2」のとおり，児童生徒の学習の過程や成果などの記録を計画的にファイルに蓄積したものや児童生徒が道徳性を発達させていく過程での児童生徒自身のエピソードを累積したものを評価に活用すること，作文やレポート，スピーチやプレゼンテーションを行い，その過程を通じて児童生徒の学習状況や成長の様子を把握することなどの方法の提案があった。なお，こうした評価に当たっては，記録物や実演自体を評価するのではなく，学習過程を通じていかに成長したかを見取るためのものであることに留意が必要である。
○また，児童生徒が行う自己評価や相互評価について，これら自体は児童生徒の学習活動であり，教師が行う評価活動ではないが，児童生徒が自身のよい点や可能性について気付くことを通じ，主体的に学ぶ意欲を高めることなど，学習の在り方を改善していくことに役立つものであり，これらを効果的に活用し学習活動を深めて行くことも重要である。
○さらに，本専門家会議では，年に数回，教師が交代で学年の全学級を回って道徳の授業を行うといった取組みも提起された。このことは，自分の専門教科など，得意分野に引きつけて道徳の授業を展開することができ，また，何度も同様の教材で授業を行うことにより指導力の向上につながるという指導面からの利点とともに，学級担任が自分のクラスの授業を参観することが可能となり，普段の授業とは違う角度から子供たちの新たな一面を発見することができるなど，児童生徒の学習状況や道徳性に係る成長の様子をより多面的・

多角的に把握することができるといった評価の改善の観点からも有効であると考えられる。

(今後の方向性)
○道徳の特別教科化に当たっては，まず，道徳教育の質的転換の必要性や多様な質の高い指導方法，評価の意義やその重要性の共有が求められており，そのために，各学校における組織的・計画的な取組や，それに基づく具体的な評価方法の蓄積が急務である。
○その上で，これまで述べてきた評価の在り方及び評価方法を踏まえると，指導要録においては「別紙3」のとおり，道徳科については，指導要録上，一人一人の児童生徒の学習状況や道徳性に係る成長の様子について，特に顕著と認められる具体的な状況を記述する，といった改善を図ることが妥当であると考えられる。
○なお，入学者選抜は，実施者（都道府県教育委員会等）がその書式等を定める調査書と学力検査などにより行われており，調査書には指導要録の項目から「各教科の評定」や「出欠の記録」，「行動の記録」，「総合所見及び指導上参考となる諸事項」などが記載されていることが通例である。これらは，児童生徒の教科の学習状況に基づいて数値によって表す観点別学習評価や評定，児童生徒の日々の学校教育活動における行動に着目して行った評価であり，このような評価の性質上，入学者選抜において合否の判定に活用することが考えられる。
○他方で，道徳科における学習状況や道徳性に係る成長の様子の把握は，
  ・児童生徒の人格そのものに働きかけ，道徳性を養うという道徳科の目標に照らし，その児童生徒がいかに成長したかを積極的に受け止めて認め，励ます観点から行うものであり，個人内評価であるとの趣旨がより強く要請されること，
  ・児童生徒自身が，入学者選抜や調査書などを気にすることなく，真正面から自分事として道徳的価値に多面的・多角的に向き合うことこそ道徳教育の質的転換の目的であること，
を踏まえると，「各教科の評定」や「出欠の記録」，「行動の記録」，「総合所見及び指導上参考となる諸事項」などとは基本的な性格が異なるものであり，調査書に記載せず，入学者選抜の合否判定に活用することのないようにする必要がある。
○なお，特別支援学校小学部，中学部の児童生徒の学習評価に対する基本的な考え方は，小学校や中学校の児童生徒に対する評価の考え方と基本的に変わりがない。したがって，特別支援学校（視覚障害，聴覚障害，肢体不自由，病弱）小学部，中学部及び特別支援学校（知的障害）小学部，中学部の指導要録については，「別紙3」のとおり，小学校，中学校の指導要録の改善と同様に改善を図ることが適当であると考えられる。
○なお，道徳科の指導方法や評価，指導要録の在り方については，その取組状況を踏まえ，不断の見直しを行うことが重要であり，現在，中央教育審議会において，学習指導要領全体の改訂のための議論が行われているところであることから，これらの議論も踏まえつつ，さらに検討が行われることを期待したい。

(以下略)

小学校学習指導要領　第1章　総則〈抄〉
（平成29年3月31日告示）

第1　小学校教育の基本と教育課程の役割
1　各学校においては，教育基本法及び学校教育法その他の法令並びにこの章以下に示すところに従い，児童の人間として調和のとれた育成を目指し，児童の心身の発達の段階や特性及び学校や地域の実態を十分考慮して，適切な教育課程を編成するものとし，これらに掲げる目標を達成するよう教育を行うものとする。
2　学校の教育活動を進めるに当たっては，各学校において，第3の1に示す主体的・対話的で深い学びの実現に向けた授業改善を通して，創意工夫を生かした特色ある教育活動を展開する中で，次の(1)から(3)までに掲げる事項の実現を図り，児童に生きる力を育むことを目指すものとする。
(1)　(略)
(2)　道徳教育や体験活動，多様な表現や鑑賞の活動等を通して，豊かな心や創造性の涵養を目指した教育の充実に努めること。

学校における道徳教育は，特別の教科である道徳（以下「道徳科」という。）を要として学校の教育活動全体を通じて行うものであり，道徳科はもとより，各教科，外国語活動，総合的な学習の時間及び特別活動のそれぞれの特質に応じて，児童の発達の段階を考慮して，適切な指導を行うこと。

道徳教育は，教育基本法及び学校教育法に定められた教育の根本精神に基づき，自己の生き方を考え，主体的な判断の下に行動し，自立した人間として他者と共によりよく生きるための基盤となる道徳性を養うことを目標とすること。

道徳教育を進めるに当たっては，人間尊重の精神と生命に対する畏敬の念を家庭，学校，その他社会における具体的な生活の中に生かし，豊かな心をもち，伝統と文化を尊重し，それらを育んできた我が国と郷土を愛し，個性豊かな文化の創造を図るとともに，平和で民主的な国家及び社会の形成者として，公共の精神を尊び，社会及び国家の発展に努め，他国を尊重し，国際社会の平和と発展や環境の保全に貢献し未来を拓く主体性のある日本人の育成に資することとなるよう特に留意すること。

(3)　(略)
3　(略)
4　(略)
第2　教育課程の編成　(略)
第3　教育課程の実施と学習評価　(略)
第4　児童の発達の支援　(略)
第5　学校運営上の留意事項　(略)
第6　道徳教育に関する配慮事項

道徳教育を進めるに当たっては，道徳教育の特質を踏まえ，前項までに示す事項に加え，次の事項に配慮するものとする。

1　各学校においては，第1の2の(2)に示す道徳教育の目標を踏まえ，道徳教育の全体計画を作成し，校長の方針の下に，道徳教育の推進を主に担当する教師（以下「道徳教育推進教師」という。）を中心に，全教師が協力して道徳教育を展開すること。なお，道徳教育の全体計画の作成に当たっては，児童や学校，地域の実態を考慮して，学校の道徳教育の重点目標を設定するとともに，道徳科の指導方針，第3章特別の教科道徳の第2に示す内容との関連を踏まえた各教科，外国語活動，総合的な学習の時間及び特別活動における指導の内容及び時期並びに家庭や地域社会との連携の方法を示すこと。
2　各学校においては，児童の発達の段階や特性等を踏まえ，指導内容の重点化を図ること。その際，各学年を通じて，自立心や自律性，生命を尊重する心や他者を思いやる心を育てることに留意すること。また，各学年段階においては，次の事項に留意すること。
(1)　第1学年及び第2学年においては，挨拶などの基本的な生活習慣を身に付けること，善悪を判断し，してはならないことをしないこと，社会生活上のきまりを守ること。
(2)　第3学年及び第4学年においては，善悪を判断し，正しいと判断したことを行うこと，身近な人々と協力し助け合うこと，集団や社会のきまりを守ること。
(3)　第5学年及び第6学年においては，相手の考え方や立場を理解して支え合うこと，法やきまりの意義を理解して進んで守ること，集団生活の充実に努めること，伝統と文化を尊重し，それらを育んできた我が国と郷土を愛するとともに，他国を尊重すること。
3　学校や学級内の人間関係や環境を整えるとともに，

集団宿泊活動やボランティア活動，自然体験活動，地域の行事への参加などの豊かな体験を充実すること。また，道徳教育の指導内容が，児童の日常生活に生かされるようにすること。その際，いじめの防止や安全の確保等にも資することとなるよう留意すること。
4 学校の道徳教育の全体計画や道徳教育に関する諸活動などの情報を積極的に公表したり，道徳教育の充実のために家庭や地域の人々の積極的な参加や協力を得たりするなど，家庭や地域社会との共通理解を深め，相互の連携を図ること。

小学校学習指導要領 第3章 特別の教科 道徳〈抄〉

(平成29年3月31日告示)

第1 目標

第1章総則の第1の2の(2)に示す道徳教育の目標に基づき，よりよく生きるための基盤となる道徳性を養うため，道徳的諸価値についての理解を基に，自己を見つめ，物事を多面的・多角的に考え，自己の生き方についての考えを深める学習を通して，道徳的な判断力，心情，実践意欲と態度を育てる。

第2 内容 (略)

第3 指導計画の作成と内容の取扱い

1 各学校においては，道徳教育の全体計画に基づき，各教科，外国語活動，総合的な学習の時間及び特別活動との関連を考慮しながら，道徳科の年間指導計画を作成するものとする。なお，作成に当たっては，第2に示す各学年段階の内容項目について，相当する各学年において全て取り上げることとする。その際，児童や学校の実態に応じ，2学年間を見通した重点的な指導や内容項目間の関連を密にした指導，一つの内容項目を複数の時間で扱う指導を取り入れるなどの工夫を行うものとする。

2 第2の内容の指導に当たっては，次の事項に配慮するものとする。

(1) 校長や教頭などの参加，他の教師との協力的な指導などについて工夫し，道徳教育推進教師を中心とした指導体制を充実すること。

(2) 道徳科が学校の教育活動全体を通じて行う道徳教育の要としての役割を果たすことができるよう，計画的・発展的な指導を行うこと。特に，各教科，外国語活動，総合的な学習の時間及び特別活動における道徳教育としては取り扱う機会が十分でない内容項目に関わる指導を補うことや，児童や学校の実態等を踏まえて指導をより一層深めること，内容項目の相互の関連を捉え直したり発展させたりすることに留意すること。

(3) 児童が自ら道徳性を養う中で，自らを振り返って成長を実感したり，これからの課題や目標を見付けたりすることができるよう工夫すること。その際，道徳性を養うことの意義について，児童自らが考え，理解し，主体的に学習に取り組むことができるようにすること。

(4) 児童が多様な感じ方や考え方に接する中で，考えを深め，判断し，表現する力などを育むことができるよう，自分の考えを基に話し合ったり書いたりするなどの言語活動を充実すること。

(5) 児童の発達の段階や特性等を考慮し，指導のねらいに即して，問題解決的な学習，道徳的行為に関する体験的な学習等を適切に取り入れるなど，指導方法を工夫すること。その際，それらの活動を通じて学んだ内容の意義などについて考えることができるようにすること。また，特別活動等における多様な実践活動や体験活動も道徳科の授業に生かすようにすること。

(6) 児童の発達の段階や特性等を考慮し，第2に示す内容との関連を踏まえつつ，情報モラルに関する指導を充実すること。また，児童の発達の段階や特性等を考慮し，例えば，社会の持続可能な発展などの現代的な課題の取扱いにも留意し，身近な社会的課題を自分との関係において考え，それらの解決に寄与しようとする意欲や態度を育てるよう努めること。なお，多様な見方や考え方のできる事柄について，特定の見方や考え方に偏った指導を行うことのないようにすること。

(7) 道徳科の授業を公開したり，授業の実施や地域教材の開発や活用などに家庭や地域の人々，各分野の専門家等の積極的な参加や協力を得たりするなど，家庭や地域社会との共通理解を深め，相互の連携を図ること。

3 教材については，次の事項に留意するものとする。

(1) 児童の発達の段階や特性，地域の実情等を考慮し，多様な教材の活用に努めること。特に，生命の尊厳，自然，伝統と文化，先人の伝記，スポーツ，情報化への対応等の現代的な課題などを題材とし，児童が問題意識をもって多面的・多角的に考えたり，感動を覚えたりするような充実した教

材の開発や活用を行うこと。
　(2)　教材については，教育基本法や学校教育法その他の法令に従い，次の観点に照らし適切と判断されるものであること。
　　ア　児童の発達の段階に即し，ねらいを達成するのにふさわしいものであること。
　　イ　人間尊重の精神にかなうものであって，悩みや葛藤等の心の揺れ，人間関係の理解等の課題も含め，児童が深く考えることができ，人間としてよりよく生きる喜びや勇気を与えられるものであること。
　　ウ　多様な見方や考え方のできる事柄を取り扱う場合には，特定の見方や考え方に偏った取扱いがなされていないものであること。
　4　児童の学習状況や道徳性に係る成長の様子を継続的に把握し，指導に生かすよう努める必要がある。ただし，数値などによる評価は行わないものとする。

中学校学習指導要領　第1章　総則〈抄〉

(平成29年3月31日告示)

第1　中学校教育の基本と教育課程の役割
　1　各学校においては，教育基本法及び学校教育法その他の法令並びにこの章以下に示すところに従い，生徒の人間として調和のとれた育成を目指し，生徒の心身の発達の段階や特性及び学校や地域の実態を十分考慮して，適切な教育課程を編成するものとし，これらに掲げる目標を達成するよう教育を行うものとする。
　2　学校の教育活動を進めるに当たっては，各学校において，第3の1に示す主体的・対話的で深い学びの実現に向けた授業改善を通して，創意工夫を生かした特色ある教育活動を展開する中で，次の(1)から(3)までに掲げる事項の実現を図り，生徒に生きる力を育むことを目指すものとする。
　(1)　(略)
　(2)　道徳教育や体験活動，多様な表現や鑑賞の活動等を通して，豊かな心や創造性の涵養を目指した教育の充実に努めること。
　　学校における道徳教育は，特別の教科である道徳（以下「道徳科」という。）を要として学校の教育活動全体を通じて行うものであり，道徳科はもとより，各教科，総合的な学習の時間及び特別活動のそれぞれの特質に応じて，生徒の発達の段階を考慮して，適切な指導を行うこと。
　　道徳教育は，教育基本法及び学校教育法に定められた教育の根本精神に基づき，人間としての生き方を考え，主体的な判断の下に行動し，自立した人間として他者と共によりよく生きるための基盤となる道徳性を養うことを目標とすること。
　　道徳教育を進めるに当たっては，人間尊重の精神と生命に対する畏敬の念を家庭，学校，その他社会における具体的な生活の中に生かし，豊かな心をもち，伝統と文化を尊重し，それらを育んできた我が国と郷土を愛し，個性豊かな文化の創造を図るとともに，平和で民主的な国家及び社会の形成者として，公共の精神を尊び，社会及び国家の発展に努め，他国を尊重し，国際社会の平和と発展や環境の保全に貢献し未来を拓く主体性のある日本人の育成に資することとなるよう特に留意すること。
　(3)　(略)
　3　(略)
　4　(略)
第2　教育課程の編成　(略)
第3　教育課程の実施と学習評価　(略)
第4　生徒の発達の支援　(略)
第5　学校運営上の留意事項　(略)
第6　道徳教育に関する配慮事項
　道徳教育を進めるに当たっては，道徳教育の特質を踏まえ，前項までに示す事項に加え，次の事項に配慮するものとする。
　1　各学校においては，第1の2の(2)に示す道徳教育の目標を踏まえ，道徳教育の全体計画を作成し，校長の方針の下に，道徳教育の推進を主に担当する教師（以下「道徳教育推進教師」という。）を中心に，全教師が協力して道徳教育を展開すること。なお，道徳教育の全体計画の作成に当たっては，生徒や学校，地域の実態を考慮して，学校の道徳教育の重点目標を設定するとともに，道徳科の指導方針，第3章特別の教科道徳の第2に示す内容との関連を踏まえた各教科，総合的な学習の時間及び特別活動における指導の内容及び時期並びに家庭や地域社会との連携の方法を示すこと。
　2　各学校においては，生徒の発達の段階や特性等を踏まえ，指導内容の重点化を図ること。その際，小学校における道徳教育の指導内容を更に発展させ，自立心や自律性を高め，規律ある生活をすること，

生命を尊重する心や自らの弱さを克服して気高く生きようとする心を育てること，法やきまりの意義に関する理解を深めること，自らの将来の生き方を考え主体的に社会の形成に参画する意欲と態度を養うこと，伝統と文化を尊重し，それらを育んできた我が国と郷土を愛するとともに，他国を尊重すること，国際社会に生きる日本人としての自覚を身に付けることに留意すること。

3　学校や学級内の人間関係や環境を整えるとともに，職場体験活動やボランティア活動，自然体験活動，地域の行事への参加などの豊かな体験を充実すること。また，道徳教育の指導内容が，生徒の日常生活に生かされるようにすること。その際，いじめの防止や安全の確保等にも資することとなるよう留意すること。

4　学校の道徳教育の全体計画や道徳教育に関する諸活動などの情報を積極的に公表したり，道徳教育の充実のために家庭や地域の人々の積極的な参加や協力を得たりするなど，家庭や地域社会との共通理解を深め，相互の連携を図ること。

中学校学習指導要領 第3章 特別の教科 道徳〈抄〉
（平成29年3月31日告示）

第1　目標
第1章総則の第1の2の(2)に示す道徳教育の目標に基づき，よりよく生きるための基盤となる道徳性を養うため，道徳的諸価値についての理解を基に，自己を見つめ，物事を広い視野から多面的・多角的に考え，人間としての生き方についての考えを深める学習を通して，道徳的な判断力，心情，実践意欲と態度を育てる。

第2　内容　（略）

第3　指導計画の作成と内容の取扱い
1　各学校においては，道徳教育の全体計画に基づき，各教科，総合的な学習の時間及び特別活動との関連を考慮しながら，道徳科の年間指導計画を作成するものとする。なお，作成に当たっては，第2に示す内容項目について，各学年において全て取り上げることとする。その際，生徒や学校の実態に応じ，3学年間を見通した重点的な指導や内容項目間の関連を密にした指導，一つの内容項目を複数の時間で扱う指導を取り入れるなどの工夫を行うものとする。

2　第2の内容の指導に当たっては，次の事項に配慮するものとする。

(1)　学級担任の教師が行うことを原則とするが，校長や教頭などの参加，他の教師との協力的な指導などについて工夫し，道徳教育推進教師を中心とした指導体制を充実すること。

(2)　道徳科が学校の教育活動全体を通じて行う道徳教育の要としての役割を果たすことができるよう，計画的・発展的な指導を行うこと。特に，各教科，総合的な学習の時間及び特別活動における道徳教育としては取り扱う機会が十分でない内容項目に関わる指導を補うことや，生徒や学校の実態等を踏まえて指導をより一層深めること，内容項目の相互の関連を捉え直したり発展させたりすることに留意すること。

(3)　生徒が自ら道徳性を養う中で，自らを振り返って成長を実感したり，これからの課題や目標を見付けたりすることができるよう工夫すること。その際，道徳性を養うことの意義について，生徒自らが考え，理解し，主体的に学習に取り組むことができるようにすること。また，発達の段階を考慮し，人間としての弱さを認めながら，それを乗り越えてよりよく生きようとすることのよさについて，教師が生徒と共に考える姿勢を大切にすること。

(4)　生徒が多様な感じ方や考え方に接する中で，考えを深め，判断し，表現する力などを育むことができるよう，自分の考えを基に討論したり書いたりするなどの言語活動を充実すること。その際，様々な価値観について多面的・多角的な視点から振り返って考える機会を設けるとともに，生徒が多様な見方や考え方に接しながら，更に新しい見方や考え方を生み出していくことができるよう留意すること。

(5)　生徒の発達の段階や特性等を考慮し，指導のねらいに即して，問題解決的な学習，道徳的行為に関する体験的な学習等を適切に取り入れるなど，指導方法を工夫すること。その際，それらの活動を通じて学んだ内容の意義などについて考えることができるようにすること。また，特別活動等における多様な実践活動や体験活動も道徳科の授業に生かすようにすること。

(6)　生徒の発達の段階や特性等を考慮し，第2に示す内容との関連を踏まえつつ，情報モラルに関する指導を充実すること。また，例えば，科学技術の発展と生命倫理との関係や社会の持続可能な発

展などの現代的な課題の取扱いにも留意し，身近な社会的課題を自分との関係において考え，その解決に向けて取り組もうとする意欲や態度を育てるよう努めること。なお，多様な見方や考え方のできる事柄について，特定の見方や考え方に偏った指導を行うことのないようにすること。
 (7) 道徳科の授業を公開したり，授業の実施や地域教材の開発や活用などに家庭や地域の人々，各分野の専門家等の積極的な参加や協力を得たりするなど，家庭や地域社会との共通理解を深め，相互の連携を図ること。
3　教材については，次の事項に留意するものとする。
 (1) 生徒の発達の段階や特性，地域の実情等を考慮し，多様な教材の活用に努めること。特に，生命の尊厳，社会参画，自然，伝統と文化，先人の伝記，スポーツ，情報化への対応等の現代的な課題などを題材とし，生徒が問題意識をもって多面的・多角的に考えたり，感動を覚えたりするような充実した教材の開発や活用を行うこと。
 (2) 教材については，教育基本法や学校教育法その他の法令に従い，次の観点に照らし適切と判断されるものであること。
　　ア　生徒の発達の段階に即し，ねらいを達成するのにふさわしいものであること。
　　イ　人間尊重の精神にかなうものであって，悩みや葛藤等の心の揺れ，人間関係の理解等の課題も含め，生徒が深く考えることができ，人間としてよりよく生きる喜びや勇気を与えられるものであること。
　　ウ　多様な見方や考え方のできる事柄を取り扱う場合には，特定の見方や考え方に偏った取扱いがなされていないものであること。
4　生徒の学習状況や道徳性に係る成長の様子を継続的に把握し，指導に生かすよう努める必要がある。ただし，数値などによる評価は行わないものとする。

小中学校の内容項目一覧

(『小(中)学校学習指導要領解説　特別の教科 道徳編』第3章第2節, 平成26年6月)

キーワード	小学校第1学年及び第2学年 (19)	小学校第3学年及び第4学年 (20)
A　主として自分自身に関すること		
善悪の判断, 自律, 自由と責任	(1) よいことと悪いこととの区別をし, よいと思うことを進んで行うこと。	(1) 正しいと判断したことは, 自信をもって行うこと。
正直, 誠実	(2) うそをついたりごまかしをしたりしないで, 素直に伸び伸びと生活すること。	(2) 過ちは素直に改め, 正直に明るい心で生活すること。
節度, 節制	(3) 健康や安全に気を付け, 物や金銭を大切にし, 身の回りを整え, わがままをしないで, 規則正しい生活をすること。	(3) 自分でできることは自分でやり, 安全に気を付け, よく考えて行動し, 節度のある生活をすること。
個性の伸長	(4) 自分の特徴に気付くこと。	(4) 自分の特徴に気付き, 長所を伸ばすこと。
希望と勇気, 努力と強い意志	(5) 自分のやるべき勉強や仕事をしっかりと行うこと。	(5) 自分でやろうと決めた目標に向かって, 強い意志をもち, 粘り強くやり抜くこと。
真理の探究		
B　主として人との関わりに関すること		
親切, 思いやり	(6) 身近にいる人に温かい心で接し, 親切にすること。	(6) 相手のことを思いやり, 進んで親切にすること。
感謝	(7) 家族など日頃世話になっている人々に感謝すること。	(7) 家族など生活を支えてくれている人々や現在の生活を築いてくれた高齢者に, 尊敬と感謝の気持ちをもって接すること。
礼儀	(8) 気持ちのよい挨拶, 言葉遣い, 動作などに心掛けて, 明るく接すること。	(8) 礼儀の大切さを知り, 誰に対しても真心をもって接すること。
友情, 信頼	(9) 友達と仲よくし, 助け合うこと。	(9) 友達と互いに理解し, 信頼し, 助け合うこと。
相互理解, 寛容		(10) 自分の考えや意見を相手に伝えるとともに, 相手のことを理解し, 自分と異なる意見も大切にすること。
C　主として集団や社会との関わりに関すること		
規則の尊重	(10) 約束やきまりを守り, みんなが使う物を大切にすること。	(11) 約束や社会のきまりの意義を理解し, それらを守ること。
公正, 公平, 社会正義	(11) 自分の好き嫌いにとらわれないで接すること。	(12) 誰に対しても分け隔てをせず, 公正, 公平な態度で接すること。
勤労, 公共の精神	(12) 働くことのよさを知り, みんなのために働くこと。	(13) 働くことの大切さを知り, 進んでみんなのために働くこと。
家族愛, 家庭生活の充実	(13) 父母, 祖父母を敬愛し, 進んで家の手伝いなどをして, 家族の役に立つこと。	(14) 父母, 祖父母を敬愛し, 家族みんなで協力し合って楽しい家庭をつくること。
よりよい学校生活, 集団生活の充実	(14) 先生を敬愛し, 学校の人々に親しんで, 学級や学校の生活を楽しくすること。	(15) 先生や学校の人々を敬愛し, みんなで協力し合って楽しい学級や学校をつくること。
伝統や文化の尊重, 国や郷土を愛する態度	(15) 我が国や郷土の文化と生活に親しみ, 愛着をもつこと。	(16) 我が国や郷土の伝統と文化を大切にし, 国や郷土を愛する心をもつこと。
国際理解, 国際親善	(16) 他国の人々や文化に親しむこと。	(17) 他国の人々や文化に親しみ, 関心をもつこと。
D　主として生命や自然, 崇高なものとの関わりに関すること		
生命の尊さ	(17) 生きることのすばらしさを知り, 生命を大切にすること。	(18) 生命の尊さを知り, 生命あるものを大切にすること。
自然愛護	(18) 身近な自然に親しみ, 動植物に優しい心で接すること。	(19) 自然のすばらしさや不思議さを感じ取り, 自然や動植物を大切にすること。
感動, 畏敬の念	(19) 美しいものに触れ, すがすがしい心をもつこと。	(20) 美しいものや気高いものに感動する心をもつこと。
よりよく生きる喜び		

小学校第5学年及び第6学年 (22)	中学校 (22)	キーワード
A 主として自分自身に関すること		
(1) 自由を大切にし，自律的に判断し，責任のある行動をすること。	(1) 自律の精神を重んじ，自主的に考え，判断し，誠実に実行してその結果に責任をもつこと。	自主，自律，自由と責任
(2) 誠実に，明るい心で生活すること。		
(3) 安全に気を付けることや，生活習慣の大切さについて理解し，自分の生活を見直し，節度を守り節制に心掛けること。	(2) 望ましい生活習慣を身に付け，心身の健康の増進を図り，節度を守り節制に心掛け，安全で調和のある生活をすること。	節度，節制
(4) 自分の特徴を知って，短所を改め長所を伸ばすこと。	(3) 自己を見つめ，自己の向上を図るとともに，個性を伸ばして充実した生き方を追求すること。	向上心，個性の伸長
(5) より高い目標を立て，希望と勇気をもち，困難があってもくじけずに努力して物事をやり抜くこと。	(4) より高い目標を設定し，その達成を目指し，希望と勇気をもち，困難や失敗を乗り越えて着実にやり遂げること。	希望と勇気，克己と強い意志
(6) 真理を大切にし，物事を探究しようとする心をもつこと。	(5) 真実を大切にし，真理を探究して新しいものを生み出そうと努めること。	真理の探究，創造
B 主として人との関わりに関すること		
(7) 誰に対しても思いやりの心をもち，相手の立場に立って親切にすること。	(6) 思いやりの心をもって人と接するとともに，家族などの支えや多くの人々の善意により日々の生活や現在の自分があることに感謝し，進んでそれに応え，人間愛の精神を深めること。	思いやり，感謝
(8) 日々の生活が家族や過去からの多くの人々の支え合いや助け合いで成り立っていることに感謝し，それに応えること。		
(9) 時と場をわきまえて，礼儀正しく真心をもって接すること。	(7) 礼儀の意義を理解し，時と場に応じた適切な言動をとること。	礼儀
(10) 友達と互いに信頼し，学び合って友情を深め，異性についても理解しながら，人間関係を築いていくこと。	(8) 友情の尊さを理解して心から信頼できる友達をもち，互いに励まし合い，高め合うとともに，異性についての理解を深め，悩みや葛藤も経験しながら人間関係を深めていくこと。	友情，信頼
(11) 自分の考えや意見を相手に伝えるとともに，謙虚な心をもち，広い心で自分と異なる意見や立場を尊重すること。	(9) 自分の考えや意見を相手に伝えるとともに，それぞれの個性や立場を尊重し，いろいろなものの見方や考え方があることを理解し，寛容の心をもって謙虚に他に学び，自らを高めていくこと。	相互理解，寛容
C 主として集団や社会との関わりに関すること		
(12) 法やきまりの意義を理解した上で進んでそれらを守り，自他の権利を大切にし，義務を果たすこと。	(10) 法やきまりの意義を理解し，それらを進んで守るとともに，そのよりよい在り方について考え，自他の権利を大切にし，義務を果たして，規律ある安定した社会の実現に努めること。	遵法精神，公徳心
(14) 誰に対しても差別をすることや偏見をもつことなく，公正，公平な態度で接し，正義の実現に努めること。	(11) 正義と公正さを重んじ，誰に対しても公平に接し，差別や偏見のない社会の実現に努めること。	公正，公平，社会正義
(14) 働くことや社会に奉仕することの充実感を味わうとともに，その意義を理解し，公共のために役に立つことをすること。	(12) 社会参画の意識と社会連帯の自覚を高め，公共の精神をもってよりよい社会の実現に努めること。	社会参画，公共の精神
	(13) 勤労の尊さや意義を理解し，将来の生き方について考えを深め，勤労を通じて社会に貢献すること。	勤労
(15) 父母，祖父母を敬愛し，家族の幸せを求めて，進んで役に立つことをすること。	(14) 父母，祖父母を敬愛し，家族の一員としての自覚をもって充実した家庭生活を築くこと。	家族愛，家庭生活の充実
(16) 先生や学校の人々を敬愛し，みんなで協力し合ってよりよい学級や学校をつくるとともに，様々な集団の中での自分の役割を自覚して集団生活の充実に努めること。	(15) 教師や学校の人々を敬愛し，学級や学校の一員としての自覚をもち，協力し合ってよりよい校風をつくるとともに，様々な集団の意義や集団の中での自分の役割と責任を自覚して集団生活の充実に努めること。	よりよい学校生活，集団生活の充実
(17) 我が国や郷土の伝統と文化を大切にし，先人の努力を知り，国や郷土を愛する心をもつこと。	(16) 郷土の伝統と文化を大切にし，社会に尽くした先人や高齢者に尊敬の念を深め，地域社会の一員としての自覚をもって郷土を愛し，進んで郷土の発展に努めること。	郷土の伝統と文化の尊重，郷土を愛する態度
	(17) 優れた伝統の継承と新しい文化の創造に貢献するとともに，日本人としての自覚をもって国を愛し，国家及び社会の形成者として，その発展に努めること。	我が国の伝統と文化の尊重，国を愛する態度
(18) 他国の人々や文化について理解し，日本人としての自覚をもって国際親善に努めること。	(18) 世界の中の日本人としての自覚をもち，他国を尊重し，国際的視野に立って，世界の平和と人類の発展に寄与すること。	国際理解，国際貢献
D 主として生命や自然，崇高なものとの関わりに関すること		
(19) 生命が多くの生命のつながりの中にあるかけがえのないものであることを理解し，生命を尊重すること。	(19) 生命の尊さについて，その連続性や有限性なども含めて理解し，かけがえのない生命を尊重すること。	生命の尊さ
(20) 自然の偉大さを知り，自然環境を大切にすること。	(20) 自然の崇高さを知り，自然環境を大切にすることの意義を理解し，進んで自然の愛護に努めること。	自然愛護
(21) 美しいものや気高いものに感動する心や人間の力を超えたものに対する畏敬の念をもつこと。	(21) 美しいものや気高いものに感動する心をもち，人間の力を超えたものに対する畏敬の念を深めること。	感動，畏敬の念
(22) よりよく生きようとする人間の強さや気高さを理解し，人間として生きる喜びを感じること。	(22) 人間には自らの弱さや醜さを克服する強さや気高く生きようとする心があることを理解し，人間として生きることに喜びを見いだすこと。	よりよく生きる喜び

義務教育諸学校教科用図書検定基準〈抄〉

（平成29年8月10日文部科学省告示第105号）

第1章 総則

(1) 本基準は，教科用図書検定規則第3条の規定に基づき，学校教育法に規定する小学校，中学校，義務教育学校，中等教育学校の前期課程並びに特別支援学校の小学部及び中学部において使用される義務教育諸学校教科用図書について，その検定のために必要な審査基準を定めることを目的とする。

(2) 本基準による審査においては，その教科用図書が，教育課程の構成に応じて組織排列された教科の主たる教材として，教授の用に供せられる児童又は生徒用図書であることにかんがみ，知・徳・体の調和がとれ，生涯にわたって自己実現を目指す自立した人間，公共の精神を尊び，国家・社会の形成に主体的に参画する国民及び我が国の伝統と文化を基盤として国際社会を生きる日本人の育成を目指す教育基本法に示す教育の目標並びに学校教育法及び学習指導要領に示す目標を達成するため，これらの目標に基づき，第2章及び第3章に掲げる各項目に照らして適切であるかどうかを審査するものとする。

【教育基本法（平成18年法律第120号）〈抄〉】
（教育の目標）

第2条 教育は，その目的を実現するため，学問の自由を尊重しつつ，次に掲げる目標を達成するよう行われるものとする。

一 幅広い知識と教養を身に付け，真理を求める態度を養い，豊かな情操と道徳心を培うとともに，健やかな身体を養うこと。

二 個人の価値を尊重して，その能力を伸ばし，創造性を培い，自主及び自律の精神を養うとともに，職業及び生活との関連を重視し，勤労を重んずる態度を養うこと。

三 正義と責任，男女の平等，自他の敬愛と協力を重んずるとともに，公共の精神に基づき，主体的に社会の形成に参画し，その発展に寄与する態度を養うこと。

四 生命を尊び，自然を大切にし，環境の保全に寄与する態度を養うこと。

五 伝統と文化を尊重し，それらをはぐくんできた我が国と郷土を愛するとともに，他国を尊重し，国際社会の平和と発展に寄与する態度を養うこと。

第2章 教科共通の条件

1 基本的条件

（教育基本法及び学校教育法との関係）

(1) 教育基本法第1条の教育の目的及び同法第2条に掲げる教育の目標に一致していること。また，同法第5条第2項の義務教育の目的及び学校教育法第21条に掲げる義務教育の目標並びに同法に定める各学校の目的及び教育の目標に一致していること。

（学習指導要領との関係）

(2) 学習指導要領の総則や教科の目標に一致していること。

(3) 小学校学習指導要領（平成29年文部科学省告示第63号）又は中学校学習指導要領（平成29年文部科学省告示第64号）（以下「学習指導要領」という。）に示す教科及び学年，分野又は言語の「目標」（以下「学習指導要領に示す目標」という。）に従い，学習指導要領に示す学年，分野又は言語の「内容」（以下「学習指導要領に示す内容」という。）及び「内容の取扱い」（「指導計画の作成と内容の取扱い」を含む。以下「学習指導要領に示す内容の取扱い」という。）に示す事項を不足なく取り上げていること。

(4) 本文，問題，説明文，注，資料，作品，挿絵，写真，図など教科用図書の内容（以下「図書の内容」という。）には，学習指導要領に示す目標，学習指導要領に示す内容及び学習指導要領に示す内容の取扱いに照らして不必要なものは取り上げていないこと。

（心身の発達段階への適応）

(5) 図書の内容は，その使用される学年の児童又は生徒の心身の発達段階に適応しており，また，心身の健康や安全及び健全な情操の育成について必要な配慮を欠いているところはないこと。

2 選択・扱い及び構成・排列

（学習指導要領との関係）

(1) 図書の内容の選択及び扱いには，学習指導要領の総則，学習指導要領に示す目標，学習指導要領に示す内容及び学習指導要領に示す内容の取扱いに照らして不適切なところその他児童又は生徒が学習する上に支障を生ずるおそれのあるところはないこと。その際，知識及び技能の活用，思考力，判断力，表現力等及び学びに向かう力，人間性等の発揮により，資質・能力の育成に向けた児童又は生徒の主体的・対話的で深い学びの実現に資する学習及び指導がで

きるよう適切な配慮がなされていること。
(2) 図書の内容に，学習指導要領に示す他の教科などの内容と矛盾するところはなく，話題や題材が他の教科などにわたる場合には，十分な配慮なく専門的な知識を扱っていないこと。
(3) 学習指導要領の内容及び学習指導要領の内容の取扱いに示す事項が，学校教育法施行規則別表第1又は別表第2に定める授業時数に照らして図書の内容に適切に配分されていること。

(政治・宗教の扱い)
(4) 政治や宗教の扱いは，教育基本法第14条（政治教育）及び第15条（宗教教育）の規定に照らして適切かつ公正であり，特定の政党や宗派又はその主義や信条に偏っていたり，それらを非難していたりするところはないこと。

(選択・扱いの公正)
(5) 話題や題材の選択及び扱いは，児童又は生徒が学習内容を理解する上に支障を生ずるおそれがないよう，特定の事項，事象，分野などに偏ることなく，全体として調和がとれていること。
(6) 図書の内容に，児童又は生徒が学習内容を理解する上に支障を生ずるおそれがないよう，特定の事柄を特別に強調し過ぎていたり，一面的な見解を十分な配慮なく取り上げていたりするところはないこと。

(特定の企業，個人，団体の扱い)
(7) 図書の内容に，特定の営利企業，商品などの宣伝や非難になるおそれのあるところはないこと。
(8) 図書の内容に，特定の個人，団体などについて，その活動に対する政治的又は宗教的な援助や助長となるおそれのあるところはなく，また，その権利や利益を侵害するおそれのあるところはないこと。

(引用資料)
(9) 引用，掲載された教材，写真，挿絵，統計資料などは，信頼性のある適切なものが選ばれており，その扱いは公正であること。
(10) 引用，掲載された教材，写真，挿絵などについては，著作権法上必要な出所や著作者名その他必要に応じて出典，年次など学習上必要な事項が示されていること。
(11) 統計資料については，原則として，最新のものを用いており，児童又は生徒が学習する上に支障を生ずるおそれのあることはなく，出典，年次など学習上必要な事項が示されていること。

(構成・排列)
(12) 図書の内容は，全体として系統的，発展的に構成されており，網羅的，羅列的になっているところはなく，その組織及び相互の関連は適切であること。
(13) 図書の内容のうち，説明文，注，資料などは，主たる記述と適切に関連付けて扱われていること。
(14) 実験，観察，実習，調べる活動などに関するものについては，児童又は生徒が自ら当該活動を行うことができるよう適切な配慮がされていること。

(発展的な学習内容)
(15) 1の(4)にかかわらず，児童又は生徒の理解や習熟の程度に応じ，学習内容を確実に身に付けることができるよう，学習指導要領に示す内容及び学習指導要領に示す内容の取扱いに示す事項を超えた事項（以下「発展的な学習内容」という。）を取り上げることができること。
(16) 発展的な学習内容を取り上げる場合には，学習指導要領に示す内容や学習指導要領に示す内容の取扱いに示す事項との適切な関連の下，学習指導要領の総則，学習指導要領に示す目標や学習指導要領に示す内容の趣旨を逸脱せず，児童又は生徒の負担過重とならないものとし，その内容の選択及び扱いには，これらの趣旨に照らして不適切なところその他児童又は生徒が学習する上に支障を生ずるおそれのあるところはないこと。
(17) 発展的な学習内容を取り上げる場合には，それ以外の内容と客観的に区別され，発展的な学習内容であることが明示されていること。その際，原則として当該内容を学習すべき学校種及び学年などの学習指導要領上の位置付けを明示すること。

(ウェブページのアドレス等)
(18) 学習上の参考に供するために真に必要であり，図書中にウェブページのアドレス又は二次元コードその他のこれに代わるものを掲載する場合は，当該ウェブページのアドレス等が参照させるものは図書の内容と密接な関連を有するとともに，児童又は生徒に不適切であることが客観的に明白な情報を参照させるものではなく，情報の扱いは公正であること。なお，図書中に掲載するウェブページのアドレス等

は発行者の責任において管理できるものを参照させていること。

3　正確性及び表記・表現

(1) 図書の内容に，誤りや不正確なところ，相互に矛盾しているところはないこと（(2)の場合を除く。）。
(2) 図書の内容に，客観的に明白な誤記，誤植又は脱字がないこと。
(3) 図書の内容に，児童又は生徒がその意味を理解し難い表現や，誤解するおそれのある表現はないこと。
(4) 漢字，仮名遣い，送り仮名，ローマ字つづり，用語，記号，計量単位などの表記は適切であって不統一はなく，別表に掲げる表記の基準によっていること。
(5) 図，表，グラフ，地図などは，教科に応じて，通常の約束，方法に従って記載されていること。

第3章 教科固有の条件

(略)

【特別の教科】

[道徳科]

1　基本的条件

(1) 小学校学習指導要領第3章の第3「指導計画の作成と内容の取扱い」の3の(1)及び中学校学習指導要領第3章の第3「指導計画の作成と内容の取扱い」の3の(1)に示す題材の全てを教材として取り上げていること。
(2) 小学校学習指導要領第3章の第3「指導計画の作成と内容の取扱い」の3の(2)のア及びイ並びに中学校学習指導要領第3章の第3「指導計画の作成と内容の取扱い」の3の(2)のア及びイに照らして適切な教材を取り上げていること。

2　選択・扱い及び構成・排列

(1) 図書の内容全体を通じて，小学校学習指導要領第3章の第3「指導計画の作成と内容の取扱い」の2の(4)及び中学校学習指導要領第3章の第3「指導計画の作成と内容の取扱い」の2の(4)に示す言語活動について適切な配慮がされていること。
(2) 図書の内容全体を通じて，小学校学習指導要領第3章の第3「指導計画の作成と内容の取扱い」の2の(5)及び中学校学習指導要領第3章の第3「指導計画の作成と内容の取扱い」の2の(5)に示す問題解決的な学習や道徳的行為に関する体験的な学習について適切な配慮がされていること。
(3) 小学校学習指導要領第3章の第3「指導計画の作成と内容の取扱い」の3の(2)及び中学校学習指導要領第3章の第3「指導計画の作成と内容の取扱い」の3の(2)に照らして取り上げ方に不適切なところはないこと。

特に，多様な見方や考え方のできる事柄を取り上げる場合には，その取り上げ方について特定の見方や考え方に偏った取扱いはされておらず公正であるとともに，児童又は生徒の心身の発達段階に即し，多面的・多角的に考えられるよう適切な配慮がされていること。
(4) 図書の主たる記述と小学校学習指導要領第3章の第2「内容」及び中学校学習指導要領第3章の第2「内容」に示す項目との関係が明示されており，その関係は適切であること。

(以下略)

諸外国における教科書制度の概要

(平成12年3月，平成21年3月の(財)教科書研究センター調査研究報告等に基づき教科書課作成)

国 名		教科書制度						
		初等教育教科書				中等教育教科書		
		発行・検定				発行・検定		
		発行者		検定	認定	発行者	検定	認定
		国	民間			国	民間		
ヨーロッパ・アメリカ諸国	1. イギリス		○				○		
	2. ドイツ		○	○			○	○(14)	
	3. フランス		○				○		
	4. ロシア連邦	○	○		○	○	○		○
	5. スウェーデン		○				○		
	6. フィンランド		○				○		
	7. ノルウェー		○	○			○	○	
	8. アメリカ合衆国		○		○(1)		○		○(1)
	9. カナダ		○	○			○	○	
アジア・太平洋諸国	1. 中国		○(2)	○(2)			○(2)	○(2)	
	2. 韓国	○(3)	○				○	○(4)	○
	3. タイ		○			○(5)	○(6)	○(6)	
	4. マレーシア		○			○(7)	○	○	
	5. シンガポール	○(8)	○(9)		○(9)	○(10)	○(11)		○(11)
	6. インドネシア	○(12)	○(13)	○(13)			○	○	
	7. オーストラリア		○				○		
	8. ニュージーランド	○	○			○	○		
日本			○(15)	○			○(15)	○	

(1) 認定の方法や主体は州により異なる。
(2) 以前は国定教科書であったが，1986年に制定された義務教育法により，国定から教育部による審査制(検定制)へと移行した。
(3) 国語（韓国語），社会・道徳，生活，数学，科学の教科書
(4) 前期中等教育の国語，社会・道徳などのほぼ全ての教科，後期中等教育の国語，数学，英語，社会などの主要教科の教科書
(5) 前期中等教育の教科書及び後期中等教育の国語，国史，道徳の教科書
(6) 後期中等教育の教科書（国語，国史，道徳以外）
(7) 国語，イスラム教教育，道徳教育，歴史，アラビア語の教科書
(8) 社会科，公民・道徳及び母語（中国語，マレー語，タミール語）の教科書
(9) 社会科，公民・道徳，母語以外の教科書
(10) 社会科，シンガポール史，公民・道徳及び母語（中国語，マレー語，タミール語）の教科書
(11) 社会科，シンガポール史，公民・道徳，母語以外の教科書
(12) 道徳，国語，数学，理科，社会の教科書
(13) 上記（12）以外の教科書
(14) 後期中等教育の教科書について，州により一部の教科について検定を義務付けていない場合，一括して認可を行っている場合がある。
(15) 検定教科書の発行が見込まれない種目についてのみ，文部科学省著作教科書が発行される。

「特別の教科　道徳」に関する動きと法令等

麗澤大学鈴木明雄

年・日	いじめ等世論・内閣府	文部科学省
1984～1987（昭和59～62）年	臨時教育審議会（総理府＝現内閣府の公的諮問機関）★中曽根康弘総理	→「二十一世紀を展望した教育の在り方」（第一部会），「社会の教育諸機能の活性化」（第二部会），「初等中等教育の改革」（第三部会），「高等教育の改革」（第四部会）を議論する4部会。1次～4次答申。大学入学資格の弾力化，学習指導要領の大綱化，秋期入学制，文部省の機構改革など教育全体に渡る様々な施策検討。「個性重視の原則」「生涯学習体系への移行」「国際化，情報化など変化への対応」等4つの答申。ゆとり教育へ。日教組問題。
2000（平成12）年3月27日　スタート　12月22日　報告	教育改革国民会議（報告）※小渕恵三総理私的諮問機関（1998.7.30～616日，森，小泉）①学校は道徳を教えることをためらわない②「心のノート」配布※価値の統合③教育を変える17の提言	→教育基本法改正へ，奉仕活動重視
2006（平成18）年	※一次安倍内閣（2006.9.26～366日）病気休養へ	★教育基本法改正（教育の目的・理念）
2007（平成19）年12月15日	教育再生会議	★学力の3要素提示（学校教育法改正）
2008（平成20）年		中教審で道徳教科化を審議するも時期尚早（結論）※全連小緊急アンケートで座長判断による
2008（平成20）年	教育再生会議（第1～3次提言を踏まえて）社会総がかりで教育再生を～教育再生の実行性の担保のために～【最終報告】①徳育を「教科」として充実②規範意識，いじめ暴力を許さない安心して学べる規律ある教室づくり等を提言	
2009（平成21）年7月21日　9月16日	民主党308議席で圧勝！鳩山内閣（266日）	※予算の仕分け作業で文科省指定校予算80万円からゼロ円へ。
2010（平成22）年6月8日	菅直人内閣発足（452日）野田佳彦〃2011.9.2（482日）	
2011（平成23）年3月11日	★東日本大震災	☆安全の確保＝道徳科教科書の検定基準
2011（平成23）年10月11日	※大津市皇子山中学校2年男子生徒いじめ自殺事件（注意）2018.5民事訴訟結審 2018.11.6民事訴訟，一審大津地裁判決（予定）	→2012.7.4隠蔽等の発覚報道：市長と教育長見解の相違，警察や市教委の後手等でマスコミ騒動へ →教育委員会制度の改革（首長のトップ組織へ改革）
2012（平成24）年12月26日	第二次安倍内閣スタート	
2013（平成25）年1月6日	※第二次発足1週間後に懇談会開催依頼★教育再生実行会議スタート	道徳の充実に関する懇談会～新しい時代を人としてより良く生きる力を育てるために～1月に先行スタート
2013（平成25）年2月26日　4月15日	いじめ問題等への対応について（教育再生実行会議　第一次提言）★道徳の教科化を提言「教育委員会制度の在り方（第二次提言）」	
2013（平成25）年12月26日		今後の道徳教育の改善・充実について【懇談会の報告】（道徳の充実に関する懇談会による）★教育基本法2条1項「豊かな情操と道徳心を培う」，現行道徳教育の目標等の経緯を踏まえ，改善・充実に言及①学んだ内容の実感→人生を幸せにより良く生きようとする意欲を育てる

年・日	いじめ等世論・内閣府	文部科学省
2014(平成26)年2月17日		道徳に係る教育課程の改善等について【諮問】 中央教育審議会に①②の審議を要請 ①教育課程における道徳教育の位置づけ ②道徳教育の目標、内容、指導方法、評価
2014(平成26)年3月		中教審：道徳教育に係る評価等の在り方に関する専門家会議・スタート
2014(平成26)年6月13日	※新教育長の設置（第186回国会で成立（6月20日公布2015.4施行）	
2014(平成26)年10月21日		道徳に係る教育課程の改善等について【答申】 ①人としての生き方、社会の在り方、多様な価値観を考え、他者と対話・協働→よりよい方向へ向かう資質・能力 ②対立→道徳としての問題を考え続ける資質の育成 CF. 特設道徳や1966(s41)年期待される人間像 中央教育審議会 ・「特別の教科　道徳」の教育課程への位置づけ（新設）・検定教科書の導入、数値による評価を行わない、問題解決的な学習等を提言
2015(平成27)年3月27日		学校教育法施行規則一部改正、小・中学校 学習指導要領一部改正【通知】 ★考え、議論する道徳（キャッチ・コピー） 小2018年度、中2019年度から全面実施 問題解決的な学習モデル（意味ある問いづくり）
2016(平成28)年7月22日 11月18日		「特別の教科　道徳」の指導方法・評価等について【報告】（専門家会議） ★道徳科における質の高い多様な指導方法について（イメージ）3本を提示 指導と評価、多様な指導方法、個人内評価等を提示。 松野文科大臣：・読み物教材の心情→いじめは許さない！
2016(平成28)年12月21日		中教審「幼稚園、小学校、中学校、高等学校及び特別支援学校の学習指導要領等の改善及び必要な方策等について」（答申） ※考え、議論する道徳への質的転換、道徳教育と道徳科の目標＝道徳性を養う（統一）、主体的・対話的で深い学び、道徳科の「見方・考え方」
2017(平成29)年8月末 3月31日		☆小学校道徳科教科書の初採択 新小学校・中学校学習指導要領【告示】3月31日→「解説」発行 ★考え、議論する道徳→主体的・対話的で深い学びへ ☆教科の特質に応じた「見方・考え方」
2018(平成30)年3月30日		新高等学校学習指導要領【告示】 ★「公共」「倫理」を中核とした指導
2018(平成30)年4月1日 8月末		☆小学校道徳科教科書による授業開始 道徳科の指導と評価に関する課題 指導要録・通知表の評価 ☆中学校道徳科教科書の初採択
2019(平成31)年4月1日		☆中学校道徳科教科書による授業開始

終わりに

　2019年2月，文部科学大臣が，「携帯電話やスマートフォンの小中学校への持ち込みを原則禁止した文科省通知を見直す方向で検討を始める」との発表を行いました。これまで公立学校において行われてきた指導の在り方を考えると，その根底から覆すような方針の大転換です。

　実際の運用に当たっては，今後様々な議論と検討が重ねられることでしょうが，未来予測が困難な社会を象徴するような出来事だと言えます。社会においては，いじめに起因する自殺や他者の生命を奪う犯罪行為が頻発しており，それらの事件等が報道等で取り上げられる度に，学校や教師の指導の内容や方法，教育の在り方が問われ続けてきました。道徳の教科化も，その延長線上に位置付けられる大改革の一つです。

　どのような時代や状況にあっても，教師がその責任を果たすためには，法的根拠や各種の教育理論に基づいた自身の教育理念を確立し，児童生徒はもちろん，保護者や地域社会から信頼を得るに値する，資質能力を身に付けなければなりません。

　小中学校の教員が共に集い，校種や教科を越えて互いの理論や実践を交流し，時に厳しく指摘しながら研究・研鑽に励む「椎の会」は，教師としての力量を高める場であり，混沌とした社会状況にあってこそ，その存在価値が光る研究会であると自負しています。

　2020年を目前にグローバル化の進展に一層の拍車がかかり，これまで以上に「歴史的，文化的な背景を異にする人々と対話し協働していくこと」や「主体的に考え判断する力や高い倫理観を持つこと」が求められます。また，時に，意見や考えが衝突しても，「粘り強く関わりを続け，よりよい方向を目指して努力を続ける姿勢」を育まなければなりません。

　道徳教育の歴史的な改革期に当たり，「答えが一つではない課題に子供たちが道徳的に向き合い，考え，議論する道徳教育へと転換を図り，児童生徒の道徳性を育むこと」，このことこそが，「椎の会」に与えられた使命であり，今後も追究し続けるべき課題と捉えています。本会において，これまで検討を重ねてきた理論や実践を，道徳科において示された新たな理念と指導方法の視点を踏まえて再検証しまとめる機会に恵まれたことに，改めて感謝いたします。

　原稿等を執筆するに当たり，手元にある指導の記録や資料等を読み直す機会が多くありました。改めて感じることは，時を経て，なお一層輝きを増す宇井先生の教えの尊さです。

　「人の心の痛みが分かる人」「自分を素直に表せる人」「他人の考えを受容できる人」「前向きで愚痴を言わない人」，宇井先生から教えていただいた『**魅力のある人**』の要件です。

　「椎の会」の一員として魅力ある教師を目指し，学び続けることをここにお約束し，終わりの言葉に代えさせていただきます。

東京純心大学　神山直子

編者・執筆者

●編　者

鈴木　明雄	麗澤大学大学院准教授（学校教育研究科道徳教育専攻） 文部科学省教育映像審査会委員，全日本中学校道徳教育研究会顧問 元東京都北区立飛鳥中学校校長，元東京都主任指導主事・荒川区教育委員会指導室長 特別の教科　道徳編（平成29年告示）解説 中学校学習指導要領の改善に係る検討に必要な専門的作業等協力者
江川　登	東京都豊島区立西池袋中学校統括校長 全日本及び東京都中学校道徳教育研究会顧問 元東京都中学校新聞教育研究会会長

●執筆者（五十音順，所属は執筆時）

浅賀　仁	前東京都北区立飛鳥中学校教諭，東京都中野区立第三中学校教諭
出井　玲子	東京都荒川区立第五峡田小学校校長
上田　郁子	東京都渋谷区立渋谷本町学園教諭
瓜生　和宏	東京都荒川区立第五中学校教諭
岡本　芳明	東京都荒川区立第五中学校校長
柿沼　治彦	東京都江東区立深川第三中学校指導教諭（道徳）
神山　直子	東京純心大学講師，前多摩市教育委員会指導課長，元東京都教育庁主任指導主事（人権）
菅野由紀子	武蔵野市立第二中学校校長・全日本中学校道徳教育研究会会長
東風　安生	北陸大学教授
中塩　絵美	東京都北区立滝野川第二小学校主任教諭
中野　和人	青梅市立第六小学校校長
橋本　結	町田市立町田第四小学校教諭
藤井　壽夫	函館短期大学教授（食物栄養学科），元中学校校長
藤本　禎子	イタリア・ローマ日本人学校主幹教諭（東京都港区立本村小学校）
松原　好広	東京都江東区立大島南央小学校校長
松本多加志	前武蔵野短期大学教授・学科長，元羽村市教育委員会指導室長，元都小道研副会長
和田　俊彦	前三鷹市立第一中学校副校長

考え議論する 新しい道徳科 実践事例集

2019年(令和元年)9月23日　初版発行

著　者	鈴木明雄／江川 登
発行者	佐々木秀樹
発行所	日本文教出版株式会社 http://www.nichibun-g.co.jp/ 〒558-0041　大阪市住吉区南住吉4-7-5　TEL：06-6692-1261
デザイン・組版	株式会社ユニックス
印刷・製本	株式会社ユニックス

©2019 Akio Suzuki, Noboru Egawa　Printed in Japan
ISBN978-4-536-60109-2

定価はカバーに表示してあります。本書の無断転載・複製を禁じます。
乱丁・落丁本は購入書店名を明記の上、小社大阪本社業務部(TEL：06-6695-1771)あてに
お送り下さい。送料小社負担にてお取替えいたします。